U0932563

影响未来的
新科技新产业

中国社会科学院工业经济研究所未来产业研究组－著

中信出版集团 · 北京

图书在版编目（CIP）数据

影响未来的新科技新产业 / 中国社会科学院工业经济研究所未来产业研究组著 . -- 北京：中信出版社，2017.2（2018.8重印）

ISBN 978-7-5086-7119-2

Ⅰ . ①影… Ⅱ . ①中… Ⅲ . ①高技术产业－研究 Ⅳ . ① F062.9

中国版本图书馆 CIP 数据核字（2016）第 308530 号

影响未来的新科技新产业

著　　者：中国社会科学院工业经济研究所未来产业研究组
出版发行：中信出版集团股份有限公司
（北京市朝阳区惠新东街甲 4 号富盛大厦 2 座　邮编　100029）
承 印 者：中国电影出版社印刷厂

开　　本：787mm×1092mm　1/16　　印　　张：22.5　　字　　数：350 千字
版　　次：2017 年 2 月第 1 版　　印　　次：2018 年 8 月第 13 次印刷
广告经营许可证：京朝工商广字第 8087 号
书　　号：ISBN 978-7-5086-7119-2
定　　价：58.00 元

CONTENTS | 目　录

写作团队成员

杨丹辉，经济学博士，中国社会科学院工业经济研究所研究员、博士生导师，工业资源与环境研究室主任，中国自然资源学会矿产资源专业委员会副主任。商务部“全球价值链专家工作组”专家。

李晓华，经济学博士，中国社会科学院工业经济研究所研究员，产业布局研究室主任，中国工业经济学会常务副理事长。

李鹏飞，经济学博士，中国社会科学院工业经济研究所副研究员，工业资源与环境研究室副主任。

邓　洲，经济学博士，中国社会科学院工业经济研究所副研究员。

赵剑波，管理学博士，中国社会科学院工业经济研究所助理研究员。

张艳芳，管理学博士，中国社会科学院工业经济研究所助理研究员。

渠慎宁，经济学博士，中国社会科学院工业经济研究所助理研究员。

金殿臣，经济学博士研究生，国家信息中心经济师。

李　媛，经济学博士研究生，中国社会科学院研究生院财贸经济系博士生。

序 言

科学研究与技术创新，在人类经济发展和社会进步历程中发挥的作用也许有所不同，但都是运用人类智慧认识世界、改造世界的创造性活动。回顾人类历史上发生的科技革命和工业革命，可以发现，其标志性的科学成果和主导技术往往具有颠覆性特征，而且无一不对解放生产力、推动文明演进产生了革命性的影响。

国际金融危机爆发后，发达国家实施重振制造业战略，加大对前沿科技的投入力度，在新一代信息技术、人工智能、新能源、新材料、生命科学等前沿科技领域加紧布局，并相继在硬件和软件两个层面取得突破。这些重大创新成果同样显现出颠覆性力量，正在催生一批新兴产业，引领新的产业革命，带动全球实体经济开启新一轮智能化、绿色化的转型发展。

改革开放以来，我国很好地抓住了第二次科技革命下技术扩散和产业转移的战略机遇，充分利用劳动力、土地、资源等方面的比较优势，通过有效的制度创新，使要素配置效率大大提升。在较短时间内走过发达国家几百年的工业化进程，成为世界第一制造大国和贸易大国，创造了经济持续高速增长的“中国奇迹”。

应该看到，以往中国经济发展采取了规模扩张为主导的粗放模式，不仅消耗了大量能源资源，带来严重的环境影响，而且在质量效益、结构优化和持续发展等方面，相较美国、德国、日本等制造强国仍有较大的提升空间。总体来看，中国制造在全球价值链上处于中低端地位。随着中国经济进入新常态，传统比较优势弱化，人口红利消退、综合成本上涨、土地等要素供给紧张、资源环境压力加大，导致实体经济领域出现产能严重过剩、企业库存增加、经济效益下降、亏损面扩大等问题和困难。现阶段，中国制造受到来自发达国家创新步伐加快、新兴产业群体性推进与发展中国家低成本竞争的双重挤压，迫切需要加快创新驱动，实现发展模式转变，形成发展的新动能。

客观地看，经过改革开放近 40 年的不断投入和持续积累，我国科技发展的整体水平有了很大提高，在一些前沿领域与发达国家几乎处于同一起跑线，基本具备同步竞争的能力。历史经验表明，每一轮颠覆性创新爆发都是新产业集中孕育的时期，也是国际竞争格局剧烈变动的时期，但同时战略机遇的窗口稍纵即逝。目前，主要工业化国家在新兴技术领域的差距不明显，中国作为后发国家更容易"轻装上阵"，重点突破，实现对先发国家的赶超。

需要强调的是，制造业是实体经济的主体，是国民经济的支柱，更是实践创新、协调、绿色、开放、共享五大发展理念的主阵地。随着我国科技水平与世界先进水平差距逐步缩小，在迈向"制造强国"的征途上，传统意义上的"距离"正在消失，我们已经没有太多的现成经验和目标可以模仿或追赶。特别是书中考察的能够影响未来的前沿科技和新兴产业中，发达国家对每一项重大研发和产业化成果势必实行严格的知识产权保护，相关领域的尖端技术、核心零部件和重大装备，我们是引不进、买不来的，只能依靠自主创新，加快角色转变，从追随者转变为同行者甚至是领跑者。

近年来，围绕"制造强国"建设，国家开展了一系列重大咨询研究项目，杨丹辉、李晓华、邓洲等本书的部分作者参与了其中一些研究工作，其研究成果为《中国制造 2025》等国家战略的制定实施提供了支撑。在前期研究工作的基础上，本书的写作团队敏锐地观察到大数据、物联网、区块链、量子通信、人工智能、机器人、无人驾驶汽车等前沿科技所展现出的巨大产业化前景及其对未来国际竞争格局和市场规范将产生的不容忽视的影响。书中的内容及其前瞻性判断不仅能够为决策部门推进科技政策和产业政策调整、创新提供有益的参考，而且对于从事产业经济研究的学者、关注新兴领域的投资者和企业家也有借鉴价值。另外，在遵循产业分析规范的同时，本书文笔生动活泼，具有很强的可读性。普通读者通过阅读，能够较为全面地了解最新的科技知识及其产业化趋势。

当然，正如作者所言，新科技新产业的发展仍面临诸多不确定因素。一些重大科技方向由于种种原因（包括科学家自身原因，企业及科技体制机制等因素）被忽视，而另一些一度被视为前景广阔的科技项目最终被证实缺乏市场价值，这种情况在科技创新及其商业化历史中并不鲜见，因此导致政策制定者走一些弯路也在所难免。期待作者发挥国家智库的研究专长，继续深入观察与分析影响未来的新科技新产业的发展动向，并在颠覆性创新的发生机理及其系统性影响等方面不断推出高质量成果，为加快创新驱动，实现制造强国目标贡献智慧。

是为序。

李京文

2016 年 12 月

自 序

让距离接着产生

“你看见一样东西就会问‘为什么’，而我会梦想那些还未出现的东西，并且问‘为什么不’”。

——萧伯纳《长生》

人类生活在现在

人类只能生活在现在，不能生活在过去，也不能生活在未来，于是人类与过去和未来之间就有了距离。正因我们生活在现在，才对过去和未来充满了好奇。好奇过去，了解先辈的样子以及他们的生活；好奇未来，幻想子孙的容貌以及他们的文明。对于过去，我们可以基于祖先生活的痕迹，利用历史学和考古学的知识予以明晰，而我们的现在就是祖先的未来；对于未来，无论周易还是诺查·丹玛斯，智者虽然可以预测未来，但毕竟还是充满了不确定性。进入工业社会，人类想到把认识过去和未来的途径机械化，试图发明一种“时间机器”，可以回到过去；或者，幻想有如《哆啦A梦》中的机器猫那样可以从未来回到现在的智能机器。人类的想象力几乎不可阻挡，利用“穿越”可以轻易把一个人从现在带到未来，从未来带回现在。于是，除去未卜先知的占星术，在社会学和科学领域，对未来趋势的预测正在成为一种时髦的科学。尤其是科学及工业文明的发展正在影响和改变我们每个人的生活，对于未来，凯文·凯利的《连线》、奈斯比特的《未来大趋势》都做出了美好的憧憬。由于未来是如此缥缈，所有的趋势分析都多了一份感性。

不断消失的距离

距离还等于人类想象和现实约束之间的差距。采用不同的视角观察人类文明的发展，无论从宇宙的无限大，到分子的无限小，从宇宙长河，到回眸一瞬，距离都正在不断消失。看到飞鸟在天，便想到飞翔；看到鱼翔浅底，便想到遨游；佛教的“四大金刚”中有千里眼和顺风耳。所有人类的想象都是幻想突破现实的约束，囊括了对于时间、空间、能力、引力的距离。相对于人类5000年的农业文明，工业社会的发展使得距离消失的速度不断加快。与飞鸟之间的距离，被竹蜻蜓弥补，被飞机所超越，更因航天而灿烂。与顺风耳的距离，被始以文字为载体的电报所接近，被有线的电话所弥补，因无线的智能终端而灿烂。《海底两万里》曾经是有趣的童话故事，然而如今令人感觉乏味的根源就是它不再提供想象力、不再有趣。不知是科技的进步拉近了现实与想象之间的距离，还是想象的距离带动了科技的进步。

保持丰满的想象力

距离正在一个个消失，而保持想象能够制造距离。创新就是许多想象力的新生，生在那些灵光不断闪现的时刻。如果首个飞机模型真的是基于达·芬奇的想象力，400 年后莱特兄弟把它变为现实，波音和空客则使距离完全消失。在不断的创新中，人类不断拉近现实与想象之间的距离。人类科学文明的进程中，创新者总是与天才、梦想家、疯子等联系在一起。他们以悲天悯人的胸怀和奇妙的想象力，试图改变这个世界，并为人们带来没有穷尽的便利。丰满的想象力支撑着创新者和企业家不断前进，即使遭受挫折他们也无怨无悔。接近梦想，创造美好的生活已经成为他们所肩负的使命。他们是改变历史的救赎者、大众化的推行者，把从前上层社会才能享受的产品提供给所有人。人类与美好生活之间的距离因此而缩短乃至消失。

11 个已经显示出科学性和成长性的领域构成了本书的“十一罗汉”，它们的潜力开始显现，但灿烂还属于未来；人类对此有所想象，但距离还未消失。创新者和企业家需要保持丰满的想象力去解构和塑造这些未来产业，而未来能改变世界的产业一定不止于此，但必受此书的启发和影响。希望开卷之后，能够让更多人“梦想那些还未出现的东西”，只有不断激发新的距离，人类才会努力消除距离并获得进步。

是为序。

赵剑波

2016 年 11 月于北京

前 言

消失的距离[①]

"距离已经消失，要么创新，要么死亡。"

——［美］托马斯·彼得斯

国际金融危机爆发距今已有8年，尽管一张张药方不断开出来，一剂剂猛药接连吃下去，可是各国政府和学术界无奈地看到，经济增长的新旧动能转换机制迟迟未能实现交接，世界经济仍处于后危机时期的全面深度调整阶段，危机对全球实体经济及国际贸易的影响尚未完全消除，其后遗症正在拖延为"慢性病"。由于总体需求持续不振，2013~2015年，全球贸易一改"二战"后延续几十年的大势，已连续3年出现增速低于同期世界GDP（国内生产总值）平均增速的情

① 汇集了笔者近年来对新工业革命的影响、大数据时代全球价值链及其治理体系重构、中国供给侧结构性改革的目标方向等问题"不成体系"的思考。另外，围绕美国创新创业新动向，硅谷的创新生态，经济学对新科技、新产业、新商业模式解读的滞后性等话题，笔者与中欧商学院的龚焱教授在北京和上海有过数次较为深入的交流，其中一些观点的形成始于之前几度在美国访学时双方的初步讨论。在此，感谢龚焱教授颇有启发的贡献！

况。而由危机引发的贸易保护主义余波不断，贸易摩擦此起彼伏，以WTO（世界贸易组织）为主导的多边贸易体系和全球经济治理机制陷入了改革僵局。

在危机阴霾弥久不散，世界经济复苏进程跌跌撞撞、一波三折的同时，近年来美国、德国等发达国家力推再工业化战略，对经济结构过度虚拟化进行纠偏，旨在以创新激发制造业活力，重振实体经济。值得注意的是，发达国家战略举措的效果确已逐步显现，放眼望去，颠覆性创新下的世界沧桑陵谷，科学技术和商业模式的新一轮创新浪潮与新工业革命深度交互，一批“未来产业”已初现端倪，并正在改变国际分工的基础和方式，全球价值链面临着新的重塑、调整期，人们或欢呼、或惊叹：全球工业发展开启了4.0时代。

在这个曙色微茫的时点上，如蝶破茧壳，智慧的彩翼即将为人类再次舞动斑斓绚美的科技和产业春天。对于国家、企业乃至个人而言，抉择的方向从未像今天这么明晰。因为创新的结局非生即死，已经没有可以犹豫的时间和选择的余地。数字鸿沟依然存在，甚至越来越难以逾越，但不创新就意味着自动出局，传统意义上的可供观望、追随的距离正在加快消失。

科技创新与产业变革的“纠缠”

长期以来，工业一直致力于满足人类的物质需求，而且迄今为止，在科技革命引发的产业革命的推动下，工业很好地肩负着这一历史使命。资本助力的人类创新活动直接或间接地促进了消费需求膨胀，眼花缭乱的物质产品点燃了人们对物质生活难以控制的欲望，也使得众多工业化国家一度甚至是至今仍被归类为物欲横流之地。同时，在传统工业化模式下，快速消耗不可再生的资源，大量排放自然界无法承载的废物，人与自然的关系势必失衡。一种观点将全球能源短缺、资源枯竭、物种灭失、环境恶化、生态破坏、气候变化、灾害频发等重大问题归结为工业化的直接后果。然而，工业文明固然有其历史局限性，但值得肯定的是，工业生产是现代物质财富的主要来源，也是物质文明的基础。在过去300余年的工业文明进程中，在工业技术、组织、制度创新的激发下，人类的创造力得以深度开发和充分释放，而人类生存的条件也有了实质性的改善，人均寿命大幅度延长，实物产品和无形服务更加丰富，交通越来越便利，信息快捷、畅通，工业文明对人类生存发展的贡献不容置喙。

过去20余年中，由于ICT（信息、通信和技术三个英文单词的词头组合而成）技术进入较为成熟的阶段，全球科技发展相对平缓，实体经济也因此渐失活力。与实体经济发展新动能不足形成反差的是，自20世纪80年代以来，以美国为首的发达国家其金融部门理念、技术和机制创新十分活跃，直接推动了虚拟经济的繁荣。但金融危机的爆发，促使世界各国反思经济增长方式和结构升级路径。发达国家在经历了较长时期的“去工业化”发展后，开始意识到虚拟经济过度膨胀对经济增长所造成的危害。近年来，发达国家对科技创新和实体经济结构转型新一轮密集投入的效果已初步显现，科技界波澜不惊的形势似乎正在发生令人惊喜的变化。大数据、深度学习、工业物联网、虚拟现实/增强现实（VR/AR）、可穿戴设备、3D打印、无人驾驶汽车、石墨烯、基因测序（精准医疗）、量子通信、高端机器人、云服务等一批前沿科技成果纷纷走出实验室，相继步入产业化阶段。同时，不仅由颠覆性技术[①]支撑的新产业层见叠出，而且科技改变产业形态和要素组织方式的趋势也日益明朗。

纠缠，这个原本在汉语传统语境下带有些许贬义的词汇，因为量子通信和量子计算的飞跃发展转而成为一个引人入胜的热词。以往，用这个热度十足的词形容科技创新与产业变革的关系似乎并不十分贴切。然而，有别于历史上人类经历的科技革命[②]与工业革命之间存在的时滞性，今天我们面对的科技创新与新产业发展甚至是同步的、叠加的。因此，两者之间的状态在某种程度上可以用“量子态不相互独立”的“纠缠态”来描述。

应该看到，在人类永无止境的创新激励下，实体经济领域革命性变革的一般规律在初露峥嵘的所谓“新工业革命”中再一次被验证。在上述标志性前沿技术的支撑下，全球化、个性化制造方式将取代大规模生产和大规模定制模式，成为新工业革命的主流生产范式。同时，

① 2013 年，麦肯锡公司发布了题为《颠覆性技术：将改变未来生活、商务和全球技术的前沿技术》的报告，提出了 12 项将影响世界、具有颠覆性的技术，其中包括移动互联网、人工智能、云计算、下一代基因技术、自动化交通工具、能源储存技术、3D 打印、先进材料、非常规油气勘探开采、可再生能源等。本书选取了其中多数技术为研究对象。

② 一些学者从多元化的视角讨论科学与技术的关系，不认同“科技革命”的概念，认为唯有科学才能启迪人类的思想，并具有纯粹性，而技术影响的方向并不是唯一的，甚至有可能是倒退和反动的，且其结果非技术专家可控（见刘汉俊《文化的颜色》）。另有学者指出科学与技术根本不同源，科学源自人类对自然奥秘的兴趣和精神追求，科学活动沿袭亚里士多德的遗风，以获取知识和心灵满足为终极目标，而技术源于人类生存和进化的需要，技术工具的掌握使人类从动物中分离，进而从蒙昧走向文明，人类的历史就是一部技术史（见 L. S. Stavrianos《全球通史：从史前到 21 世纪》）。这里的潜台词是技术必然落脚在利益。关于 21 世纪科学和技术的关系及其影响的趋势，斯塔夫里阿诺斯（Stavrianos）进一步做出预判：21 世纪上半叶很可能遭遇基础科学的低谷，而后会迎来技术进步的高峰，这种高峰是由加深对第二次科技革命的技术消化而达到的。实际上，虽然不排除技术变革在特定时期不可避免地带有实用主义和功利主义导向，但笔者认为把科学与技术的关系进行区隔或将其对立起来，在现代科学技术和经济社会体系下并不现实。从近年来科学技术的发展态势来看，科学家和工程师应该不会满足于仅消化 20 世纪基础科学所取得的突破，而是从未停止迈向“基础尽头”的脚步。也许，在历史进程及其规律之下，一代甚至几代科学家和发明家的奋斗都有可能是徒劳的，但知难而退绝不是他们的使命。

产业融合不断深化，制造业服务化、智能化、绿色化趋势日益明朗。面对21世纪以来能源和矿产资源领域的激烈竞争，技术和组织变革带动的新兴制造模式和商业模式又一次强有力地宣示了人类以创新突破资源桎梏的能力，以及工业领域自我调整、自我发展的内在机制。可以预见，未来的智能工厂，在更加“柔软”、开放、多元、低碳的制造网络中，个体和小微企业的创造力和活力将得以更充分地彰显和释放。“工业革命独一无二的特点，也就是说其可持续性……”[①]从这一角度来看，新工业革命有可能成为工业文明进一步升华的有利契机。

也许可以进一步做出大胆判断，新工业革命的主导技术和产业不再是“一元”的，更像云团般地越界与纠缠，由此推动的实体经济组织形态变革将呈现出凯文·凯利在《失控》中所描绘的“去工业化”趋势。由于新科技产业化的盲点和雷区仍然较多，核心创新的定型与关键要素的迭代似乎并不一定伴随着劳动生产率和利润率的剧烈变化，而会在价值实现上取得趋于多元化的进展，包括更具活力的市场主体、更为包容的全球价值链、更有弹性的商业模式、更趋开放的产业生态系统，以及更加“共享”的生活方式。

新工业革命为发达国家“再工业化”和“重振实体经济”带来了新的机遇，但使发展中国家凭借低成本资源、环境和劳动力所获得的传统比较优势被进一步削弱。20世纪后发国家普遍采用大量消耗资源、不计环境成本的赶超式战略，其实施效果必将受到抑制。

面对科技创新大潮和新工业革命的影响，对于中国现阶段的工业化而言，一个更为现实的命题是如何依靠转变发展方式，以自主创新和结构调整为主要抓手，加快产业升级，将中国实体经济推向精致化、

① 威廉·罗森．世界上最强大的思想——蒸汽机、产业革命和创新的故事．中信出版社，2016，328.

高端化、信息化的可持续发展之路，从而以崭新的面貌迈向“制造强国”。

无论是前沿科技还是新兴产业领域，我们习惯于强调中国与发达国家之间的起点并没有太大差距，甚至是站在同一起跑线上。从某些层面考量，这的确是事实。可是，即使同时出发，也并不意味着必然能够同步到达终点。而且说到创新，亦如熊彼特所喻：“不管把多少条驿路、马车或邮车连续相加，也绝不能得出一条铁路。”因此，虽不排除已经成为世界第二大经济体的中国在部分新兴领域与发达国家齐头并进，进而成为这些领域中世界领跑者的可能性，但是当科技创新与产业变革处于“纠缠”式、革命性的状态下，能否把握新科技、新产业、新市场的发展路径和范式，却是后发国家面临的又一次大考。

在此番大考中，改革开放近40年所积累的经验，未必能够一如既往地对要素配置效率产生吹糠见米、令人振奋的效果。顶层设计的前瞻性和引领性、制度创新的宽度和深度、体制机制的弹性和透明度、高端要素的供给，甚至文化的进取性、先进性和包容性，这些软硬实力的塑造显然需要动员全民、全要素投入，开启新一轮一往无前的改革创新。然而，在今天的中国社会，改革动员的难度和障碍有目共睹，这不仅挑战决策者的信心和智慧，更在很大程度上决定着中国未来的命运：是在工业化的中后期落入经济增长长期徘徊不前、收入分配矛盾持续激化的“中等收入陷阱”，还是能够以昂扬的姿态引领拥有13亿人口的大国迈入工业化、现代化强国，创造人类历史上无可复制的发展奇迹?

经济学家的角色：失语还是积淀

近年来，不难观察到一个现象：面对渐呈群体式爆发的新科技、新产业、新市场，经济学家对此的解读却并没有太多“新意”。其中，熊彼特的创新理论依然是学术界应对科技变革和新工业革命的“本钱”，而事实上这一理论毕竟已提出了百年。对于这一轮科技创新及其成果，毋庸置疑熊彼特的创新理论体系仍然显现出很强的学术生命力，具备公认的基础性解释力，但令人失望的是，即使这样一个华贵的“旧瓶”，经济学家们也没能装进多少滋味醇厚的“新酒”。我们不无尴尬地看到，对于传统创新理论的延展和工具量化，经济学家们并未拿出多少有分量的成果。而对于管理学的一些代表性成果，如克里斯坦森创立的“破坏性创新”的概念和理论，经济学家们虽然屡屡将其用作诠释创新活动的关键词，但是如何将这一概念纳入经济学分析的逻辑框架，相关研究的进展尚有提升空间。再就是针对政府在新工业革命下角色和作用的问题，基于产业政策层面的讨论，虽然表面上争议不绝于耳，热闹非凡，但争议的依据更多的却是老调重弹，政策工具创新乏善可陈。

尽管哈耶克早就指出：“在谈论市场和社会结构时，有许多事实是无法计算的……”[①] 但经济学的量化工具还是越玩越精致。不少学者都注意到，在学科方法论建设日臻完善，被“包装”得更像是一门科学的同时，经济学似乎已逐渐偏离了思想性和问题导向的“初心”，

① 哈耶克在 1974 年获得诺贝尔经济学奖时发表演讲，指出经济学家在指导政策方面并没有表现得那么成功，可能与严格效仿自然科学有很大关系。但实际上，经济学不同于自然科学，经济学在研究复杂现象时能够获得的数据十分有限，而那些只接受所谓科学证据的研究者，对于经济学中无法量化的事实不屑一顾，认为只有能够进行计算的因素才是唯一相关的。

正在快速沦为自说自话、几近闭合的圈子，这在某种程度上强化了其“无用化”的印象。也许这一判断有失客观全面，但笔者认为，面对持续高涨的科技大潮和日新月异的产业变革，特别是科技与产业的“纠缠态”，主流经济学开创性理论研究的步伐即便不是明显滞后，也难免表现出一定的“无力感”。长此以往，恐有话语权弱化之忧。

当然，新科技中涉及的很多知识及对其的评判，都超越了技术、产业甚至纯粹意义上经济行为的层面，现有经济学理论已经很难独立做出解读。主流经济学“失语”，在某种程度上给经济学的多样化发展提供了空间和机遇，尽管这种多样化的探索能否固化为真正意义上的体系性知识，学术界仍存疑。目前，开展多样化尝试并取得成功最为典型的例证便是“横空出世”的《21 世纪资本论》。这部在业内外皆吸足眼球和赚够人气的“鸿篇巨著”，试图还原经济活动中资本、技术与劳动的本来面目以及经济学方法论的初始逻辑，进而论证在科技高度发达的今天，经济学需要解决却被主流经济学长期忽略的一些根本性问题。从皮凯蒂这本颇为扎实的著作引发各界的热烈反响来看，经济学研究的发散性有可能还会持续一段时间。

另一个值得注意的情况是，这种令经济学家们感到汗颜的局面在一定程度上已经影响到其“下游产业”。其实，自互联网对传统商业模式产生“破坏性”影响以来，由于对一些前沿科技及其产业化模式的走向错失引领性的分析，以“四大”为代表的咨询业，其头顶上的光环在近年呈现出略显“暗淡”的迹象，主要表现为顶级咨询公司的薪资水平高位徘徊，对精英人才的吸引力亦不如之前。互联网对传统咨询行业的冲击还表现为：改变了其客户获取信息的渠道和成本，使以往的专业化知识积累及相关服务提供的门槛随之降低，进而导致专业咨询服务的价值弱化。当然，这种现状也与咨询业大公司随着业务规模扩张，特别是将业务触角不断伸向中国、印度等新兴经济体，而不得不吸收更加多样化的人才有关。

本质上讲，以演绎为基本逻辑特征的经济学，理论研究及其成果在先导性上似乎先天不足，但这并不妨碍经济学成为“显学”。自凯恩斯以来，主流经济学家创立的理论体系和分析工具，已被广泛应用于宏观经济预测和政策制定。尽管预测结果背离经济运行实际几乎已成为“常态”，且宏观经济政策的效果在很多情况下都备受诟病，却仍无法撼动主流经济学家的地位和权威。究其原因，经济学理论和实践创新的进程虽有起伏，但经济活动的复杂多变却始终有力地支撑着这一学科的活跃度，而且大多数学者和政府官员仍然深信根据经济学理论，通过对经济周期实施调控，能够解决就业、通货膨胀等宏观经济的基本问题。然而，面对迟迟走不出危机阴影的全球宏观经济以及主要政策工具（货币政策）首尾难顾的局面，即使是主流经济学家对宏观经济学的发展现状也深感失望和忧虑，认为宏观经济学遭遇了“Trouble”。（麻烦）。①

关于经济学实用性的最近一次正向检验结果发生在华尔街，也“终结”在华尔街。20 世纪 60~90 年代，30 余年金融理论的持续创新及其在资产估值、期权定价、投资组合等方面做出的突破性贡献，不

---

① 2016 年 9 月，刚刚就任世界银行首席经济学家两个月的罗默（Paul Romer）推出了一篇题为“The Trouble of Marcoeconomics”（宏观经济学的麻烦）的文章（刊发在 *The American Economist*）。罗默在文中承认在过去 30 年中，宏观经济学出现了倒退，并忧心忡忡地指出宏观经济学研究及其结论普遍日益脱离现实、偏航科学的状况，而更糟糕的是不少经济学家对此并不在意，甚至盲目追捧学术权威的一些错误论断。基于对“科学和启蒙精神乃人类最重要成就”的坚守，罗默（作为诺奖最有竞争力的候选人之一）在文章最后掷地有声地抛出了令其配得上诺贝尔经济学奖的宣言：“If I have to choose between betraying science and betraying a friend， I hope I should have the guts to betray my friend.”—— 如果我不得不在背叛科学和背叛朋友之间做出选择，我希望有勇气背叛我的朋友！

仅成就了夏普、马科维茨、米勒、斯科尔斯、默顿、阿克尔洛夫等一批诺贝尔经济学奖得主，而且引爆了所谓的“第一次华尔街革命”，为美国金融业乃至整个虚拟经济缔造了近20年的繁荣。如今，浮华渐散，被金融危机重重捅了一刀的华尔街失血过多，而“女王之问”[①]也使经济学家无言以对，但不能因此就全盘否定经济学理论的应用价值。即使受到了金融危机的严重冲击，以理论创新为引领的金融业依旧是美国最具竞争力和活力的部门，其理念、技术、规模、人才等方面的综合实力，在未来一段相当长的时期内，其他国家和地区都只能望其项背。

由此，似乎不应过于悲观，而是有理由相信暂时性的“失语”可能只是经济学的蛰伏或积淀，“补妆”只为更精彩地“返场”。当新科技助力消费行为由传统的“拥有＋消耗”转变为“使用＋体验”，当物联网重塑生产要素和市场的关联方式，当区块链的理念和技术架构描绘出最接近完全市场化的图景，当“机器取代人类”演绎又一场资本盛宴、冲击资本与劳动的关系，当大数据改变着企业的资产结构以及产品和服务的价值构成，经济学的不少分支学科都将迎来丰富的创新素材和重大的理论命题。一方面，有关新科技、新产业、新市场的竞争范式、组织结构、市场势力形成与分配等问题，仍可以期待经典

① 国际金融危机爆发后的2008年11月，英国女王伊丽莎白二世在访问伦敦经济学院时曾经提出了一个尖锐的问题：“为什么没有人预见到信贷紧缩的到来？”这一提问被称为“女王之问”，直指经济学家对宏观经济运行中潜在的重大风险失于预判的窘境。针对“女王之问”，英国社会科学院于2009年7月26日召开专题论坛，邀请来自商界、伦敦市、相关监管机构、学术界及政府部门的专家学者展开研讨。会后，英国学术院院士Tim Besley（蒂姆·贝斯利）教授和Peter Hennessy（彼得·享尼斯）教授在呈交女王的信函中对论坛的讨论结果进行了梳理，并对“女王之问”做出了回应。信中虽然指出有部分专家学者预见到了危机，但也承认没有人准确预测出金融危机具体发生形式、时间及其危害程度，而造成这种状况的原因是多方面的。同时，两位教授向女王“承诺”英国社会科学院将积极致力于发展出一套多部门联动、全新、共享的大局观能力，从而使女王“再也无须”问这一问题。

产业组织理论做出拓展性的解析；另一方面，对于人工智能、量子通信、无人驾驶、虚拟现实、物联网、区块链等领域的标准制定、市场规范以及政策目标方向等更为现实的问题，则需要经济学家能尽快跳脱看客的角色，适当修正过度工具化的“清高”，踏踏实实地深入研究、发现规律，创立新的理论分析框架，用以指导工业 4.0 时代风云际会的经济实践。

美国占据全球创新创业的高地

美国创新霸主的地位是否会旁落

19 世纪末，美国取代英国成为世界科技和产业革命中心。一百多年来，美国一直是全球科技创新最活跃的国家，也是科技成果转化效率最高的国家。近几年，美国创新创业重点领域、创业生态发育、风险投资理念等方面发生了一系列引人注目的变化。尽管在 2015 年以来的一波资本“寒流”中，美国约有 3 成以上的“科技独角兽”没能躲过严冬的侵袭，创新型企业首次公开募股（IPO）步伐有所放缓，一批昨天还招摇过市的科技“高竿”转眼见弃于资本，回归寂寞如雪，但这并不能遮蔽硅谷作为全球创新高地的夺目光彩。而在国家层面，以曾经诞育了互联网、GPS（全球定位系统）、隐形飞机等革命性技术，手握年度 30 亿美元科研经费的美国国防部先进项目研究局（DARPA）为代表的创新“巨无霸”，不仅支撑起了美军傲世的战斗力，而且凭借其军民深度融合机制，为美国积累着最具前沿性和领导力的科技资源。创新创业的巨大活力及丰硕成果共同构筑了美国可持续的国家核心竞争力，确保其始终占据新科技、新产业的制高点。在新工业革命下，如果说是德国率先提出工业 4.0 的构想，并致力于主导工业 4.0 时代的标准体系等制度性话语权，那么美国则是始终站立科技创新潮头，源源不断地为新工业革命输送原创成果。这些新科技几乎无一例外地带有鲜明的颠覆性特征，而更为值得高度关注的是，美国优异的创新机制和完善的市场经济对于新科技及其商业化所造成的“破坏”，通常能够较好地包容、消化，在这方面集中彰显了其超级大国的真实力。此般真实力所铸就的美国科技霸主地位在未来 20~30 年虽然会受到更多挑战，但难以从根本上被撼动和全面超越，少数几个追赶者对这种局面心知肚明。

新硬件技术引领美国创新活动

美国创新活动始终紧跟科技发展和市场需求变化的步伐，不断推陈出新。近年来，美国创新创业进入所谓的“新硬件时代”，热点领域开始转向以物联网、大数据、云计算为支撑的新硬件设备及相关服务，主要集中在三大领域：一是基于传统互联网技术的延伸和拓展，包括移动互联、TMT（Technology、Media、Telecom，数字新媒体）、移动支付、O2O 平台等。二是智能硬件。从新型可穿戴设备到机器人、智能电视、智能家居、无人驾驶汽车、医疗健康、智能玩具等。智能硬件不仅成为美国创新创业最热的领域，而且越来越多的技术和产品正在加快产业化，其中一些智能装备如多轴无人机、四足机器人（Big Dog）等用于美军的装备升级。三是生物（医疗）科技。20 世纪 90 年代，发达国家从政府到各类风险投资机构，对基于生物化学和分子生物学等基础科学研发成果的生物医药领域投入了极大的热情。然而，由于新药从实验室到产业化周期漫长、投资巨大，不确定性导致很多投入生物医药的政府项目和风投项目均以失败告终，欧盟在这方面的经验教训尤为深刻。经过一段时间的调整，美国生物（医疗）科技与大数据、微型智能传感器等新型软硬件技术设备成功嫁接，重新焕发出创新活力，成为风险投资的新宠。目前，美国约 50% 的风险投资都流向了基于终端医疗需求的创新产品和服务。与上一轮以生物医药为核心的创新明显不同，此轮生物科技创新的重点由制药转向了医疗服务及产品，推出了即时无痛验血、糖尿病随身监测、基因测序等一批影响较大的创新成果，找准了美国消费者医疗需求的最痛点，很快催生出巨大的市场潜力。在基因测序、定制医疗等领域，备受资本市场追捧的创业新星随之脱颖而出，虽然资本的盲目性也扼杀了其中一些技术和业态不成熟的项目。需要强调的是，这三大创新创业领域实际上在技术和硬件层面兼容互通，关键技术都是大数据等超强计算功能以及高性能传感器等智能硬件，集中体现了美国新一轮依托互联网的硬件技术研发的群体性突破。与此同时，由于这三大领域与应用层面结合得甚是紧密，使产业化周期大大缩短，所以带动商业模式重构和消费升级的作用更为显著。

美国创新活动的“马太效应”强化

由于创新创业对多样化人才、研发体系、中介组织、风险资金、信息渠道等高端要素乃至居住环境、气候条件等外部环境有着较高的要求，使得“集聚”成为创新活动的一般规律和典型特征。目前，美国创新创业资源高度集中在以硅谷为中心的加利福尼亚州西海岸以及波士顿周边地区。其中，美国有 40% 以上的风险投资流向了硅谷及其辐射区。近年来，美国创新创业的“马太效应”有进一步强化的态势，硅谷等极少数的创新创业核心区对高端要素形成了磁石般的强大吸引力。而与硅谷热火朝天的“全民”创业潮形成巨大反差的是，尽管美国不少州和市政府也在借鉴硅谷的经验，出台税收减免等力度更大的优惠措施，试图在当地复制硅谷模式，但迄今为止绝大部分美国城市的创新创业活动仍起色不大。这种“马太效应”，一方面推高了硅谷等创新集聚地的要素价格，以及房地产等消费价格；另一方面进一步加剧了美国经济发展的地区不平衡，未来美国创新创业差距拉大、两极分化的趋势将难以逆转。值得注意的是，虽然创新创业高度集中抬高了房地产价格及其他消费支出的水平，但硅谷地区并未采取任何抑制房价的措施。实际上，创新创业将大量含金量很高的就业岗位持续投放到就业市场，有效地消化了房价飙升的冲击，也在一定程度上阻碍了创新创业活动的扩散和转移。同时，尽管创新创业活动两极分化，但就其创新效率和质量而言，硅谷、波士顿等为数不多的亮点地区目前来看足以支撑美国制造业对新技术、新产品的需求。由此可见，政府推动的遍地开花式的创新创业有悖于创新活动固有的“马太效应”，有可能导致高端要素配置分散化，影响创新的整体效率。

硅谷升级为更具内生活力和自我发育功能的创新创业生态系统

回溯硅谷的成长历程，可以发现其演进过程是一个复杂而独特的链式反应，既不是由政策制定者主导，也绝非仅是一般意义上研发活动的产物。美国内外无数失败的案例表明，硅谷不是模仿追随的对象，而是提供了学习和解析的机会。应该看到，创业和创新属于高风险的事业。即使在硅谷，大学生创业团队中也有近 95% 是不成功的，而且约 5% 的成功创业团队中有很多团队在成功之前经历过多次失败，是硅谷的整体氛围和生态系统很好地接纳了各种各样的创新创业团队，并包容了其失败和调整。今天，显然已不能用“创新集群”来简单地总结硅谷创新创业的现状及其特征。围绕着前述的三大新领域，斯坦福大学、加州大学伯克利分校等大学和科研机构在持续为其输送最新研发成果和顶尖创新人才的同时，硅谷创新创业的发动机中更多地融入了一些非技术元素，特别是所谓的“第三方元素”，包括成熟的风险投资机制、不断涌入的天使投资人、高水平的法律服务等。这些机构的参与，降低了硅谷创新创业的信息成本和整体风险，大大提高了创业成功率，促使硅谷逐步由创新集群升级为具有内生的激励模式、可持续优选机制以及自我修复能力的创新创业生态系统。近年来，随着创新创业活动对生产制造环节等所谓“场地”的依赖程度越来越低，硅谷开始向北部地区（旧金山城区）加速扩容，明显改变了旧金山的城市功能，在以金融区、商业区和生活区为核心定位的城市功能基础上，又被赋予了高端孵化器、创业加速器（Rocketspce 等）、集成第三方等新角色，吸引了诸如 Uber（优步）、Zappos（美国鞋类 BOC 网站）、Spotify（全球最大的正版流媒体音乐服务平台）等一批轻资产的创业团队，并在较短时期内将其成功地推向市场。

创业企业 IPO 催生的新型天使基金推动了创新活动的自我强化

谷歌、脸书（Facebook）等一批创业企业被资本市场接纳，不仅对这些公司而言是提升影响力、降低风险的重大契机，同时也给这些公司中一些原创者和元老级员工带来了巨大财富。满足物质需求之余，在获得了财务自由的股东中很快孕育出了一批数量可观的天使投资人。这类天使投资人对创业项目的选择标准明显有别于投行等传统金融机构。作为曾经的“技术控”，他们大都对创业团队的财务目标不敏感，几乎不掌握通行的财务估值方法和技术，但具有更强的技术偏好和独特的市场眼光，对创新失败的宽容度也更高。在一些特定案例中，甚至是个人情怀等非商业因素促使这类天使投资人关注潜在商业价值大，却不被传统风投看好的创业项目，并以较高的决策效率帮助创业团队快速填平了资金鸿沟。目前，由创新企业 IPO 催生的天使基金在美国硅谷等地扮演着创业价值挖掘机的角色，缩短了创业企业发育周期。这些新型天使投资基金投资企业的 IPO 又进一步孵化出更多的天使投资基金，形成硅谷创新的自我加强机制。近年来，中国的北京、杭州、深圳等创业创新集聚城市也显现出与美国这一趋势类似的动向，百度、阿里巴巴、腾讯等公司的一批创业元老开始加入天使投资行列，初步形成了以技术和商业模式为核心的创业项目评估导向。

美国创新机制虽然难以复制，但提供了学习机会和跟随目标

在经济新常态下，中国政府制定并实施了《中国制造 2025》。这不仅是对工业 4.0 时代全球竞争的战略应对，更是借力“互联网 +”、智能制造、绿色制造加快推动中国迈上制造强国之路的大国宣言。就这一点而言，《中国制造 2025》更具战略高度和全局性、长远性，也是中国产业政策运用的一次新探索。然而，旗帜式、纲领性的战略影响力并不能掩盖《中国制造 2025》的视野局限性及其在产业政策改革方面的不到位。总体来看，《中国制造 2025》所提出的十大重点领域立足于既有优势，依托中国制造能够占据国际市场的强势领域，以装备制造等硬件设备和产品为主，更多地体现出中国制造以技术集成和终端产品为支撑的核心能力。这种思路对传统规划范式突破力度不够，重点领域选择的现实性、本土化较强，前瞻性、革命性偏弱，更多的是照顾到产业现有优势和市场需求，而缺少着眼于制造强国建

设的先导性理念。同时，当前我国正在大力推动“大众创业、万众创新”，旨在为实体经济转型升级提供新动力和新机制，并与美国新一轮创新创业在某种程度上形成战略呼应。2016 年 7 月，国务院发布《“十三五”国家科技创新规划》，提出在信息、制造、生物、新材料、能源等重点方向形成突破，加快部署一批能够改变科技、经济、社会、生态格局的颠覆性技术，此举战略“盯住与赶超”的导向更为清晰。尽管现阶段创新的总体水平仍有差距，重点领域有所不同，但美国创新文化及其科技成果产业化的体制机制，为我国加快落实《中国制造2025》和《“十三五”国家科技创新规划》，推动“大众创业、万众创新”提供了有价值的借鉴和启示。应该看到，新常态下培育国际竞争新优势的前提是，要对中国能够具备什么样的核心能力做出更清醒、客观的判断，并据此导入更有利于核心能力建设的要素条件、制度环境和文化特质。而在以“大众创业”唤醒国民创新精神方面，软环境建设显得尤为重要。近年来，我国多地“创新工场”和“车库咖啡”如雨后春笋般涌现，甚至成为不少城市或高新区的“新标配”。然而，照猫画虎式的借鉴，并不能学到美国科技创新及其成果转化机制和产业化模式的精髓，流于形式的投入方式造成了大量资源浪费。从机制建设的可操作性出发，在科技人才资源丰富的城市建设创业创新社区不仅要提供工作场所，同时要成为吸引天使投资人的平台，缩短创新成果和创业团队的育化周期，从而使社区逐步发育为充满内生活力的创新创业生态系统，形成可持续的高端要素凝聚能力、房价等消费成本攀升的自我消化能力。针对国内现阶段创业创新项目的退出成本高，影响创新者信心以及市场、投资方认可程度等一系列突出问题，要积极倡导鼓励创新、包容失败、肯定创业创新失败者的舆论氛围，形成开放包容、有中国特色的创新创业文化。

创新“折叠”[①]与包容性全球价值链

创新与分化如影随形

从科技史和工业史的角度观察，技术创新虽然在很少情况下如卢梭所指单纯“是为了证明一些人要比另外一些人更有才华……”但科技活动在特定阶段难免“带来不平等”[②]的结果。21世纪，日益全球化的研发分工不一定会使世界各国受益，新工业革命下，“技术民族主义”有可能重新抬头，新科技、新产业发展的未来或许只能依靠少数国家的创新活动来支撑。放眼当今世界，一边是如火如荼的、改变人类未来的创新活动，而另一边，在地球的很多角落，至今没有网络，智能手机远未普及，那里甚至不时弥漫着战争硝烟，人们饱受饥饿和流离之苦，日益被大数据和智能化的现代社会边缘化。创新与分化并行、竞争多于合作的后果注定是新动能、新财富重塑国际格局，不少国家和地区可能不得不重新审视自己身处这个“折叠”地球的第几层空间。对于企业而言，创新“折叠”导致的撕裂更是时刻上演。面对一度估值缩水9成的小米，曾经抛出“飞猪”理论的雷军不知是否有所觉悟：猪就是猪，站在经济上升期、行业成长期和资本蜜月期“三期叠加”的风口，猪是可以飞起来的，但这阵风吹过，势必跌落在地。原因很简单：猪，不会飞翔！“互联网＋资本”的大风固然提供了各层“空间”翻转的机会，但同时也强化了翻转的破坏力。因此，即使赌对了赛道，

① 这里的“折叠”取义与《北京折叠》（郝景芳）相近，以喻创新导致的分化及大数据时代“数字鸿沟”对国际格局的冲击，下文中“翻转”和“空间”等概念也借用《北京折叠》中的寓意。

② 卢梭在《论科学与艺术》和《论人类不平等的起源和基础》等著作中，并不讳言其对科学技术进步导致不平等的担忧，而这种担忧普遍存在于法国人的传统创新观之中，曾在较长时期影响着法国科技发展的方向。

也未必就能决胜千里。在未来科技和产业的竞技场上，还会有一众“飞猪”在“等风来”，但最终的赢家依然会被锁定为潜龙鸣凤、骏马苍鹰。

数据成为全球价值链上配置的重要资源

在大数据时代，谁掌握优质的数据资产，谁就更有可能成为全球价值链的主导者。一些学者将新工业革命下的“数据”比作工业化时代的石油，而实际上，数据对于企业和投资者的价值与农耕时代土地的属性更为接近。目前，谷歌（Google）、脸书（Facebook）、亚马逊（Amazon）这三家互联网巨头均已储备了海量的数据资源，并正在加快将这些数据资产化的进程。其中，谷歌为全世界的公开网页建立了最为庞大的索引系统，脸书拥有的社交网络聚集了全球一流的商品数据库，而亚马逊则沉淀了巨大规模的商品信息。数据资产决定了未来领军企业的战略选择和商业模式。在某种程度上，这些企业凭借数据资产优势，将会分流甚至取代IBM（国际商业机器公司）等传统巨头对全球价值链的掌控力，从而改变全球价值链上不同环节的战略性及其增值率。为应对大数据时代的挑战，传统跨国公司自是不甘就此没落，同样开始了新一轮的转型。如2016年6月，IBM宣布放弃曾为其带来丰厚收益的全球业务咨询（GBS）和技术服务（GTS）两大业务板块，而专注于发展为一家认知解决方案和云平台公司（Cognitive Solution and Cloud Platform Company），这标志着其由硬件设备制造商成功转型为企业软件公司。微软实力超群的研发团队还在人工智能、碳纳米管以及量子计算机等前沿科技领域加紧突破，以确保未来20~25年的全球价值链领导地位，力图再造一骑绝尘的工业物联网新帝国。实际上，在新科技、新产业、新市场领域，不仅活跃着像特斯拉这样的一批“小鲜肉”，而且转型也是近年来传统大跨国公司发展战略的关键词。惠普不断扩展服务型制造和云计算平台，施耐德公司提供最先进的能源解决方案，TDK（日本东京电气化学公司）早已成为最具竞争力的新材料公司之一，松下在新能源电池领域砸下重金…… “To be or not to be”，已经不是“一个问题”，归根结底，这是一个不创新、不转型就等于自掘坟墓的时代！

新兴产业全球价值链开启深度纵向整合

传统互联网公司不断向上游渗透，加入新型智能硬件设备和服务型制造等新兴领域的竞争，是发达国家产业发展的另一新趋势。随着苹果进军汽车领域，微软、谷歌、脸书等 ICT 和互联网公司布局新型智能硬件制造环节，一些掌握尖端技术的企业更加注重研发的内部化，以便将附加值最高的环节牢牢控制在企业内部。这些企业充分利用在下游收集的客户信息和消费者偏好，为市场带来“体验为王、大道至简”的新一代一体化产品，带动了行业的深度纵向整合。有别于 20 世纪 90 年代到 21 世纪前 10 年国际分工中产业内部企业之间链条式的分工深化以及由大规模外包支撑的网络状全球一体化分工体系，当今新产业的分工触角进一步向企业内部伸展。应该看到，现阶段新兴产业的全球价值链尚未发育完全，产业链延展及分工仍带有碎片化的局限性。因此，这种类似“合工”式的纵向整合，能否成为国际分工中不可逆转的态势，还仅仅是新兴产业全球竞争的阶段性表现，尚有待观察，但这一趋势对全球高端科技要素配置的影响不可忽视。在新工业革命下，中国依靠比较优势确立的制造业生产和出口规模优势有可能被进一步削弱，拉大在尖端领域与发达国家的差距。

在工业 4.0 时代的国家竞争中，发达国家既是运动员又是裁判员

近年来，美、德、日三国相继推出了国家战略，积极布局新工业革命。对于美国而言，尽管一直有学者质疑美国复兴制造业的动机及其制造业回流的实际效果，但应该看到，即使美国部分制造业环节出现回流，但在中间产品和终端产品的制造环节，美国仍将在相当大的程度上倚仗海外供给。当我们一度把更多关注的目光投向 TPP，却大都忽略了早在 2012 年美国总统奥巴马就已签署的《全球供应链安全的国家战略》。这份纲领性文件将供应链安全列为美国的国家战略，进一步凸显出要素流动和商品服务交易的安全性、高效性对维护美国核心利益至关重要。德国的强势领域集中在高端装备、机器人等方面，主导工业 4.0 的意义在于掌控国际标准制定的话语权，进而从推广工业 4.0 范式和服务型制造中获得新的盈利点。而对于日本来说，工业 4.0 时代的国际竞争形势同样加剧了其强烈的紧迫感，在新兴领域“不掉队”是其最低纲领。为此，日本确立了以机器人技术创新带动制造业、医疗、护理、农业、交通等领域结构变革的战略导向。在此基础上，日本政府于 2016 年正式提出“社会 5.0”（Society 5.0）① 的构想，强化官民互动机制，从而“最大限度地利用 ICT 技术，通过网络空间与物理（现实）空间的融合，以智能化的精准技术和服务营造更有活力和舒适度的日本，共享给人人带来富裕的‘智慧社会’”。社会 5.0 可以视为日本应对国内制造业空心化和人口老龄化，以及全球新工业革命

① 日本提出“社会 5.0”构想的主要依据是社会构成的演进，起点为狩猎社会，依次经历农耕社会、工业社会、信息社会，再到 5.0 版的“智慧社会”，其战略重点在于借助技术创新和应用，解决日本少子化、老龄化以及环境、能源等社会经济问题，使日本国民共享技术进步和社会发展的成果。

共同挑战的一次有力的战略“二次创新”，其落脚在增进日本后工业化时期全民福利的目标导向颇具现代感和倡导力。值得注意的是，虽然日本政府一再强调要缩小与美国、德国在应用软件开发等方面的差距，但产业界运用人工智能、物联网、大数据、云计算等手段改造生产流程、管理系统和商业模式，更多的是“自下而上”的自主行为，而且日本企业的创新活动，更倾向于围绕产业链延展和基于核心业务的深度开发。这说明日本产业政策已与传统形式渐行渐远，其作用方式不再是由政府指定优胜企业、选择技术路线，而是转向了以服务和支援为主的功能型措施。由此可见，尽管重点领域和政策工具存在差别，但工业强国的战略主旨都需要通过实施科技政策和产业政策，强化优势、弥补短板、全面参与，意在主导新科技、新产业的规则制定，从而打赢工业 4.0 时代的全球竞争之役。

发展中国家深陷“数字鸿沟”和开放困境

在全球经济艰难复苏、增长乏力的局面下，不得不承认，发达国家与发展中国家在科技研发、产业创新、贸易规则重构等方面的差距有所拉大。以金砖国家为代表，21 世纪前 10 年一度活跃在国际分工体系中，成为拉动全球贸易增长重要力量的新兴经济体，相继陷入结构性减速与周期性放缓的叠加期。结构调整举步维艰、国内宏观经济风险增大，导致新兴经济体贸易和投资政策导向的利己主义与保护主义交织。不无遗憾地看到，与美国、欧盟推出实体经济转型发展的重大战略，以及高标准、高层级的新型区域贸易协定的深远布局相比，处于结构性减速与周期性放缓叠加期的新兴经济体，其对外开放部门普遍出现“开倒车”的迹象。国际金融危机爆发之初，印度、巴西、俄罗斯等新兴经济体相继收紧了各自的贸易政策，南非于 2012 年终止了与欧盟13国的双边投资协定，印度尼西亚则计划终止全部67项双边投资协定，拉美、非洲发展中国家不断爆出的债务违约、国际合作项目搁浅等问题为新兴市场的全球化进程蒙上了一层阴影。而在前沿科技和新兴产业领域，发展中国家的企业以资源禀赋和劳动力成本为核心的比较优势，在短期内很难找到对接新兴产业全球价值链的点位，新“数字鸿沟”将进一步挤压发展中国家企业参与全球价值链的空间。值得注意的是，对于填平数字鸿沟所需的资金投入，包括BCG（波士顿咨询公司）等不少机构都持乐观态度，但要想建立一个真正“互联互通”的新世界，远不止对欠发达国家和地区数字基础设施“补短板”那么简单。数字技术的广泛应用可以将发展中国家基础设施项目的生命周期成本削减近20%[①]，但理念冲突、制度对立、人才缺失仍在加剧创新的“折叠”效应。

艰难复苏的世界经济呼唤包容性全球价值链

面对后危机时期错综复杂的国际贸易和投资形势，现行WTO主导的多边贸易体制已经难以适应国际竞争格局的变化以及不同成员的多元化利益诉求。鉴于现行多边贸易体制的局限性，发达国家的实用主义再次占了上风。凭借其掌控全球治理制度性话语权的战略能力，美欧等发达国家推出了新型高标准、高层级的区域贸易协定，意图在未来全球治理中抢占先机。这些新兴区域一体化安排固然在议题设置、组织架构和决策机制优化等方面做出了一些积极尝试，吸纳了一些发展中成员加入，但由发达国家主推的新兴区域一体化平台不仅有可能放大WTO的碎片化风险，还为众多中小企业特别是发展中国家的企

① BCG波士顿咨询．基础设施领域的万亿美元商机．2016-09-16.

业参与 GVC（全球价值链）设置了更高的技术和法规门槛。这会直接影响发展中国家融入国际分工体系的机会，进而对亚太等地区的区域价值链造成一定损害。

重振全球贸易和世界经济，是各国新的历史使命，呼唤更加开放、包容、协调的全球治理机制和规则体系。这对诞生于 2008 年国际金融危机最紧要关头的二十国集团（以下简称 G20）峰会机制提出了更高要求，也为其发挥影响力带来了新的机遇。在 G20 安塔利亚峰会上，成员国倡导“包容的全球价值链”，意在构建新型全球价值链治理体系。关于全球价值链包容性的界定，现阶段仍存在争议，而对包容性的测度，则至今鲜有被学术界和各国政策制定部门广泛接受的重要成果。未来全球价值链的包容性至少应体现在以下三个方面：一是从微观主体层面来看，包容、协调的全球价值链要能够为不同国家和地区、不同规模、不同技术水平、不同所有制结构的企业，特别是中小企业和青年创业者，提供接入全球价值链的公平而开放的通道，为其扫除开展贸易和投资、跨越新数字鸿沟，进而升级到价值链更高环节的技术壁垒和各种障碍，营造公平竞争、信息畅通的价值链微观生态，并能够充分保障后发国家的企业获得合理分工收益，实现全球价值链治理地位提升的机会。二是从产业层面来看，需要推行更加开放、包容的理念。全球价值链的包容性绝不应仅体现在对传统产业和中小企业的包容，而是既要理解新兴产业全球价值链生成、改进和优化的客观规律，尊重并保护新兴领域领军企业研发、创新的成果，又要为传统产业全球价值链的绿色化、智能化转型发展创造有利条件，打造能够提供多样化就业岗位、共融共生的全球产业生态。三是从全球价值链宏观治理和规则体系层面来看，要坚定支持、维护以 WTO 为核心的多边贸易体制，反对、抵制一切形式的贸易保护主义和投资歧视；加强政策协调和能力建设，完善 WTO、G20 等全球经济治理平台，激发世界各国制度创新的主动性，广泛接纳不同国家和地区为重塑包容、协调的全球价值链所做的建设性努力。

“中国药方”贡献中国智慧

2016 年的 G20 峰会由中国主办，此次峰会将协调、包容作为重塑全球价值链规则体系的目标方向，为推动中国制度性话语权能力的建设提供了有利契机。就创新增长方式、更高效的全球金融治理、强劲的贸易和投资、包容和联动四大峰会重点议题的推进情况而言，中国日益国际化的视野和大国责任得以不断彰显，并实现了阶段性的议题突破。其中，在贸易和投资议题方面，G20 杭州峰会尝试为重建世界经济秩序开出“中国药方”，并赢得了国际社会普遍关注。

不可否认，以英国“脱欧”为标志性事件，当前世界范围内全球化进程进入了一个退潮期，遇到了一些阻碍。全球价值链分工出现了一些新的趋势和特点，同时也蕴含着整合提升的空间，而重塑全球价值链的前提则要有足够协调、包容的治理体系为支撑。作为崛起的发展中大国，中国应正视在世界经济和全球贸易中的地位变化，加强顶层设计；主动践行经济和贸易大国的国际责任，不断提升整合全球资源的综合能力；逐步发挥国际经济协调和全球治理议题设置及合作推进等方面的引领作用，在增强自身制度性话语权能力的同时，为复苏世界经济、重振全球贸易发挥建设性作用；推动新兴领域的规则建设，为构建更加创新、活力、联动、包容的世界经济贡献中国智慧。

激发中国供给侧结构性改革的新动能

不论是历史地看还是辩证地看，一国（地区）经济运行中供给与需求之间的矛盾都是长期存在的。在经济发展的不同阶段，供给和需求都有可能成为矛盾的主要方面。过去 30 余年中，针对各个时期经济发展的主要矛盾，中国经济改革也曾在供给侧或需求侧轮番发力，集中解决阻碍生产力进步的突出问题。数轮改革对中国经济的积极作用有目共睹，但就供给与需求之间矛盾的绝对性而言，渐进式的改革不可能一劳永逸，而需要通过高强度、高质量的制度创新不断激发市场活力和社会创造力。

21 世纪前 10 年，中国经济经历了一轮主要由投资和出口拉动的高增长，将经济总量推上世界第二的高位，赢得了全球第一制造大国和货物贸易大国的地位。然而，伴随着压缩式的加速工业化和持续的规模扩张，中国经济的结构性问题日益凸显。低水平的产能大面积过剩，库存不断累积，综合要素成本快速攀升。同时，高杠杆化导致了银行业资产质量下降的风险加剧，实体经济的整体脆弱性进一步被放大。而这些经济运行中的“负能量”使得供给侧再度演化为供求矛盾的主要方面，继而成为中央做出加快供给侧结构性改革的重要依据。

供给侧结构性改革对转型升级的重大现实意义和正向作用，在很短时间内就在决策层和理论界达成了共识。毋庸置疑，中国经济的确需要来自供给侧的变革，特别是在实体经济领域，近年来由于传统领域逐渐失去了投资吸引力，新兴产业市场前景不明朗、发展存在不确定性，“低端锁定、资本抽离、成本攀升、人才缺失、要素分流”成为“中国制造”转型发展所面临的现实困境。化解这些难题既要下定“打赢一场优化供给攻坚战”的决心，也要有“开展消除结构性顽疾持久战”

的耐心。在“三去一降一补”的改革重点任务中，“去产能、去库存、去杠杆”的短期压力显然更大，中央已确定了具体到各个行业的指标分解和明确的时间表，而“一降一补”则需要较长时间的努力。从通常意义上来讲，“实行结构性减税、矫正要素配置扭曲、扩大有效供给”等供给侧结构性改革的核心政策工具和目标方向，很难做到立竿见影，更具有长效的作用机制和特质。从这一角度出发，如何促使供给侧结构性改革形成长期、可持续的成效，是考验政府定力和企业决心的难点所在。

总体来看，对于进入下行通道，供给能力和水平与国内外市场需求严重错配的中国经济而言，推动供给侧结构性改革至少在决策层面不啻是一剂“强心剂”。找准问题，精准发力，无疑有助于自上而下提振信心。但应引起注意的是，当下对中央实行的供给侧结构性改革，仍存在不同的解读。一些地方政府、主管部门和学者，把供给侧结构性改革当作“政策筐”，什么都往里装。部分不符合改革导向的刺激措施，甚至是属于淘汰之列的落后项目，被重新包装后贴上“供给侧改革”的标签，再度投放到各类“十三五规划”之中。这种做法不仅不利于改善供给质量，反而有可能造成新一轮的重复建设和低端产能。因此，推动供给侧结构性改革要坚持市场化的主基调，毫不动摇地发挥市场在资源配置中的决定性作用，主要采用市场化的手段攻坚克难，破除束缚形成优质供给的桎梏。在经济下行和系统性风险加大的巨大压力下，各级政府和主管部门更不能自乱阵脚，不该伸的手乱伸，不该出的招乱出，而是要冷静下来，等一等市场的判断，看一看市场的手何时伸、会伸向何处。面对结构转型的种种难题和困境，要深刻理解市场调节的规律及其发挥作用的阶段性特征，把供给侧结构性改革的发力点落在理顺市场信号传导、释放的管道上，放到清除要素优化配置的障碍和阻力上，要坚决杜绝一切打着供给侧结构性改革的旗号干扰市场机制运行，行“计划经济之实”的行为。任何不尊重市场规律的应激措施，都可能演变为中国经济的“不可承受之重”。

充分发挥市场机制的作用，意味着供给侧结构性改革不应是“自上而下”的单向安排，而需要政府“自上而下”顶层设计与企业“自下而上”主动转型之间的双向配合。令人感到欣喜的是，中国改革开放伟大实践的最宝贵财富之一是形成了一批初步具备国际竞争意识的市场化企业群体，这一群体对市场变化已经有了一定的敏感度、耐受力和应对手段。随着传统比较优势由逐步弱化再到系统性减失，“中国制造”既受到新兴市场低成本出口的挤压，又要迎接美国、德国等制造强国主导的工业4.0的挑战。在这种“双重钳制”下，企业自主转型意愿普遍增强，正在为挣脱低端锁定和路径依赖的束缚而砥砺前行。

现实情况是，在部分地区、部分行业的低端产能屡“去”不止、“僵尸”遍野的同时，已有越来越多的企业正在悄然转型，一批“隐形冠军”羽翼渐丰，在转型升级的道路上已经踏出了坚实有力的脚步。在广东、浙江等一些传统劳动密集型产业集聚的地区，如今一边是服装厂、制鞋厂、玩具厂空空荡荡的厂房，昔日的繁盛渐行渐远；另一边则是机器人大规模替代劳动力，更多企业开始通过技术创新和设备更新投资重塑成本结构，努力开拓新产业、新市场，依靠科技和模式创新实现转型的亮点不断涌现。这种“冰火两重天”的情况表明实体经济内部加速分化，而这并不单纯是中国经济固有的“二元结构”的映射，更是转型和创新势力对旧体制的宣战。因此，供给侧结构性改革要坚持企业的主体地位，尊重企业所选择的升级方向，相信企业的转型能力。尽管在新常态下由点到面铺开仍面临着诸多障碍，但强化新科技、新产业支撑是中国结构转型的必由之路。唯有形成政府与企业之间、各类市场主体之间、生产者与消费者之间的良性互动，才能切实扩大有效供给，进而使供给体系更好地适应需求结构的变化。

对于优化供给侧的效果而言，“三去一降一补”更多地应该是具有“治病疗伤”的功效。长远来看，创造新的高质量供给才是推动供给侧结构性改革的目标方向，这需要将新科技、新产业、新市场有序地纳入中国经济的供给体系，同时必须有优质要素提供配套。实际上，要想从根本上提高供给体系的质量和效率，全面提升包括劳动力、土地、资本、技术和制度在内的各类要素的整体素质是重中之重。因此，从大的方向来看，供给侧结构性改革要求对中国经济增长长期过度依赖劳动力、土地、资源等一般性生产要素的投入，技术、知识、信息、专业人才等高端要素投入比重偏低的路径和模式进行纠偏，逐步将供给结构优化建立在创新驱动、绿色发展上，实现全要素生产率的跃升。但应该看到，把被锁定在低端供给的要素配置到新的供给体系之中绝非易事，这不仅需要经历一个长期的过程，而且更需要大规模、高效率的投入，甚至要付出一定的社会代价。其中，劳动力要素提质的任务尤为复杂而艰巨，不可能一蹴而就。东部沿海地区服装厂、制鞋厂、玩具厂的农民工默默收拾行装，或返乡或转到其他地区的工厂试工，不想给政府“添乱”，甚至不知如何给政府添乱的他们，在相当大的程度上拉低了劳动密集型传统产业转型的社会成本，而这种社会成本放到整个中国经济的供给侧改革下，却很难忽略不计。从主要发达国家产业转型的经验来看，开展形式多样的转岗培训以满足优质供给所需的职业技能、薪资水平是重要步骤，今后应由政府、企业和劳动者共同投入和承担。

理论上讲，如果市场机制能够真正发挥决定性的资源配置作用，落后产能中的“僵尸企业”绝不会残喘至今。但必须承认，只要涉及人的问题，必然会有一定的复杂性，这也成为一些资源型产业高度集中地区的地方政府推动“僵尸企业”退出市场、落实去产能目标的最大顾虑和障碍。因此，应高度重视推动供给侧结构性改革的经济和社会成本，在做好中央财政资金安排和投放的同时，鼓励地方政府因地制宜，创新工作思路和解决方案。一方面，要大力发展新的接续替代产业，着力培育新的经济增长点，尽快形成发展的新动能，这恰恰是本书所关注的焦点；另一方面，要加快转变政府职能，清除要素跨区域流动的障碍，为转岗分流和再就业提供更大的空间，进而有效降低供给侧结构性改革的社会成本和风险。

另一个决定供给侧结构性改革成败的重要步骤则是如何同步设计与之匹配的需求侧政策。中央将提高供给结构对需求变化的适应性和灵活性，作为供给侧改革的着力点之一。2015 年，我国社会消费品零售总额创下新高，消费对经济增长的贡献率高达 66%。考虑到经济下行对就业和消费的影响有一定时滞，消费对经济贡献持续攀升的局面是否具有可持续性仍存在争议。但未来如果不能适时、适度、有效地刺激消费，那么可以预见，国内、国外两个市场将很难消纳因中国供给侧升级所释放出的又一波产能巨浪，更难以为新科技、新产业、新市场提供规模化的需求支撑。一旦形成只开花不结果或者空中楼阁式的供给架构，对中国经济乃至全球市场的危害，则有可能远超此轮低成本过剩产能这柄尚能称为“双刃剑”的威力。因此，切不可忽视需求侧自身的深度调整以及供求之间的匹配。供给侧结构性改革要求同步对投资、出口、消费这“三驾马车”做出相应的政策安排，丰富制度供给，通过深化投资体制改革，促进外贸创新发展，引导消费升级，对供给侧结构性改革形成有力的政策呼应。

本书的架构和重要结论

对于作者而言，写作本书是一个很有进益的学习和积累过程。通过对普遍带有碎片化知识特质的新科技、新产业、新市场做出基于产业经济学视角的初步观察，尝试思考并理解正在同步颠覆人类认知系统和传统产业体系的新科技及其对生产、消费、投资以及企业行为的影响，梳理并提炼其创新机制、产业技术演进以及产业化模式的规律性特征，从而为后续开展针对新产业的经济学理论创新甄选素材，发掘更具延展性的理论创新点。

本书的研究认为，“颠覆”并不是创新的持续性常态，人类更多的创新活动是对既有技术进行渐进式改进、完善和修补。颠覆性创新成果的影响是一个由点到面、荆棘密布的过程，但近年来这一过程呈明显“加速”的态势，“未来产业”群的肖像正不断清晰。同时，处于“纠缠态”的科技创新与产业变革，其“越界”的特征进一步凸显。随着知识深度分解和不断融合，由于通用技术（GPT）支持力增强，建立在新技术之上的产业群以及由新技术实施改造的传统产业，其边界趋于模糊，产业之间的技术和市场重叠性日益突出。在新兴领域中，制造和服务正在加快融为一体，二者的关联程度不断提高。在这种情况下，一旦关键点实现了突破，就有可能引领整个产业群的发展。一方面，掌握某一共性技术或专利的企业可以承接来自不同行业的外包业务，服务于多个相关行业或整个产业群，大数据领域这一特点已经相当鲜明；另一方面，产业融合对原有以单一知识或技术作为产业划分依据的规则带来了挑战。另外，技术创新虽然刺激了产业群外延的扩展，但同时也缩短了产业群内部一些产业的生命周期。为应对快速变化、持续纠缠的产业生态，企业需要在特定时期内更加专注于核心业务，提高战略资源的掌控能力。

还应该看到，尽管现阶段的新科技同属新兴领域，普遍具有颠覆性和应用前景广的特点，并且多数新科技在国防军事领域有重要的应用，但其产业化程度、未来的市场潜力、资本接入方式、政府政策跟进等方面参差不齐，仍存在较大差异。特别是在资本市场高度发达的条件下，各路热钱对一些新科技概念的炒作高烧不退，致使其产业化前景蛮烟瘴雨，即便专业人士也如坠云雾。[①] 其中，机器人行业虽有不少技术难关尚待攻克，但工业机器人无论是规模总量、增长速度还是领军企业的市场势力等方面，都正在加快向成熟产业演进，成为柔性制造、智能工程、计算机集成制造系统（CIMS）的支撑性硬件产业。同样，凭借“互联网 +”战略导航，国内大数据产业的发展似乎一日千里，超出了此前的一些预判。再如市场上主流 VR 产品的体验难称完美，但由于资本力量的充分参与，在短短两三年时间内也已初成规模，产业组织特点初步显现。相比之下，人工智能、量子通信、脑科学、区块链等技术或产品的市场化、规模化应用，显然还有较长的路要走。而在各地政府的力推之下，石墨烯等领域提前预热，今后能否避免重蹈产业规模低水平快速扩张的覆辙，应引起高度重视。

由此可见，当今世界科技、资本与产业之间的互动更加频繁、深入。从某种意义上来看，资本将科技创新成果的泡沫吹大并不可怕。其实，从泡沫生成再到破灭的洗牌甚至已成为市场经济下新产业兴起和演进必须要经历的阵痛，但这种盲目挤出造成的浪费往往不会比政府直接

---

① 杰姬·芬恩和马克·拉斯金诺在 *Mastering the Hype Cycle: How to Choose the Right Innovation at the Right Time*（《精确创新》，中国财富出版社 2014 年版）一书中提出了新技术的“炒作曲线”（中译本译为“技术成熟度曲线”），强调在利益推动的预期膨胀下，资本对新技术的炒作“无处不在”。

配置创新资源导致的问题更严重。[①] 企业家和投资者应该对这一规律有清醒的认识和精确的判断，相信“独孤求败”除了仰仗变通的实力，还要拥有坚守的定力。

面对纷繁的未知世界，本书可以肯定的结论是，尽管人工智能、无人驾驶、机器人在解放人类头脑的同时，也给人类的智能和体能甚至情感造成了前所未有的冲击，但人才是决定“创新”这场生死之战的“奇点”，未来的全球竞争始终是人的竞争。科技和制度作为人类智慧的延展，其意义和复杂程度将比历史上任何一个时代都更具有现实性和战略性。而且颠覆性创新从来都只是“少数派”的“游戏”，本书涉及的前沿领域和未来产业无一不是大国深度布局、巨头激烈角力的“重竞技场”，他们既是新竞赛的发起者和参与者，又是规则和标准的制定者。在这一结论下，中国所面临的形势尤为严峻。“李约瑟之谜”考问着中华民族对现代人类社会科技创新、知识积累、财富创造、文明传播的贡献。更为严峻的现实是，撇开生产环节，仅仅在我们日常生活中，至今鲜见 13 亿人口大国的原创理念、技术和产品。在过去 30 余年的压缩式工业化实践中，中国人在学习和模仿之路上走得又快又远，但在新科技、新产业巨浪的涤荡下，跟随战略的效果势必大打折扣，是时候面对并攀越“原创”这座横在中国现代化历程中的嵯峨高山了。

从西方科学史和工业史的角度来看，物质财富的膨胀终将使人们摆脱生计之困，获得能够专注于原始创新的“财务自由”。因此，人均收入水平不断提高的愿景，无疑为中国开创属于自己的“原创时代”提供了可以期许的物质条件。然而，正如保罗·罗默所论证的，

---

① 资本主义具有推动和扩散技术创新的内在动力，站在评判这一社会经济制度两个极端的马克思和哈耶克，在这一方面，几乎绝无仅有地形成了相近的认识。

经济增长长期依赖于人的行为及其对经济利益的决策，只有利益才能支撑知识创造。事实上，人类以“利益”为导向的发明创造，终使自身摆脱了“马尔萨斯陷阱”。既然创新是可以且必须获利的，那么可持续创新的首要前提就是在法律层面清晰界定并有效保障包括知识产权在内的所有者权益，这成为中国制造面向新时期全球竞争的关键问题。为此，中国显然需要思想领域的深刻变革，而迈出这一步，难度更大、成本更高、风险更多。中国经济社会进入新常态，这在某种程度上提供了一定的社会心理回旋空间，但同时也形成了硬件投入和优化的压力。“盯住和追赶”不足以应对这场新科技、新产业的决赛并最终胜出，须有“任子垂沧海之钓”的韬略，方可获得“吞舟大鱼”般的战果。

对于从事行业研究的机构、学者、政策制定者以及意欲进入相关领域的投资者来说，本书所提供的较为系统的信息和前瞻性判断，同样具有参考价值。作者追求既严谨又轻快的文风，着意体现新科技、新产业特有的活力，力图激发普通读者与作者共同探求新知识的兴致，并带给他们更多阅读乐趣。

本书另外一个突出的特点是，各章之间并没有循着通常意义上的逻辑次序对研究内容进行串联，而是按照作为研究对象的新产业主导技术的英文首字母排序，并尝试拼画出一幅展现未来人类智慧、科技能量和产业生态的真实图景。需要强调的是，在此番科技创新大潮中，人类仍有众多“根问题”尚待求索。因此，本书关注的焦点不得不从中做出艰难的取舍，甚至对部分领域仅作浅尝辄止的评判。同时，书中选择性研究的对象，由于其发展前景和市场化进展或多或少地存在不确定的因素，未来技术路线也处于相对较为频繁的变动之中，故而争议颇多。这既是我们这项研究的难点所在，也为连续跟进和深度研判确立了目标对象。今后，不断完善分析框架、开展可持续研究、推出逐步深化的成果是作者的期待。

杨丹辉执笔

2016 年 9 月北京

第 1 章　大数据：浪里淘沙方见金

> “大数据”时代已经降临，在商业、经济及其他领域中，决策日益基于数据和分析做出，而非基于经验和直觉。
>
> ——《纽约时报》

谈及当今科技创新与产业变革之间的互动，大数据绝对是首要的领域和话题之一。其实，自 2010 年“大数据”这个词开始被正式提出以来，关于大数据的定义似乎也快成了海量“数据”，但绝大多数定义对其描述都集中在数据的规模上。这容易造成一种误解，以为大数据就是指“数量足够大”的数据。人们对新技术、新趋势的热切关注，一方面也许是出于对新鲜事物的好奇与求知，另一方面可能只是为了能与小伙伴愉快地聊天。对于新技术知其然却不知其所以然是很正常的，如果不是相关专业出身或从事专职工作，仅靠从一些零散的资料碎片所获得的认识，毕竟不够全面。错觉是个人自由，但是误解不可以有。①

① 从各种渠道获得大量信息，以及凭着多年前从事相关专业所习得的知识，笔者自认对大数据有一定了解。但当进一步深入研究该领域时，仍感觉陷入了层层迷雾之中，仿佛再也把握不住大数据的温度和情感。也许大数据的信息量就是“大”，反而更容易让人迷失。痛定思痛，决定返璞归真，从最简单的概念开始梳理思路。

大数据：内容为王

大数据一词源于英文的“Big Data”一词，如果要追溯大数据作为专业术语最初出处的话，就得从 Apache 的开源搜索引擎 Nutch 说起。当时大数据的意思是更新网络搜索索引，同时还需批量处理和分析大量的数据集。谷歌 Map Reduce（映射化简）和 GFS（Google File System，谷歌档案系统）发布之后，除了涵盖大量数据集之外，大数据的定义还包括数据处理的速度。

➢ Gartner（高德纳咨询公司）曾经围绕 3 个“V”，给大数据下过这样一个定义：一种基于新的数据处理方式而产生的具有强大的决策力、洞察力以及流程优化能力的高容量（Volume）、高度复杂（Variety）且高速变化（Velocity）的信息资产。

➢ 麦肯锡全球研究所发布的《大数据：创新、竞争和生产力的下一个前沿》（James，2011）报告，认为大数据指的是大小规格超越传统数据库软件工具抓取、存储、管理和分析能力的数据群。

➢ IBM 概括大数据的特征有 3 个“V”，也就是大量化（Volume）、多样化（Variety）和快速化（Velocity）。此外，还潜藏着另一个 V——高价值（Value）。

大数据的首要特征是数据的量大（Volume）。电脑的数据运算和储存单位都是字节 B（byte），1KB（Kilobyte，千字节）等于 1024B。除此之外还有更高单位 MB（Megabyte，兆字节）、GB（Gigabyte，吉字节）、TB（Terabyte，太字节）、PB（Petabyte，拍字节）、EB（Exabyte，艾字节）、ZB（Zettabyte，泽字节）、YB（Yottabyte，尧字节）和 BB（Brontobyte，千亿亿亿字节）。每一级之间的换算关系是 1024=2^10（2 的 10 次方）。2015 年，全球数据存储量已达 10ZB。据国际数据公司

（IDC）预测，2020 年全球数据量将突破 44ZB，是 2015 年的 4 倍多。因为硬件技术的发展速度远远赶不上数据容量的增长速度，所以产生了数据存储和处理的危机。

海量数据存储危机的产生不仅是由于数据量爆炸性的增长，还有数据类型的改变而带来的多样化。在以前，数据库用二维表结构存储方式就可以储存大量数据，譬如常见的 Excel 软件中处理的数据，这类数据称为结构化数据。但是随着互联网多媒体应用的出现，声音、图片和视频等非结构化的数据所占比重日益增多。有统计表明，全世界非结构化数据的增长率是 63%，相对而言，结构化数据增长率只有 32%。

快速化描述的是数据被创建和移动的速度。在高速网络时代，通过基于实现软件性能优化的高速电脑处理器和服务器，创建实时数据流已成为流行趋势。企业不仅需要了解如何快速创建数据，还必须知道如何快速处理、分析并返回给用户，以满足他们的实时需求。基于 IMS Research 关于数据创建速度的调查，据预测，到 2020 年全球将拥有 220 亿部互联网连接设备。

高价值，是指大数据中饱含大量的不相关信息，浪里淘沙却又弥足珍贵。如果对用户没有太大的商业、技术或社会价值，这些数据集就没有什么意义。

斯坦福大学还提出另外两个 V，时效性（Volatility，数据集在多长时间内有效）和变化率（Variability，不可预测的数据流及其变化程度）。

以上特征经过扩展后形成 6 个“V”，共同刻画出大数据的突出特征（见图 1–1）。

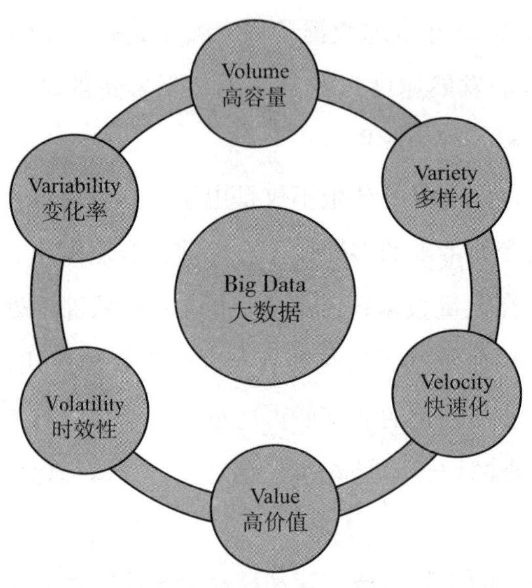

图 1–1　大数据的 6 个“V”

ICT 与大数据时代：新词旧赋

上述定义虽然没有给出大数据的标准尺寸（实际上也不可能有一个统一的标准），但对于认为大数据的数据集就必须要足够大这种数据神话的盲目崇拜必须消除。Gartner 公司的分析师 Mark Beyer（马克·贝耶尔）说过，“神话有助于缓解焦虑，但于解决问题无益”。大数据虽是出炉不久的新术语，其关于海量数据分析与处理的内涵却并不新。

大数据是由信息技术、互联网发展而来，并逐步升级为相对独立的技术和产业体系。信息技术的核心包括信息处理、信息存储和信息传输。最近几十年信息技术的不断进步带来了信息处理、信息存储和信息传输能力的飞速提升。摩尔定律发现芯片上可容纳的晶体管数目每隔 18 个月左右便会增加一倍，性能也将提升一倍。在摩尔定律的指引下，信息产业周期性地推出新的计算机，操作系统和计算能力被不断提高，推动了信息技术的持续进步。1977 年，世界上第一条光纤通信系统在美国芝加哥市投入使用，拉开了信息传输能力大幅跃升的序幕。随着信息基础设施的持续完善，包括网络带宽的持续增加、存储设备性价比的不断提升，2000~2015 年，CPU（中央处理器）晶体管数量增加 100 倍、硬盘价格降低为初始价格的 1/200，为大数据的存储和传播打下了良好的物质基础。

互联网的出现，将每个人的计算机连接起来，逐渐成为人们获得各类数据的主要渠道。通过互联网获取数据的模式可以抽象为不断“请求”+“响应”的过程。每一次的访问“请求”就是一次鼠标点击操作（鼠标出现之前是通过“回车键”来实现），而服务器的日志中会忠实地记录每一次的访问时间、请求命令和访问地址等数据。这些日志就好比人们在互联网上的“脚印”，“凡走过，必留下痕迹”。这些“脚印”蕴含着大量信息，因此可以说，各类服务器上的日志构成了一种大数据类型。最早重视这些数据价值的也正是触觉灵敏的互联网公司。

云计算改变了数据的存储和访问方式，为大数据的集中采集、存储和分布式访问提供了必要的场所和分享渠道，因此可以说，云计算是大数据诞生的前提和必要条件。物联网和智能终端的普及带来了持续不断的大量数据，且数据内容鲜活、数据类型丰富，是大数据的重要来源。

理论未死，量化一切

理论是认知的必经途径，是用来在实践中理解和分析世界的。可是到了大数据时代，有一种论调——理论已死——认为理论已经没有存在的必要，只要有数据就够了。也就是说，譬如世界的运作、人类的行为等普遍规则也都不重要了，只要有数据分析，一切问题就都解决了。

事实上，大数据也是有理论基础的。譬如分析大数据所用的就是统计和数学理论,还涉及部分计算机科学理论。尽管这些理论与相对论、量子论似有较大差距，但同样具有理论指导意义。在数据选择、收集的过程中，理论影响着人的决定；在分析数据的时候，选择分析工具所依赖的同样是理论；研究结果的解读，也需要基于一定的理论。因此，大数据时代不仅绝不代表理论会消亡；相反，在大数据的方方面面都渗透着理论，需要着理论。

技术是大数据价值体现的手段和前进的基石。大数据技术，是从各种类型的数据中快速获取有价值信息的技术，包括分布式处理技术、存储技术和感知技术等。这些技术成为大数据采集、存储、处理和呈现的有力武器（见图 1–2）。

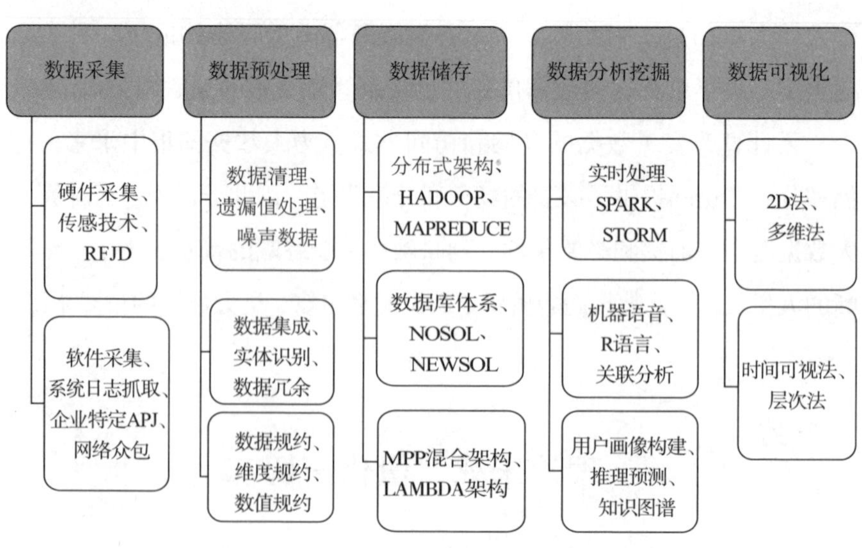

图 1–2　大数据的技术图谱

资料来源：根据相关资料整理

感知技术

大数据的采集与感知技术的发展是紧密联系的。提升以传感器技术、指纹识别技术、RFID（射频识别）技术、坐标定位技术等为基础的感知能力，同样是物联网发展的基石。全球工业设备、汽车、电表上有着无数的数码传感器，随时测量和传递有关位置、运动、震动、温度、湿度乃至空气中化学物质的变化，都会产生海量的数据信息。

随着智能手机的普及，感知技术可谓迎来了发展的高峰期。在地理位置信息被广泛地应用的同时，一些新的感知手段也开始登上舞台，比如手机内嵌的指纹传感器。除此之外，还有很多与感知相关的技术革新让我们耳目一新。比如，牙齿传感器实时监控口腔活动及饮食状况，婴儿穿戴设备可用大数据去养育宝宝，Intel（英特尔）正在研发的 3D 笔记本摄像头可追踪眼球，读懂情绪，日本公司开发新型可监控用户心率的纺织材料等。

其实，这些感知被逐渐捕获的过程就是世界被数据化的过程，一旦世界被完全数据化，那么，世界的本质也就是信息。维克托·迈尔-舍恩伯格在《大数据时代》一书中就提出了“datafication”的概念，认为量化一切是数据化的核心，让文字、方位、沟通甚至世间万物都变成数据。

分布式处理技术

分布式处理技术可以将不同地点的或具有不同功能的或拥有不同数据的多台计算机用通信网络连接起来，在控制系统的统一管理控制下，协调地完成信息处理任务。

Map Reduce 是谷歌提出的一种云计算的核心计算模式，是一种分布式的运算技术，也是简化的分布式编程模式。Map Reduce 模式的主要思想是将自动分割要执行的问题（如程序）拆解成 Map（映射）和 Reduce（化简）的方式，在数据被分割后通过 Map 函数的程序将数据映射成不同的区块，分配给计算机机群处理，达到分布式运算的效果，再通过 Reduce 函数的程序将结果汇总，最后输出开发者需要的结果。

Hadoop 是一个实现了 Map Reduce、对模式的大量数据进行分布式处理的软件框架。第一，Hadoop 是可靠的，因为它假设计算元素和存储会失败，因此它维护多个工作数据副本，确保能够针对失败的节点进行重新分布处理。第二，Hadoop 是高效的，因为它以并行的方式工作，通过并行处理加快处理速度。第三，Hadoop 还是可伸缩的，能够处理 PB 级数据。此外，Hadoop 依赖于社区服务器，其成本比较低，任何人都可以使用。

存储技术

大数据可以抽象地分为大数据存储和大数据分析，而大数据存储的目的是支撑大数据分析。目前它们还是两种截然不同的计算机技术领域：大数据存储致力于研发可以扩展至 PB、EB，乃至 YB 级别的数据存储平台，大数据分析关注在最短时间内处理大量不同类型的数据集。比如，谷歌大约管理着超过 50 万台服务器和 100 万块硬盘，而且谷歌还在不断扩大计算能力和存储能力，其中很多的扩展都是在廉价服务器和普通存储硬盘的基础上进行的。

再如，Amazon S3 是一种面向互联网的存储服务，旨在让开发人员能更轻松地进行网络规模计算。Amazon S3 提供一个简明的 Web 服务界面，用户可通过这个界面随时在 Web 上的任何位置存储和检索任意大小的数据。这项服务让所有开发人员都能访问同一个具备高扩展性、可靠性、安全性和快速价廉的基础设施。亚马逊用它来运行其全球的网站网络。S3 云的存储对象已达到万亿级别，而且性能表现相当良好。S3 云已经拥有万亿跨地域存储对象，同时 AWS（亚马逊云计算服务平台）的对象执行请求也达到百万的峰值数量。目前在全球范围内，已经有数以十万计的企业通过 AWS 运行自己的全部或者部分日常业务。这些企业用户遍布全球 190 多个国家和地区，几乎世界上的每个角落都有亚马逊用户的身影。

应用让数据说话

应用是大数据的最终价值的体现。2011~2014 年，无论是在媒体还是在专家眼里，“大数据”已俨然成为新的“金子”或者“石油”。然而 2015 年，这项技术似乎在某种程度上陷入了停滞，可能是数据领域的一部分“技术宅”转移了兴趣，开始沉迷于 AI 以及机器智能、深度学习等许多相关概念。从 2016 年大数据产业图谱来看，大公司的布局已经使得这张图谱变得越来越拥挤，技术含量不高的过度竞争难以避免，很多企业已没有办法挤进大数据的产业生态。

需要强调的是，大数据为许多消费者或商业用户体验提供了动力，但其核心是数据库、分析等技术，而这些东西都是在后端运行的，没有几个人能看得见。大数据的成功也不在于实现技术的某一方面（如 Hadoop），而是需要把一连串的技术、人和流程糅合到一起。采集捕捉数据、存储数据、清洗数据、查询数据、分析数据并对数据进行可视处理，这些工作一部分可以由产品来完成，而有的则需要人来做。

因此，对于企业来说，早期从事大数据技术的研发意味着十分艰苦的工作。而对于投资者而言，要想从大数据产业获利就必须要有很好的模式支撑。

图 1–3　2016 年大数据产业图谱

早期部署阶段

在早期，大数据现象主要是受到与一批骨干互联网公司（尤其是谷歌、脸书、推特等）的共生关系的推动。这些公司既是核心大数据技术的主要用户，同时也是核心技术的创造者。随着业务的不断拓展，当公司突然间面对规模前所未有的庞大数据时，由于本身缺乏传统的（昂贵的）基础设施，且无法招募到一些最好的工程师，所以只好自己动手来开发所需的技术。后来随着开源运动的迅速发展，一大批此类新技术开始共享到更广的范围。然后，一些互联网大公司的工程师离职去创办自己的大数据初创企业。其他一些“数字原生”公司，包括崭露头角的独角兽公司，也开始面临着互联网大公司的类似需求，由于它们自身也没有传统的基础设施，所以自然地就成为那些大数据技术的早期采用者。而早期的成功又导致更多创业活动的发生，并获得了更多的 VC（风险投资）资助，从而带动大数据的起势。

在经过几年引人注目的初创企业如雨后春笋般出现，VC 频登头条后，大数据应用开始步入部署期和早期成熟期。更有前瞻性的大公司（姑且称为传统技术采用周期的“早期采用者”）在 2011~2013 年开始实验大数据技术，推出了若干的 Hadoop 试点计划（往往是因为赶时髦）或者尝试一些点方案。这些大公司设立了各种各样此前并不存在的岗位（如“数据科学家”或“首席数据官”），并进行各种努力，包括把全部数据都堆到一个数据容器（data lake），希望随后就会发生奇迹（往往不会）。通过逐步建设自己的内部能力，试验各种供应商，从试点计划到生产中的局部部署，然后到现在争论要不要全企业铺开（全范围铺开实施的情况还很罕见）。在许多情况下，不少公司正处在这样一个重要的拐点上，即经过大数据基础设施的数年建设后，能够展示的成果还不多，至少在公司内部的商业用户看来是这样。但是大量吃力不讨好的工作已经做完了，现在已开始进入有影响力的应用部署阶段了。只是从目前来看，这种建构在核心架构上的应用数量还不成比例。

接下来的一波大公司（姑且称为传统技术采用周期的“早期多数使用者”）大多数的时候对大数据技术都是持观望态度。对于有关大数据产业生态，这类公司还心存一定程度的困惑。更有意思的是，这类企业指望某个大型供应商（如 IBM）会提供一个一站式的解决方案，不过现在看来这种情况在近期内并不会出现。由于对这一大数据版图心怀恐惧，不少大公司一度犹豫自己是不是真的需要跟这一堆看起来并没有什么不同的初创企业合作，然后修订出各种解决方案。

生态体系正在成熟

在初创企业 / 供应商方面，第一波的大数据公司（2009~2013 年成立的那一批）现在已经融了数轮的资金，企业规模明显扩大，并且从早期部署的成功或失败中积累了经验。在现阶段，这批企业已经能够提供更成熟的、经受过考验的产品。少数一些成功上市（包括 2015 年上市的 Horton Works 和 New Relic）的公司，融资已达上亿美元（比如 Cloudera、MongoDB 等）。

目前，这一领域的 VC 融资活动仍然活跃。2015 年，大数据初创企业获得的融资额高达 66.4 亿美元，约占全部技术 VC 总融资额的 11%。进入 2016 年，全球范围内后期阶段大数据融资事件层出不穷，包括 Data Dog（9400 万美元）、Bloom Reach（5600 万美元）、Qubole（3000 万美元）、Place IQ（2500 万美元）等。

随着该领域创业活动的持续开展以及资金的不断流入，加上适度的少量退出，以及越来越活跃的技术巨头（尤其是亚马逊、谷歌、IBM 等），使得大数据领域的市场主体日益增多。

在基本趋势方面，行业发展开始慢慢从左转到右（即创新、推出新产品和新公司），从基础设施层（开发者 / 工程师的世界）转移到分析层（数据科学家和分析师的世界）乃至应用层（商业用户和消费者的世界），“大数据原生应用”已经迅速推开。

大数据基础设施：仍有机会

谷歌关于 Map Reduce 和 Big Table 的论文问世已达 10 年之久，在这 10 年间，大数据的基础设施已经逐渐成熟，一些关键问题也得到了解决。但是，基础设施领域的创新仍然富有活力，这在很大程度上得益于可观的开源活动的规模。

2015 年可以说是 Apache Spark 之年。自发布上一版大数据版图以来，这一利用了内存处理的开源框架就开始引发众多讨论。总体来看，由于 Spark 受到了从 IBM 到 Cloudera 的各式玩家的拥护，使其获得了可观的信任度。实际上，Spark 的出现具有重要意义，因为它解决了一些导致 Hadoop 采用放缓的关键问题：Spark 速度变快了很多（基准测试表明 Spark 比 Hadoop 的 Map Reduce 快 10~100 倍），更容易编程，并且能够跟机器学习很好地搭配。

除了 Spark 之外，还出现了其他一些令人兴奋的框架，比如 Flink、Ignite、Samza、Kudu 等，这些框架的发展势头良好。Mesos（数据中心资源管理系统，把数据中心当作一台大计算资源池进行编程）的出现则刺激了对 Hadoop 的需求。

即使是在数据库的世界里，新兴玩家也越来越多，甚至多到市场已经难以承受的地步，但令人欣慰的是，从图形数据库（如 Neo4j）的成熟，到专门数据库的推出（如统计时序数据库 Influx DB），乃至 Cockroach DB 的出现（受 Google Spanner 灵感启发诞生的融合了 SQL 与 NoSQL 长处的新型数据库），数据仓库也在演变（如云数据仓库 Snowf lake）。

大数据分析在近几个月出现的一个趋势是，越来越关注利用人工智能（形式和风格各异）来帮助分析大规模的数据，从而获得预测性的洞察。其实最近快速发展的 AI 在很大程度上算是大数据的产物。深度学习（最近受到关注最多的 AI 领域）背后的算法在几十年前就已诞生了，但直到最近才得以足够便宜、足够快速地应用到大规模数据，从而真正发挥出其最大潜能。但不管怎样，AI/ 机器学习绝不是大数据分析唯一值得关注的趋势，大数据 BI（商业智能）平台的普遍成熟及其日益增强的实时能力，也是一个令人兴奋的趋势（如 SiSense、Arcadia Data 等）。

真正的加速

随着一些核心基础设施的问题得到解决，大数据应用层正在快速地构建。

在企业内部，已经出现了各种工具来帮助跨多个核心职能的企业用户。比如，销售和营销的大数据应用，通过处理大规模的内外部数据来帮助找出哪位客户可能会购买、续约或者流失，且速度越来越实时化；客服应用帮助个性化服务，人力应用帮助找出如何吸引和挽留最好的员工等。

专门的大数据应用几乎在任何一个垂直行业都已出现，从医疗保健（尤其是基因组学和药物研究）到金融、时尚乃至执法。

数据隐私与安全

真实的故事

2016 年夏季，集中爆发了多起因个人信息泄露而引发的恶性电信诈骗事件，引起了强烈的社会震动。

➢ 2016 年 8 月 19 日，即将踏入大学校园的山东临沂 18 岁女孩徐玉玉被诈骗电话骗走 9900 元学费，在报案后回家的途中心脏骤停而不幸离世。仅仅 4 天之后，又有 1 名山东理工大学的在校大学生被电话诈骗 1996 元，同样引发心脏骤停而离世。

➢ 清华大学老师被冒充公检法的电信诈骗分子骗取人民币 1760 万元巨款。

➢ IT 男的储蓄卡存款被骗子转到理财产品账户，并接到冒充银行发来的短信和电话，幸亏 IT 男警觉，骗子未能得逞。

防不胜防的“精准”诈骗

在大数据时代，每个人、各个经济活动的主体，甚至每个设备和终端都被连接到互联网，无时无刻不在产生数据、传输数据。我们在感叹大数据给我们的生活带来便利与更好的产品和服务的同时，也深深地感到大数据给个人隐私带来的危机。例如，当我们用手机 APP 点餐时，你可以看到他人对食物的点评，商家也会根据后台数据调整食物的搭配，但我们的家庭住址 / 单位地址、用餐习惯等信息已经被平台存储了；当我们使用打车软件时，平台也掌握了我们的定位位置、出行路线、家庭和单位的位置、打车习惯等信息；当我们在不同的网站上注册了个人信息，然后莫名其妙地接到各种邮件、电话、短信的骚扰时，你不会想到自己的电话号码、邮箱、生日、购买记录、收入水平、家庭住址、亲朋好友等私人信息早就被各种商业机构非法存储或贱卖给其他任何有需要的企业或个人了。更可怕的是，这些信息你永远都无法删除，它们将永远存在于互联网中某些你无从知晓的角落里。

从目前国内电信诈骗的态势来看，有些骗子甚至已经开始利用大数据手段和工具，系统性地分析诈骗对象的信息，从中筛选并锁定目标对象。不管是否愿意承认，在某种程度上，大数据产业发展为不法分子提供了“精准”识别诈骗对象的技术条件，降低了其违法成本！

便捷还是安全

用户隐私问题一直是大数据应用难以绕开的一个问题，如被央视曝光的分众无线、罗维邓白氏以及网易邮箱，都涉及侵犯用户隐私。由美国中央情报局（CIA）前雇员斯诺登引爆的“棱镜门”事件，更是将公众对数据隐私和安全问题的担忧推向了高点。“棱镜”项目是一项由美国国家安全局（NSA）自2007年起开始实施的绝密电子监听计划，年耗资近2000亿美元，用于监听全美电话通话记录，据称还可以使情报人员通过“后门”进入9家主要科技公司的服务器，包括微软、雅虎、谷歌、脸书、PalTalk（聊天网站）、美国在线、Skype（网络电话）、YouTube（视频网站）、苹果。该事件引发了人们对政府使用大数据时对公民隐私侵犯的普遍担心。

在大数据时代，各种终端设备无时无刻不在收集、存储海量数据，用户隐私频遭泄露一方面固然有个人网络隐私保护意识不强的问题，另一方面也存在相关电信运营商、电商及其他互联网企业责任心不强，帮助甚至参与泄露公民个人隐私的因素。而更重要的原因仍然在于立法的不统一和责任的不明晰。

大数据是信息技术发展的必然趋势，隐私泄露是我们共同面对的难题。我们在享受大数据带来的各种便利的同时，也应该抵制无底线的“量化一切”和“存储一切”。随着公众隐私意识的日益增强，合法合规地获取数据、分析数据和应用数据，是进行大数据分析时必须遵循的原则。而政府层面，不仅要有与时俱进的立法应对，更重要的是这些立法要能够形成衔接和体系，尽快建立统一的互联网隐私保护的法律体系，并具有较强的可操作性，才有可能堵住个人隐私泄露的漏洞。

当数据成为资产

长期以来，在经济学研究中，劳动、土地、资本一般被认为是经济活动的生产三要素。随着科技的发展和知识产权制度的逐步建立，技术也作为相对独立的要素投入生产之中。在大数据时代，大数据也应成为独立的生产要素。

在 2016 中国大数据产业峰会暨中国电子商务创新发展峰会上，英国驻华使馆公使乔麦克提出，“大数据相当于 21 世纪的石油”。这样，作为“资源”的“大数据”和“土地”等的属性就更加接近了。实际上，如果企业能够拥有某类相对完整、全面的大数据，并且具备对大数据进行处理、分析的技术，确实可以提高企业竞争力，在这个瞬息万变的时代立于不败之地。

传统巨头如 IBM、甲骨文等公司，依靠过去独门绝技建立的强大实力，依然后劲十足，如 IBM 在人工智能领域再次走在了前沿。甲骨文在开放平台数据库领域独占鳌头之后，率先向下游扩张，横扫软件领域，接下来又向产业链上游扩张，打造全方位服务能力。基于对数据库、中间件和应用软件的深刻理解，甲骨文将服务器、存储、IO 和虚拟化软件集成在一起，打造了该公司历史上成长最快的产品——甲骨文软硬一体化集成设计系统。

“FAGA”组合（Facebook、Amazon、Google 和 Apple）是近年

来闪亮的后起新秀。这几家公司所做的一切都是围绕着数据资产开展的，谷歌和亚马逊建立了大数据的完美商业模式，脸书面临的挑战是如何更好地利用10亿用户的“关系数据”变现，而苹果的主要收入则来自移动终端的销售（见表1–1）。

表1–1 FAGA的主导领域

	亚马逊	苹果	脸书	谷歌
搜索	Amazon Cloudsearch	Siri	Graph Search	主导
社交	Reviews	与其他整合	主导	Google+
零售	主导	iTunes	Gifts	Wallet、Place
电视	在线流媒体	苹果电视	—	谷歌电视
智能手机	Fire Phone	iPhone	—	安卓
在线支付	信用卡	Apple Pay	—	谷歌钱包
广告	亚马逊广告平台	iAd	Facebook Exchange	主导

资料来源：作者整理

其中，苹果市值一度超越了6000亿美元，但在未来，谷歌和亚马逊都有问鼎全球的能力。不同的是，亚马逊靠销售商品赚钱，谷歌则是靠广告赚钱，两者的共同点都是依赖于网站的“流量”。苹果和谷歌的竞争主要在未来智能终端的产业生态。在谷歌的商业模式中，设备只不过是手机用户行为数据的工具而已，设备不重要，重要的是使用这类设备的人越多越好，这样才会有更多的数据、流量和广告客户。而苹果的核心商业模式是销售各种智能终端，虽然苹果也提供服务，但动机仅是让用户在各个场合都能使用智能设备。

如果用户喜欢谷歌的服务而购买设备的话，苹果设备的独特性就会丧失；如果按照谷歌的思路，苹果的设备会越卖越便宜，虽然可以获得更多的用户，但这些用户行为数据最后都将变成谷歌的数据资产。未来会怎么样？或者说未来属于谁？让我们拭目以待。当然，也可以用脚投票。

数字主权争夺战

大数据是人类社会所有数据从量变到质变的必然产物，是“信息高速公路”计划的进一步升级和扩展，它对人类社会的未来走向和发展势必具有巨大的变革意义。可以说，现在的趋势已说明——大数据时代真的到来了。

2012 年 7 月，联合国发布了《大数据促发展：挑战与机遇》白皮书，已明确提出大数据时代已然到来。对于联合国和各国政府来说，这是一个历史性的机遇。报告中还对政府如何利用大数据来响应社会需求，指导经济发展进行了讨论，提出要在联合国成员国建立“脉搏实验室”，主要用于挖掘大数据的潜在价值。

发达国家高度重视大数据在促进经济社会创新变革、提升国家竞争力中起到的重要作用，纷纷出台国家战略，落实配套措施，系统地推动大数据发展（见图 1–4）。

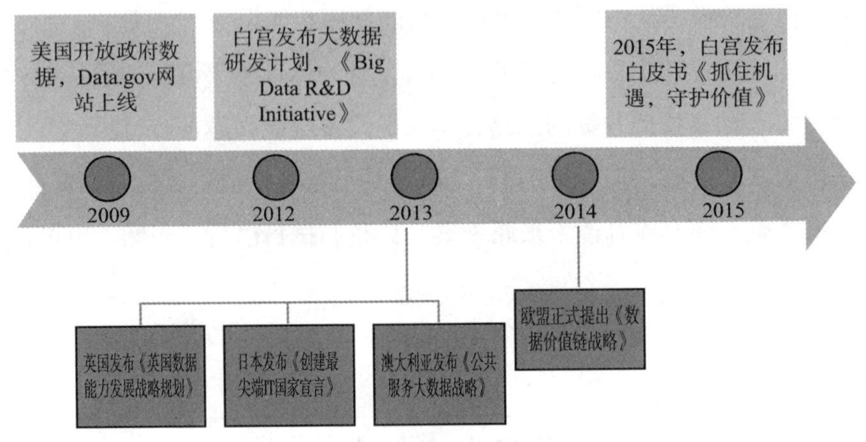

图 1–4　发达国家积极部署大数据战略

资料来源：作者绘制

注：箭头上方为美国发展大数据步骤，箭头下方为各国/组织跟进情况。

2012 年 3 月，美国奥巴马政府正式启动“大数据研究和发展”计划，这是继 1993 年 9 月美国出台“信息高速公路”计划后，国家层面在信息领域的又一次“狂歌猛进”。美国发展大数据的思路是“众人拾柴火焰高”，国防部、能源部、NSF（美国国家卫生基金会）、USGS（美国地质勘探局）、NASA（美国国家航空航天局）等部门提出尖端项目，产业界、学术界、NGO（非政府组织）以及资本市场通力合作，共同推动大数据的发展。具体来看，美国的大数据战略分三步走。

第一步，开放政府数据，做大数据资源体量（data.gov 上线）；

第二步，白宫发布大数据研发计划，资助研发，带头应用；

第三步，2015 年白宫发布《抓住机遇，守护价值》白皮书，主要涉及大数据中的隐私保护政策。

继美国政府推出“大数据研究和发展”计划后，日本政府重新启动了 ICT 战略研究（此研究曾在大地震时期暂时搁置），这是一个重视大数据应用的战略计划。日本总务省信息通信政策审议会下设的 ICT 基本战略委员会在 2012 年 5 月召开会议，提出日本接下来必须在大数据方面制定一系列战略来应对大数据时代，主要是在大数据收集、存储、分析、可视化等阶段展开研究，并构建大数据利用模型。

澳大利亚出资赞助印度尼西亚政府在其首都雅加达建立了“脉搏实验室”，于 2012 年 9 月正式投入使用。

全世界似乎都在迎接大数据时代的到来，各国相继开始布局。2013 年，各种规划、宣言接二连三地发布，如英国发布《英国数据能力发展战略规划》、日本发布《创建最尖端 IT 国家宣言》、澳大利亚发布《公共服务大数据战略》。2014 年，欧盟也正式提出《数据价值链战略》。大数据俨然已成为国家之间新的竞争焦点，在大数据领域的落后就意味着失守产业的制高点，数字主权似乎成为又一个大国博弈的重要领域。

自 2015 年以来，我国密集发布大数据相关政策。党的十八届五中全会提出要实施“国家大数据战略”，“十三五”规划纲要进一步指明国家大数据战略的方向，在大数据领域发布了《运用大数据加强对市场主体服务和监管》和《促进大数据发展行动纲要》两个重要文件。另外，在技术基础领域和应用创新领域也发布了相关政策。

在大国紧锣密鼓争夺数字主权的同时，不断加大的数字鸿沟却不断拉大了最不发达国家和地区与时代的差距。无论是硬件还是软件，大数据时代的差距无处不在。很多国家和地区不仅难以形成并借力后发优势，甚至还正在丧失追赶的最佳时机。

国内大数据产业：丰满的理想与骨感的现实

总体来看，国内目前已基本形成了“上游数据资源 + 中游产品技术 + 下游应用服务”的大数据产业体系，大数据产业结构日益完善。2015 年，全国共有 200 多家大数据企业，规模从几十人到几百人，全年行业产值约为 110 亿元（只包括大数据软件、硬件及专业服务的直接产值，不含大数据应用产生的附加值）。从应用渗透情况来看，企业应用参差不齐，批发零售（电商）、互联网企业领先，电信、金融企业开始尝试，一般企业大数据意识不强。2015 年，大数据应用带来的各行业总体增加值为 3551 亿 ~5327 亿元，占 GDP 的 0.52%~0.78%。

在区域布局方面，目前共有 23 个省市出台了 74 项与大数据相关的政策，大数据企业主要集中在北京、广东、上海、贵州、江苏和浙江，形成了京津冀、长三角、珠三角、西部地区等几个主要的大数据产业集聚区。

在国内大数据产业布局中，西部地区的贵州无疑是一个备受关注的新亮点。在产业基础薄弱、高端要素凝聚力不足的区位现状下，贵州省创新发展理念，站在高起点，深挖良好的生态环境、地质和气候条件等优势，确立“数据立省”战略，并在相对较短的时间内，将贵州这个经济社会发展长期处于落后状态的少数民族地区，打造成首个国家级大数据发展集聚区。同时，以大数据产业为引领，全面带动贵州的基础设施建设、生态文明发展，缔造了“绿色赶超”的贵州模式。贵州在大数据产业发展中取得的成功，不仅对国内经济欠发达地区具有示范带动作用，而且对于发展中国家跨越“数字鸿沟”提供了可复制的经验（见专栏 1–1）。

尽管国内大数据产业发展得“有声有色”，但总体来说，大数据应用在全球范围内仍处于“初级阶段”。欧美一些发达国家在研发大数据技术、产品，运用大数据的很多方面都走在世界前列。国内的大数据跨平台基础设施、硬件供应和集成商，如华为、中兴、联想、浪潮等，与发达国家的大跨国企业相比，尚处于“跟随者”位置。

好在各行各业在大数据的应用现状和前景方面，中国与发达国家的发展“时间差”不过一两年，有的基于大数据的商业模式创新甚至还处于领先地位。阿里巴巴、腾讯、京东和百度等企业在各种软件、大数据解决方案等方面走在行业前列，但究其原因，这些企业的大部分核心人才都是欧美企业培养出来的大数据中层或资深创业人才，大数据领域的各种核心和创新技术仍然掌握在发达国家企业的手里。因此，就现实来看，在大数据技术创新方面，我国与欧美一些发达国家的差距其实在逐渐拉大。

在大数据时代日益激烈的国家竞争中，要做到“手把红旗旗不湿”，还要更多地依靠真正立在潮头上的“弄潮儿”——数据企业及其用户。

专栏 1-1

大数据立省：云上贵州绿色赶超

在国内谈大数据必言贵州，在贵州谈发展必言大数据。2013 年 9 月，中关村科技园正式落户贵阳，为贵州与北京架起了共同发展大数据产业的桥梁。除了三大电信运营商全国性数据中心等项目外，中关村贵阳科技园签约项目中有近半数北京企业、高校科研院所到贵阳投资或开展合作。2013 年 10 月，富士康（贵州）第四代绿色产业园在贵安新区正式开工，为贵州省大数据产业发展夯实了基础。

自2014年以来，贵州省大力发展大数据产业，创建了国家级大数据产业发展集聚区，大力发展数据中心，成立了大数据交易所，建设全域公共免费Wi-Fi城市，举办“贵阳国际大数据产业博览会暨全球大数据时代贵阳峰会”（以下简称数博会），还成立了大数据战略重点实验室、贵阳众筹金融交易所、启动建设全国首个国家大数据综合试验区等。据统计，2014年，贵州省全年大数据信息产业实现规模总量1460亿元，同比增长62%；2015年，大数据信息产业规模总量超过2000亿元，同比增长约38%。可以说，大数据产业俨然已成为贵州经济发展新的增长极。

一个落后的内陆省份，人口、工业整体竞争力、经济总量、交通、物流似乎都不占优势。在中国打造的特色区域板块中，比如西部大开发中，贵州甚至没有被视为最核心的区域，为什么这样一个地区忽然成了大数据时代的国内领跑者？这主要是因为贵州拥有得天独厚的地理位置、生态气候、能源、矿产、政策、后发优势等综合区位优势。

地质构造稳定　生态气候优良

贵州位于华南板块，跨上扬子陆块、江南造山带和右江造山带3个次级大地构造单元。在贵州中部，特别是贵安新区范围内地层发育齐全、岩浆活动微弱、薄皮构造典型、地壳相对稳定，发生破坏性地震的可能性极低。自20世纪以来，全国共发生6级以上地震近800次，遍布除贵州、浙江两省和香港特别行政区以外所有的省、自治区、直辖市。三大电信运营商把大数据中心建在贵安新区能最大限度地保证大数据中心远离地质灾害。此外，贵州地处长江、珠江流域上游，毗邻华中，是从发达的华南进入西南的必经之路，又处于大西南南下出海的交通枢纽位置。这对于打造立足西南、辐射全国、影响东南亚的全国大数据产业创新发展先行区是有利的地理位置。贵州发展信息产业生态气候条件优越。信息产业的发展对于生态气候条件有着自身特有的要求，例如平均气温低，便于处理和存储数据的服务器有效冷却。以贵阳为例，经济社会发展具有明显的生态示范城市效应，贵安新区的生态气候条件就很优越。在贵安新区周边，年均气温 15.1 摄氏度。

能源矿产丰富是有力支撑

贵州作为南方重要的能源基地，是“西电东送”的源头，能源资源优势突出，以煤炭为主的能源产业是贵州的重要产业之一。贵州电能既有巨大的煤矿藏量又有丰富的水利资源作为支撑，形成了“水火互济”的独特优势。不仅如此，近年来，贵州风电、光伏发电、生物质能发电等新兴能源也得到长足发展。三大电信运营商的大数据中心对电力供应的要求很高，上百万台的服务器也需要水冷散热。制造电子元件所需的多种矿产储量，贵州在全国名列前茅。信息产业前端产业链所需的制造电子元件的原材料主要是铝、钾、锰等矿产。这些矿产资源在贵州的储量从全国来说都具有难以替代的地位，为信息产业的发展提供了又一有力保障。而随着电子信息产业链的不断完善，对大数据产业的配套支撑能力也会不断增强。

政策优势营造发展环境

西部大开发政策、国发 2 号文件的出台，2012 年 11 月《贵州省委省政府关于加快信息产业跨越发展的意见》出台，2013 年初《贵州“云计算”战略规划》发布，2013 年中贵安电子信息产业园一揽子投资优惠政策和招商规划出台，为贵州发展信息产业注入了新的活力，营造了良好的发展环境。2015 年，大数据上升到国家战略层面，全国各地都在加速对其布局，而对于大数据先行者的贵州，在大数据领域的政策力度也格外引人注目。

◎贵阳市出台《关于加快推进大数据产业发展的若干意见》，提出要通过宽带贵阳和全域公共免费 Wi-Fi 城市的网络平台建设，推动社会企业和个人动态数据的“块”上集聚，力争到 2017 年，在贵阳市建成全球首个块上集聚的大数据公共平台，贵阳市大数据产业的总量规模突破 2000 亿元。

◎贵阳市委、市政府下发《关于加快大数据产业人才队伍建设的实施意见》，在高校培养储备大数据人才、大数据企业培养引进人才、大数据人才创新创业和提升大数据人才待遇四个方面给予政策支持。

◎《贵安新区推进大数据产业发展三年计划（2015—2017）》出炉，按照该计划，贵州贵安新区将实施完善“贵安云谷”基础设施、建立大数据资源平台、搭建公共服务平台、加速产业集聚示范等重点工程和项目。

◎工信部批准创建贵阳·贵安大数据产业发展集聚区，首个国家级大数据发展集聚区正式“落户”贵州。

◎科技部同意并支持贵州省开展“贵阳大数据产业技术创新试验区”建设试点。

◎国务院印发《促进大数据发展行动纲要》，将大数据产业提升到国家战略高度，贵州是其中唯一被提及的省份以及大数据综合试验区践行者。

◎贵州省人大常委会牵头开展大数据地方立法，《贵州省大数据发展应用条例（草案）》《贵州省政府数据资源管理暂行办法》和《信息数据采集办法》也将出台。

大数据是引领和支撑贵州省弯道取直、后发赶超的战略机遇。围绕将贵州建成国内一流的数据资源中心，打造国内一流大数据产业基地和科技密集型的新一代信息技术产业集聚区等目标，贵州在大数据产业发展的道路上继续迈进。

资料来源：根据相关报道资料整理

第2章　区块链：实现亚当·斯密之梦的“石中剑”

天才是自创法则的人。

——［德］康德

望月新一与中本聪

每一个时代都有一些远远走在前端的人，这些人不仅“无中生有”地创造新事物，而且总在“不破不立”地构建新规则，他们因此被称为“天才”，普通人可能连其背影都看不清楚。而最近出现在人们视野的一些模糊背影之中，望月新一（Satoshi Nakamoto）和中本聪（Shinichi Mochizuki）格外令人瞩目，因为“据说”创造了区块链（Blockchain）和比特币，他们的名字被传得神乎其神（专栏 2–1）。

如此神奇的区块链，简单地说，就是一种去中心化的、由各节点参与的分布式数据库系统。区块链可以理解为一种公共记账的机制（技术方案）。它并不是一款具体的产品，其基本思想和核心理念在于通过建立一组互联网上的公共账本，由网络中所有的用户共同在账本上记账与核账，用以保证信息的真实性和不可篡改性。把这种技术或模式称为区块链，是因为它是用一串密码学方法相关联产生的数据块，而每一个数据块中包含过去一段时间内的所有交易信息，用于验证其信息的有效性并产生下一个区块。

专栏 2–1

区块链和比特币之父——中本聪

2008 年，中本聪在其论文“Bitcoin：A Peer-to-Peer Electronic Cash System”（比特币：一种点对点的电子现金系统）中首次提出了区块链的概念。作为区块链及比特币的创始人，中本聪不仅掌握着这一新兴领域最核心的技术，还拥有约 100 万个比特币的巨额财富（截至 2016 年，1 个比特币价格约 8000 元人民币）。然而，由于“中本聪”本身就是笔名，外加其行踪颇为诡谲，谁都没见过他本人，这种“神龙见首不见尾”的状态大大引发了人们对其身份的好奇与猜测。目前，有两位人士被认为是中本聪的疑似真身。

一位是日本京都大学的天才数学家望月新一。望月新一是菲尔茨奖得主法尔廷斯（被著名华裔数学家张寿武称为“我心中的上帝”的神人）的嫡传弟子，23 岁即在普林斯顿大学获得数学博士学位。望月新一毕生都在致力于解决数学史上最富传奇色彩的未解猜想——ABC 猜想（张寿武也在做 ABC 猜想，但无论如何都做不出来），并为此创立了几乎整个数学界都无人能懂的怪异理论——“宇宙际 Teichmüller 理论”。2012 年 8 月，望月新一在其数学系主页上贴了 4 篇论文，通过总共长达 512 页的艰深推理（当代数学论文多为 10~20 页），正式对外宣布已经攻克了 ABC 猜想（当然，由于目前没人能看懂，所以数学界还并未承认他的成绩）。假如天才也有“折叠”的话，望月新一必然会处在最高层的空间且不会翻转。事实上，很多人相信也就望月新一这种级别的大脑能够构想出区块链和比特币这般复杂的系统。

另一位是澳大利亚企业家 Craig Wright（克雷格·奈特）。Craig Wright 在 2016 年接受 BBC 采访时，主动承认了自己就是中本聪。BBC 称，Wright 通过使用属于比特币创始人所拥有的比特币，从技术角度对自己创造者的身份进行了证实。然而，消息一出还是引发了诸多质疑，许多人表示并不信服。而在此之后，Craig Wright 自己也撤回了声明。据路透社报道，如今 Craig Wright 正围绕着数字货币及其核心基础技术建立一个庞大的专利组合，自 2016 年已提交了超过 50 个专利申请。因此，就技术水平而言，Carig Wright 也是高手。

图 2–1　[日]望月新一（左）和[澳] Craig Wright（右）

奔跑的比特币

仅从区块链的定义来看，那是相当晦涩。要想更好地理解技术及其影响，可先通过比特币来初步了解区块链。应该说，比特币是与区块链绑定在一起同时诞生的，也是目前区块链最成功的应用。比特币是一种 P2P（点对点）形式的电子货币，它不需要特定的机构（中央银行）来发行，而是由计算机程序（算法）生成。这种电子货币可以在网络中进行点对点的支付，即从发行到流通，比特币都是去中心化的运作模式，这与传统货币有本质上的区别。

比特币采用的去中心化存储是区块链的核心理念

在传统的金融交易中，银行是交易体系的中心。每个用户的信息和资金都由银行统一集中管理，存储在银行的中心数据库中。当用户甲对另一个用户乙发起交易时，必须经历以下流程（见图 2–2）。

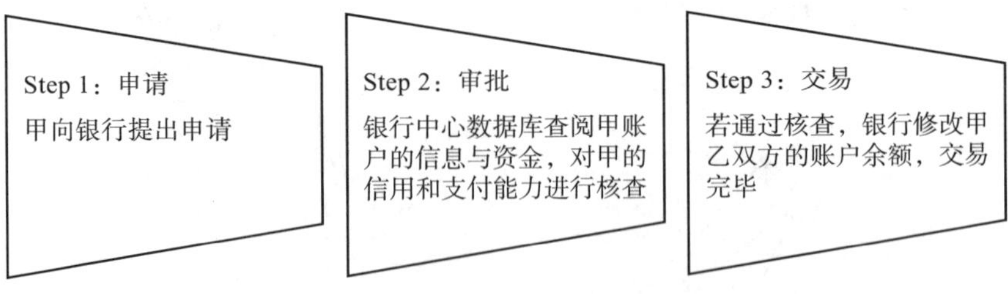

图 2–2　以银行为中心的传统交易流程

而对于使用区块链技术的比特币来说，其在交易过程中节省了银行这一中心。每个比特币用户的电脑都是一个节点，每个节点都能存储数据，节点之间相互联网，交易信息面向网络中所有的节点公开。当用户甲对另一个用户乙发起一笔交易时，网络中的所有节点都能看到且予以记录。当且只有一定数量以上的节点认可这笔交易后，此交易才算通过审核并完成。

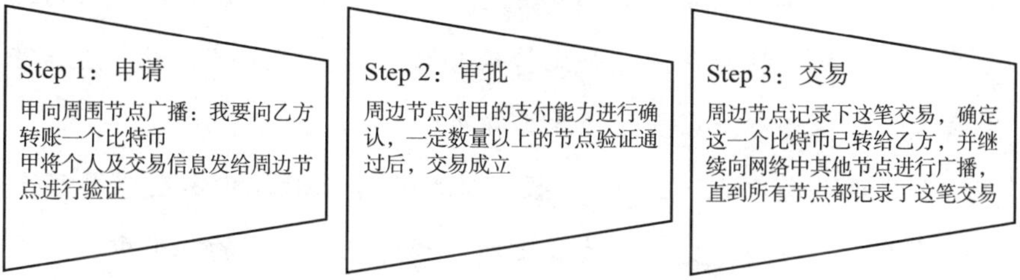

Step 1：申请
甲向周围节点广播：我要向乙方转账一个比特币
甲将个人及交易信息发给周边节点进行验证

Step 2：审批
周边节点对甲的支付能力进行确认，一定数量以上的节点验证通过后，交易成立

Step 3：交易
周边节点记录下这笔交易，确定这一个比特币已转给乙方，并继续向网络中其他节点进行广播，直到所有节点都记录了这笔交易

图 2–3　比特币的去中心化交易流程

在交易过程中，区块链特有的技术特征为数据真实性与完备性提供保障

在去中心化的分布式存储网络中，某些节点数据遭到恶意破坏、篡改或遗失对交易的正常进行都不会带来任何影响。网络中的任何一个节点既是监管者也是交易者，共同认可交易的合规性，数据存储也由所有节点一同维护。

专栏 2–2

“挖矿”比特币

比特币靠用户“挖矿”产生。比特币需要依据特定算法，通过大量复杂的运算才能生成，俗称“挖矿”。简单地说，“挖矿”就是“解方程”。比特币“大神”中本聪设计了一种有多重解的“大规模复杂方程”，每当使用者解出了一组解，经各网络节点验证正确且无重复记录后，便可以获得一定数量的比特币作为奖励。也就是说，当你找到了一个正确的解，就好比挖到了一个“金矿”。这种发行方式使每个“解题人”都可能成为比特币的发行方。“挖矿”需下载专用的比特币运算工具，注册任意一个比特币合作网站，将注册的用户名和密码填入计算程序中，点击开始运算即可。

比特币总量存在“上限”。设计比特币体系时，中本聪借鉴了金本位的思路。在经济史里，黄金之所以成为流通货币的一个重要原因在于其稀缺性，即黄金供给总量一直保持缓慢增长的相对稳定状态，从而在某种程度上避免通货膨胀的发生。比特币的生成在设计之初也考虑到这一因素，其算法被设计成随着挖矿参与人数上升，挖矿难度也随之上升的模式（目前对电脑配置要求越来越高，而“挖矿”奖励越来越少）。在该算法下，新比特币生成的速度会减缓，随着时间推移每隔 4 年奖励数减半，最终将在大约 2140 年总量无限逼近于 2100 万这一“上限”。至于为什么设定为 2100 万这个数字，估计只有中本聪本人才知道。一些人对这一上限的依据不以为然，认为仅仅是个“噱头”。

比特币已具备较好的流通性。自 2009 年 1 月“发行”起，比特币已成为一个没有国界、没有边界却被全球广泛接受的货币系统。目前，据统计，全球范围内愿意接受比特币支付的实体店数量已达约 6500 家，大多集中在西欧、北美、日本、澳大利亚等国家和地区，其中不乏 Expedia、Newegg、Reddit、PayPal、微软、戴尔、乐天等大型企业。甚至在中国，也有 6 家公司愿意接受比特币支付。若算上通过比特币第三方支付机构如 Bitpay 等进行交易的店家，则远超 6500 家，已达到十几万家。

比特币已成为“最值钱”的“货币”。尽管自诞生以来比特币本身是否存在价值一直都有较大争议，但这并不妨碍其价格一路攀升。比特币可以说是从2009年诞生初期的“一文不值”，“火箭速度”般地上升到如今约8000元人民币/个（数据截至2016年12月），稳居全球“最值钱”货币之首。然而，比特币的波动率也是所有货币中最高的。比特币在2013年内曾“骇人听闻”地狂涨5429%，但次年就急转直下，年内跌幅达到56%。

图2–4　中国一家比特币挖矿机工厂

无处不在的中心化体系

可见，去中心化是区块链最重要的特征。然而，在现实生活中却存在大量中心化体系，包括政府部门、银行、媒体、学校、电子商务网站等。这些中心化体系大量存在的原因在于：第一，受不完善的信用、契约、制度等因素影响，市场失灵（market failure）的现象经常会发生，完全竞争市场几乎不能实现；第二，人与人之间的交流、交易主要依托信息和资金，而信息的收集往往需要消耗大量成本，资金的往来则需要可靠的信用背书。在信息流通和信用保障不够便利的时代，用户之间直接的点对点沟通缺乏技术支撑，安全和效率都是短板，这时具有鲜明中心化特征的中介组织便应运而生了。

中介组织通常表现为以一个或几个企业（机构）组成的中心节点，通过专业化、大批量地搜集处理，将所有的信息或资金汇聚其中，进行交换或交易。在法律、监管机构以及市场机制的约束下，交易信息和资金的安全性与可靠性能够得到保障——所以我们常说要“相信政府、相信大银行、相信大企业”。同时，由于中介组织集聚了所有信息与资金，在为用户提供便利服务的同时，会收取一定的平台或中介费用作为收益。中介组织可以从中获益也是整个中心化体系得以维持的前提。

中心化体系具备一些优点：第一，中心化系统交易效率高。由于将信息和资金汇集到中心节点进行批量处理，在高速计算机服务器与大数据技术的帮助下，可同时处理上万笔交易。第二，中心化系统商业模式成熟、交易较为便利。中介组织通过牵线信息和货币交易可以获得可观收益，因此其就具备较强的动力去保障交易的稳定，不断提高交易服务质量。

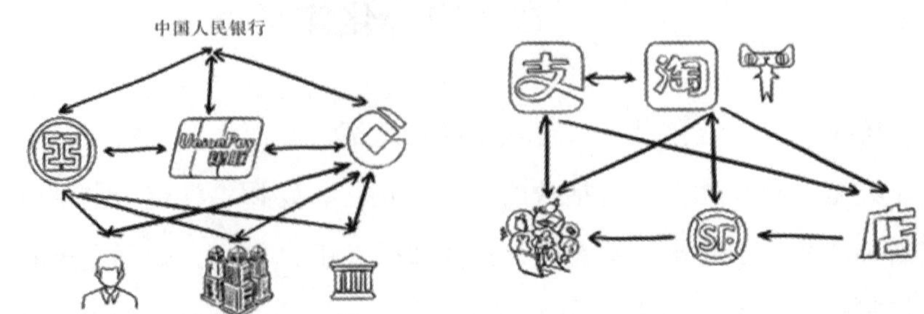

图 2–5　中心化体系的典型之一：银行系统和电商系统

为什么要去中心化

两点之间直线最短，人与人之间最有效率的联系方式应该是直接沟通。具体而言，中心化体系存在很多不容忽视的问题。

➢ 不同中心之间的互联成本较高。在中心化的体系中，资源都掌握在各中心手中，而各中心的运作模式与管理体系并不相同，打通各中心的成本就非常高。

➢ 中心化体系缺乏透明。对普通用户而言，中心化体系的实际运作模式就像“黑箱”一样，各中介组织对用户开放的仅是最简单的输入输出环节，中间过程一般用户都一无所知。交易安全完全依赖于中介组织的能力与意愿，存在诸多隐患。相对于将分散在全球各地的数据而言，集中存储在中介组织的数据更容易遭到恶意篡改和破坏。

➢ 中心化体系交易成本偏高。在现有的各种商业模式下，中介组织会对被控制的中心化体系内所有用户收取一定费用作为收益，这就相当于体系内的一种“征税”，人为推高了交易成本。

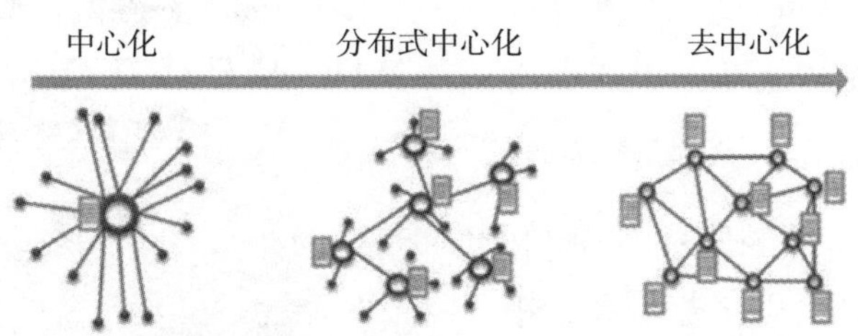

图2-6　从中心化、分布式中心化到去中心化

专栏 2–3

亚当·斯密"看不见的手"与去中心化

早在18世纪，英国著名经济学家亚当·斯密便在其巨著《国富论》中指出：市场就像一只"看不见的手"，能够最有效率地实现社会价值最大化——"每个人都力图利用好他的资本，并实现最大的价值。一般来说，他并不企图增进公共福利，也不知道实际上所增进的公共福利是多少。他所追求的仅仅是个人的利益。对自身利益的追求会使他将资本投于最有利于社会的用途。在这样的场合，像在其他场合一样，他受一只看不见的手的指导，去尽力达到一个并非他本意想要达到的目的。通过追逐个人利益，他经常增进社会利益，其效果比他真的想促成社会利益时反而更好。"(《国富论》第4卷)

图 2–7　亚当·斯密与《国富论》

亚当·斯密"看不见的手"理论是对市场去中心化本质的高度概括。在市场经济中，经济发展主要是由关心自己利益的基层人民来推动的，而不是由中心化的政府推动。亚当·斯密认为，看起来似乎杂乱无章的自由市场实际上是个自行调整机制，要远比中心化的政府管理有效率得多。因此，政府应尽量发挥市场职能，减少经济干预。然而，从后续经济史的演进历程来看，亚当·斯密的完全竞争和自由放任理念具有很强的理想主义色彩。亚当·斯密或许没想到，几百年后的区块链技术，有望成为助他打破中心化束缚的“石中剑”。

信息去中心化已取得较大进展，但价值与货币去中心化较为缓慢。互联网的出现，从本质上解决了信息去中心化问题。在互联网出现之前，很多行业的信息（如新闻、广告、通信、教育及衣食住行相关的信息）都是由相关中介机构收集之后再在市场中出售的。当互联网技术出现以后，信息的共享与实时更新成为一种不可逆的趋势，发生在人们身边的信息很快即可同步到互联网中去，这种信息的传递渠道变更极大地改变了市场格局与人们的生活，大量低效率的中介机构被互联网信息共享技术所取代。

互联网技术成功实现了信息的去中心化，但无法实现价值的去中心化。例如，我们现如今可以在互联网上共享自己的生活信息、知识和资料等，但（在多数情况下）不敢在互联网上直接与陌生人交易。现有互联网中的金融体系，多是由政府银行提供或者第三方提供的支付系统，还是依靠中心化的方案来解决。这些中心化方案，主要凭借某个大公司或者政府信用作为背书，将所有价值转移计算放在一个中心服务器（集群）中。事实上，通过中心化的信用背书来解决，也只能将信用局限在一定的机构、地区或者国家的范围之内。在纷繁复杂的全球体系中，要凭空建立一个全球性的信用共识体系是很难的，由于每个国家的政治、经济和文化情况不同，要实现两个国家的企业和政府完全互信是几乎做不到的——区块链技术就试图解决这一问题，打破中心化体系的信用枷锁，实现全球节点间的信用与货币互联。

拜占庭将军问题

我们可以通过一个故事——拜占庭将军问题——进一步解读区块链技术的基本原理。

拜占庭位于如今土耳其的伊斯坦布尔，曾是东罗马帝国的首都。古时拜占庭罗马帝国国土辽阔，每个军队都分隔很远，将军与将军之间只能靠信差传消息。某天，拜占庭帝国想要进攻一个强大的敌国，为此派出了 10 支军队去包围这一敌国。敌国军事实力虽不比拜占庭帝国强大，但也足以抵御 5 支常规拜占庭军队的同时袭击。基于一些原因，这 10 支军队不能集合在一起单点突破，必须在分开的包围状态下同时攻击。其中任一支军队单独进攻都毫无胜算，除非有至少 6 支军队同时袭击才能攻下敌国。这些军队分散在敌国的四周，依靠通信兵相互通信来协商进攻意向及进攻时间。困扰这些将军的问题是，他们不确定军队中是否有叛徒，叛徒可能擅自变更进攻意向或者进攻时间。在这种状态下，拜占庭将军们能否找到一种分布式的协议来使得他们能够实现远程协商，从而赢取战斗？对此，数学家们设计出了一种方案来解决该问题：任何一支军队的将军在接到其他将军的信息后，盖上自己的印章再转给除向自己发信息之外的其他军队，这样的信息连环周转可以让将军们在不找出叛徒（找叛徒成本较高且效率较低）的情况下达成共识。

将拜占庭将军问题延伸到现实生活中，就可以抽象为：在信息网络化的大背景下，当需要与不熟悉的对手方进行价值交换活动时，人们如何做才能防止不会遭受恶意欺骗，从而做出准确的决策。若将问题进一步延伸到算法领域，可抽象为：在缺少可信任的中央节点和可信任的通道的情况下，分布在网络中的各个节点应如何达成共识。区块链技术则正可以解决这一问题——它提供了一种无须信任单个节点，还能创建共识网络的方法。

图 2–8　区块链的思想源于拜占庭将军问题

区块链的安全法则

完备可追溯、去中心化和去信用化是区块链技术的三大特点。区块链所有的核心技术均围绕这三大问题设计。

区块链的结构设计保证了其记录数据完备可追溯

顾名思义，区块链是由“区块 + 链”构成。区块（block），是指存放已记录数据的文件，里面按时间先后顺序记录了已发生的所有价值交换活动。每个区块均由三部分构成：本区块的 ID（本区块大小、生成时间等所有信息）、所有交易单（每一笔交易的详细情况）与在其前后的区块 ID（前后区块中所有价值交换信息经过算法压缩后形成的一个字符串）。区块的生成时间由系统设定，通常情况下平均每几分钟便会生成一个区块。

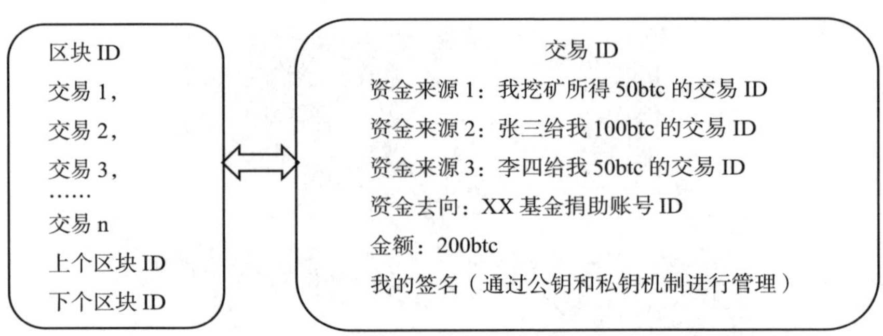

图 2–9　区块中的交易单

由于每个区块中都包括了前一个区块和后一个区块的 ID，这种设计使得每个区块都能找到其前后节点，从而可以一直倒推至起始节点，形成一条完整的交易链条,即构成区块链。“区块” + “链” = 完整历史：从第一个区块开始，到最新产生的区块为止，区块链上存储了系统全部的历史数据。“区块” + “链” = 时间戳（time stamp）：区块链让全网所有节点都在每一个区块上盖一个时间戳来记账，表示这个信息是这个时间写入的，形成了一个不可篡改、不可伪造的数据库。时间戳可以证明某人在某天确实做过某事，可以证明某项活动的最先创造者是谁。它让任何事情的“存在性”证明变得十分简单，区块链上的每一条交易数据，都可以通过链式结构追本溯源，一笔一笔地进行验证。

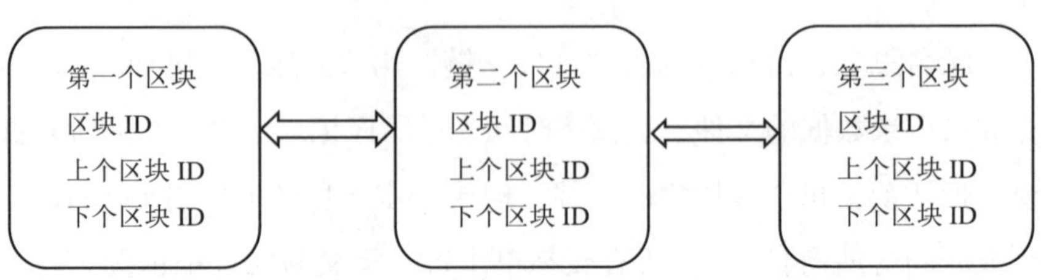

图 2–10　区块链结构示意图

区块链使用的对等网络技术可实现去中心化

区块链存储数据时使用的是对等网络技术（又称点对点技术），是没有中心服务器、依靠用户群交换信息的互联网体系。与有中心服务器的中央网络系统不同，对等网络的每个用户端既是一个节点，也有服务器的功能。网络中的资源和服务分散在所有节点上，信息的传输和服务的实现都直接在节点之间进行，可以无须中间环节和服务器的介入。P2P 架构天生具有耐攻击、高容错的优点。由于服务分散在各个节点之间进行，部分节点或网络遭到破坏对其他部分的影响很小。

对等网络技术要求各节点“人人皆兵”

对等网络设计了一整套协议机制，让全网每一个节点在参与记录的同时也来验证其他节点记录结果的正确性。只有当全网大部分节点（甚至所有节点）都同时认为这个记录正确时，记录的真实性才能得到全网认可，记录数据才允许被写入区块中。根据 P2P 网络层协议，记录成功后，消息由单个节点直接发送给全网其他所有的节点，实现分布式传播。信息拦截者无法通过特定传播路径来拦截想要截获的信息，因为每个节点都收到了信息。

对等网络技术通过“链式防守”保障数据安全

对等网络让数据能实时记录的同时，并在每一个参与数据存储的网络节点中不断实时更新，这就极大地提高了数据库的安全性。即使个别节点发生故障（如数据丢失、遭到黑客攻击等），整个数据库系统也不会受到任何影响，因为其他节点存储的数据依然可用。分布式存储的思维完全去除了中心化存储时的中心点，保证了数据存储的安全性。在分布式记录、分布式传播和分布式存储的去中心化保障下，可以说，没有任何人、任何机构甚至任何国家能控制这种系统，所有交易行为均由市场自发形成。除非网络中所有节点同时遭到攻击集体崩溃，否则区块链体系可以一直正常运转下去。

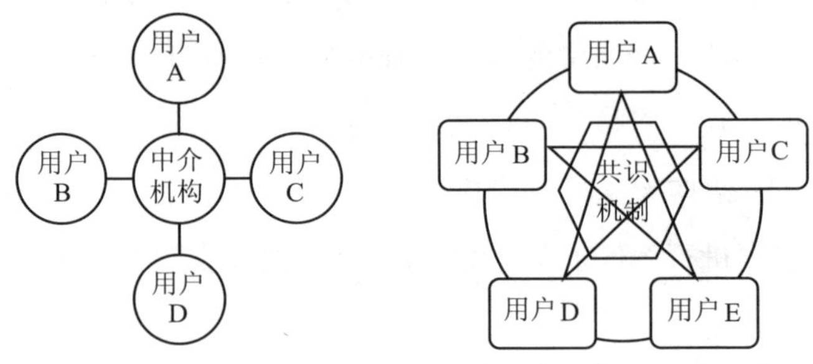

图 2-11　中心化体系与区块链体系的架构比较

区块链使用的非对称加密技术可实现去信用化

面对互联网中互不相识的节点，对于区块链中记录下的交易，我们能予以百分百的信任吗？答案是肯定的。区块链使用了密码学中的“非对称加密”，解决了节点间的相互信任问题。所谓非对称加密，是指我们在“加密”和“解密”的过程中分别使用两个密码，这两个密码具有非对称的特点。加密时的密码（被称为公钥）和解密时的密码（被称为私钥）是一对：如果用公钥对数据进行加密，只有用对应的私钥才能解密，从而获取对应的数据价值；如果用私钥对数据进行签名，那么只有用对应的公钥才能验证签名，验证信息的发出者是私钥持有者。

在中心化的系统中，我们只需要向中介组织证明自己的身份，即可进行交易。例如，我们在银行系统进行交易时，只需输入密码，就能证明自己是账户主人，支配账户内的资产。而在区块链的系统中，由于没有中心节点，任何节点之间的权利都是平等的。这就意味着，想要证明“我是张三”，就必须向全网所有节点亮出证据，即让全网所有节点都相信我拥有“张三的密码”，但还不能让他们知道密码是什么。

非对称加密就是能达到这一效果的“神器”。当甲把某项资产转移给乙时，他使用乙的公钥对交易进行加密，然后将交易信息向全网公开，该交易唯有使用乙的私钥才能打开。使用椭圆离散对数的非对称加密算法非常安全，在不拥有私钥的情况下，破解难度极高，可能性几乎为零。因此，当乙解开了交易密码后，即可证明自己是资产的拥有者，并得到全网认可与记录。可见，完善的加密技术保证了我们无须辨别交易对方是“好人”还是“坏人”，也无须第三方机构对交易进行信用背书，就可放心地与任何对手方进行交易。区块链凭借其严谨的加密算法与认证体系，真正实现了去信用化。

区块链的应用不只是比特币

尽管比特币是区块链技术最著名也是最成功的应用，但区块链的用途非常广阔。我们甚至可以认为，区块链具备颠覆一切行业的可能性！近年来，区块链应用已经从第一代的比特币，进化到了第二代的支付清算、证券交易、医疗、物流、政务服务、博彩娱乐等多个领域（见图 2–10）。

支付清算

由于区块链可摒弃中转银行的角色，实现点到点快速且成本低廉的支付，因此在支付清算尤其是跨境支付行业有着显著的优势。通过区块链平台，不但可绕过中转银行，减少中转费用，还因区块链安全、透明、低风险的特性，提高了跨境汇款的安全性与清算速度，大大加快了资金利用率。未来，银行与银行之间也可不再通过第三方，而是通过区块链技术打造点对点的支付方式。据麦肯锡测算，区块链技术在 B2B 跨境支付与结算业务中的应用将可使每笔交易成本从约 26 美元下降到 15 美元，其中约 75% 为中转银行的支付网络维护费用，25% 为合规、差错调查以及外汇汇兑成本，成效非常可观。

证券交易

证券交易市场是非常适合区块链技术的应用领域。传统的证券交易需要经过中央结算机构、银行、证券公司和交易所这四大机构协调工作，才能完成股票交易，不仅效率低，而且成本高。引入区块链后，就可独立地完成一条龙式服务。尤其对于私人股权交易而言，只需要一个可靠的系统来记录股权归属并进行股权交易，却不需要具备很强的交易处理能力，区块链技术的特点正好符合这样的需求。目前，美国纳斯达克与英国伦敦证券交易所均在私人股权交易领域开始试水区块链应用。纳斯达克在 2015 年 10 月正式推出了它的区块链平台 NasdaqLinq。通过 NasdaqLinq 进行股权交易的用户们将享有一种“数字化”的所有权。Linq 给予一个让人容易看懂的历史发行记录，使用户们的记录更容易地进行审核，并在发行治理和所有权转让方面赋予他们更多的权限。今后，在性能问题解决之后，股票等交易频率较高的金融资产也可能将迁移到这类公开的平台上交易。

医疗

医疗领域是除了金融领域外区块链应用的第二大领域。由于包括病历在内的很多用户资料极具私密性，这就需要很高的安全措施进行信息保护。然而，当前中心化管理的信息系统在各类网络攻击下越发力不从心，容易出现大规模数据泄露问题。即便是安全技术很高、采用封闭系统的苹果公司，也出现多次数据泄露，造成恶劣影响。区块链高度安全的加密算法与分布式存储认证体系，正适合解决这一问题。目前，荷兰飞利浦医疗和 Tieron 公司展开合作，通过区块链技术完成病历资料的认证与隐私保护。通过设立复杂可编程的权限保护，所有数据都无法随意阅读和篡改。即便区块链系统中部分区块遭到攻击，也不会造成任何问题。

物流

区块链技术可以记录货物从发出到接收过程中的所有环节。通过创建共识网络，能直接定位到快递中间环节的问题所在，也能确保信息的可追踪性，从而避免快递爆仓丢包、误领错领等问题的发生，也可有效促进物流实名制的落实。快递交接需要双方私钥签名，每个快递员或快递点都有自己的私钥，是否签收或交付只需要查下区块链即可。最终用户没有收到快递就没有签收，快递员无法伪造签名。这样既可杜绝快递员通过伪造签名来逃避考核，也可减少用户的投诉。

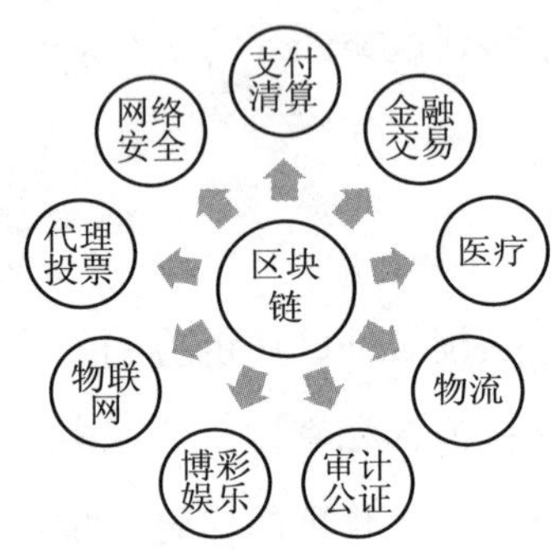

图 2-12　区块链的主要应用领域

阴影与糟点

有光就有影。尽管区块链实现了堪称“革命性”的技术突破，但质疑声亦不绝于耳。区块链的缺点主要集中在技术落地时的硬件问题上。

交易速度

区块链技术的交易速度与区块副本数量呈负相关，区块节点越多，交易速度越慢。目前，比特币每秒最多只能执行 7 笔交易，即使是技术相对领先的 Hyper Ledger 方案每秒也只能执行 200~300 笔交易，这与中心化体系的运算处理速度相去甚远。银行和第三方支付公司的集中化系统具备每秒执行几万笔交易的能力（Visa 最新的实验室测试数据是 5.6 万笔 / 秒，2015 年“双 11”支付宝的处理峰值是 8.59 万笔 / 秒。根据支付宝提供的数据，2016 年“双 11”开始后的第 9 分 39 秒，支付峰值再度刷新纪录，1 秒钟多达 12 万笔，是 2015 年的 1.4 倍。），区块链技术要达到类似的能力需要软硬件的突破性发展作支撑。

节点维护激励

区块链网络的稳定运营需要一定量的节点保持接入到网络中。然而，节点的运行有一定成本，这就需要有合理的激励机制来吸引节点参与，确保交易被记录和维护。目前，这种激励机制并未形成，节点的参与更多地是靠自愿或随机性，并未形成一个有序的规则。

达成数据共识的成本

在开放网络环境下，由于多个节点都可以记录新的区块，这就需要解决区块冲突和数据一致性问题，即“拜占庭将军问题”。要维持区块链数据的安全性与可靠性，就必须保证全球多个节点同时参与记账，但多个节点的数据共享过程实际上也是一个高耗能的过程。目前，比特币提供的“挖矿”方案计算成本极高，由此带来实际的能耗已经超过爱尔兰用电量，每年经济成本高达数亿美元，很难被广泛地使用。可见，尽管区块链节约了中心化成本，但又带来了电能消耗成本，这将成为影响其推广的一大阻碍。

大国必争之地

区块链离我们到底有多远？这取决于广大企业介入该技术的积极性。不同公司介入区块链有着不同目的：对于软件和服务提供商而言，使用区块链可以为传统客户提供更好的产品，在力争获取竞争优势的同时，避免因技术变化而淘汰出局；对于传统平台型公司而言，使用区块链可以巩固自身的商业模式，避免被新技术带来的商业模式颠覆；对于创新企业而言，使用区块链可以寻求新技术带来的颠覆式创新机会。因此，鉴于区块链的广泛适用性，多数企业都将有积极使用的动力。英国、美国、日本等发达国家政府与金融机构正“热火朝天”地参与其中，力争通过占领区块链技术先机巩固其国际金融中心的地位。可以预见，区块链的全面普及将会很快到来，实现亚当·斯密之梦也不再遥远。

与欧美等发达国家相比，我国对区块链的关注较为滞后。2016 年 1 月，在央行数字货币研讨会上，央行宣布考虑发行数字货币，这是政府层面首次发声。2016 年 4 月，由中证机构间报价系统股份有限公司等 11 家机构共同发起的区块链联盟——中国分布式总账基础协议联盟 China Ledger 宣告成立。该联盟的成立是期望能够开发出更多符合中国的政策法规、国家标准、业务逻辑和使用习惯的底层区块链基础设施。目前，国内对区块链的认知多数还停留在比特币上，在其他领域中应用极少。随着“互联网 +”战略的加快实施，未来我国区块链产业也有望逐步培育起来，甚至成为全球最大的市场之一。

专栏 2–4

比特币还能火多久

进入 2016 年，比特币价格的再度暴涨吸引了诸多眼球。有人认为由于总量有限，以后“挖矿”产量越来越少，比特币具备稀缺价值，还有较大升值潜力。对此，我们认为，要冷静判断比特币的现状与未来趋势。

目前，比特币总量为固定的2100万个，目前的交易生成了超过35万个区块，已经挖出了超过1400万个比特币，总市值在80亿美元左右，尚余700万个有待“挖掘”。尽管比特币的总量有限，产生速度不断放缓的特点决定了其稀缺性，但这也注定其在现有经济和金融模式下很难成为一种通用货币。比特币缺乏必要的市场容量，同时“越挖越少”的趋势让其具有严重的通缩倾向，这些都与现代货币的特征格格不入。再加上比特币交易的匿名性又会带来洗钱等金融犯罪的隐患，因此大部分国家央行都不承认比特币是货币，监管机构也一直试图对比特币交易进行监管。自身缺陷使得比特币挑战中央银行法币体系成功的概率很小，未来能否继续火下去还要打上“大大的问号”。

比特币最重要的贡献在于，其从2008年开始的实践为区块链技术的研究和应用奠定了基础，积累了经验。比特币不一定会成功，但区块链一定会成功。这已成为越来越多人的共识。

第 3 章　脑科学：“最强大脑”来袭

即使被关在果壳之中，我仍自以为是无限宇宙之王。

——莎士比亚[①]的《哈姆雷特》

大脑是人体最复杂的器官，破译大脑运转密码、揭开生命之谜，是令无数科学家殚精竭虑的艰难课题。脑科学主要研究脑的结构和功能，其研究热潮正在全球范围内兴起。在迄今为止的诺贝尔生理医学奖中，有四分之一的奖项内容与脑科学相关。脑科学已成为 21 世纪最前沿的研究领域，尤其与信息科学进行交叉研究已成为脑科学发展的一个重要趋势。脑科学的研究成果，不仅有助于人类脑疾病的防治，还将对信息和智能产业的发展产生巨大的推动作用。随着对大脑结构和功能的认知程度不断加深，未来脑科学研究不但能够塑造自我的“最强大脑”，而且能够构建模拟的“最强大脑”，从而广泛带动教育心理、医药健康、信息科技、军事安全等多个领域的创新。

① 2016 年是莎士比亚逝世 400 周年，以此纪念。

人类能够认识和复制大脑吗

大脑是人体最复杂的一个系统，它由超过 800 亿个神经元组成，每个神经元又衍生出 1000 个分支（见图 3–1）。面对如此庞大精细的神经网络，将全世界的计算机放在一起运行都无法逾越。在已知的宇宙中再也没有比大脑更复杂的系统了，因此对大脑及其功能的研究已经成为现代科学最大的挑战。人类认识大脑的进程，经历了从“功能模仿”到“结构复制”逐步深化的过程。

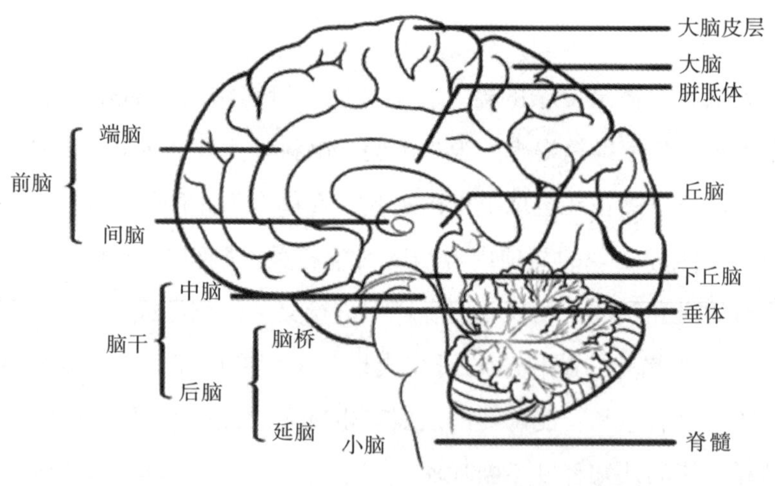

图 3–1　人体大脑结构图

大脑功能的模仿

造出像人脑那样有高度智能的机器一直是人类世代的梦想，人们曾以为只要根据人脑表现出的智能，通过精心编程就有可能用计算机加以模仿。在行为主义思潮之下，一些人想仅仅通过提高计算机的运算速度和加大计算机的存储容量来创造与人脑一样聪明，甚至比人脑更聪明的智能机器。然而，只是一味从行为上模仿人脑的某些功能而不深究大脑结构和工作机制，就不可能真正使用机器实现人工智能。例如，IBM 的"深蓝"是没有智能的，它只是一个"制作精良的工具，在一个限定的领域内能够表现出智能行为"。虽然我们可以利用大量数据和性能更高的计算机来模拟人类的行为，但人类真正的认知过程并非如此。人类大脑中似乎有一些"内置"的功能，使得连小孩子都可以从少量数据中学习到某一个概念。比如说，儿童看到一个苹果就能在头脑中形成苹果这个"概念"，而传统的机器学习并不具备这样的能力。

大脑结构的复制

仅仅在行为上模仿人的智能，并无助于我们认识大脑和心智的机制问题。这样，一些人就试图在简化的条件下，模仿大脑的局部结构，构建在某些功能方面类似于脑的机器。以仿神经结构工程为例，2009 年研究者就已经构造出有 100 万个神经元的神经网格超级计算机（Neuro grid supercomputer），由 16 个神经网格芯片组成，能够模仿 100 万个神经元和 60 亿个突触联结。神经网络计算机有低能耗和自动化两个显著优势，一方面通过固化在单晶硅片上的大量仿真神经元实现低能耗，其功率不足 1 瓦；另一方面"神经网格"芯片还可以自动进行编程。

与总量超过 800 亿的人脑神经元相比，神经网格超级计算机所模仿的 100 万个神经元数量微不足道。何况人类大脑中的生物神经元有着极大的多样性，更不用说还拥有比神经元数量多 10 倍的神经胶质细胞，人类对它的认识还远远不足。这些都会成为制约仿神经结构工程进一步发展的“瓶颈”。无论如何，不在传统的计算机上进行仿真，而是直接用硬件实现性质类似于神经组织的芯片，这种方法给人类建立“人工脑”之梦开创了一条可行的新路。

持续探索新世界

脑科学研究综合了神经科学、计算机科学、生物科学、心理学等众多学科，它的开发对于促进人类心灵和社会的发展都具有重大意义。现在，脑科学基本确定了以阐明脑和神经系统工作原理和运行机制为目标的研究方向，即以认识脑认知原理为基础，以脑重大疾病诊治和类脑计算与脑机智能为两大重要应用领域。当前脑科学研究有两个显著特点：一是对脑的结构方面的研究已由宏观深入到微观，在细胞与分子水平上把结构与功能的研究紧密地结合起来，研究神经元、突触神经网络的活动规律；二是对脑的功能方面研究已突破感觉与运动等一般生理功能，而把复杂的、高级的精神意识纳入了科学研究的轨道，探讨大脑与行动、大脑与思维的关系。正如诺贝尔奖得主艾德尔曼（G. M. Edelman）指出：“脑科学的知识将奠定即将到来的新时代的基础，这些知识使我们可以医治大量疾病，建造仿照脑功能的机器，对我们自己的本质和我们如何认识世界都会有更深刻的理解。”

脑科学的大国竞争

可以说，脑科学是21世纪最富有挑战性的重大科学问题，也是当前国际科学前沿的热点领域，被视为未来新的经济增长点和引领新科技革命的潜在引擎。脑科学研究已成为世界各国科学研究的重要领域。鉴于脑科学在整个自然科学领域中的前沿地位和重要性，以及经济、社会发展对此学科的重大需求，美国、欧盟、日本等国家和地区相继推出了各自的脑科学研究计划。在了解人脑的结构和功能的共识下，各国的"脑计划"有所不同。为了塑造国际竞争新格局，中国也在脑科学研究方面做出了相应的战略部署。

美国的"脑计划"

早在 1989 年，美国就率先把 20 世纪的最后 10 年命名为"脑的十年"（The Decade of the Brain），并开始实施国家科技发展的宏伟蓝图。2013 年美国政府公布了"推进创新神经技术脑研究计划"（Brain Research through Advancing Innovative Neurotechnologies，BRAIN），简称"脑计划"（The Brain Activity Map，BAM）。奥巴马甚至将脑科学与美国 20 世纪 60 年代的"太空竞赛"相提并论。实际上，该计划可同"人类基因组计划"（the Human Genome Project，HGP）相媲美。由美国国家卫生研究院、国防部高级研究计划署、国家科学基金会共同支持，项目启动资金达 1 亿多美元，预计在 10 年内投入 30 亿美元。美国的"脑计划"更关注新型脑研究技术，试图探索人类大脑工作机制、绘制脑活动全图，并最终找到治疗、治愈甚至预防诸如阿尔茨海默综合征、自闭症等神经系统疾病的方法，拓展全民对人类大脑健康和患病状态的认知。

欧洲的"人脑工程"

鉴于脑科学对于人类健康、经济发展和社会进步的巨大影响和重要意义，欧盟也于 2013 年宣布"人脑工程"（the Human Brain

Project，HBP）入选“欧盟未来新兴旗舰技术项目”（EU Future Emerging Technology Flagship），该项目计划在10年内投入10亿欧元经费，整合欧洲22个国家、86家机构的150个研究团队，目的是促进全新的集团性、协作性的整合方法，确保神经科学家们能够共享数据、知识和专长。与美国奥巴马政府的“脑计划”不同，欧盟的人脑工程更强调实用性，侧重以超级计算机技术来模拟脑功能，重点包括三个方面：一是对脑结构、功能和机理的研究；二是对与脑有关疾病的研究，并加大力度研发新的诊断和治疗方法；三是利用信息技术建立大脑的工作模型。

日本的“脑科学时代”

日本的脑计划则聚焦于各种脑功能和脑疾病的机理研究。1996年日本制订了“脑科学时代”（the Age of Brain Science）——脑科学研究推进计划，把认识脑（揭示脑的奥秘，阐明脑的功能），保护脑（征服脑疾病，包括控制脑的发育和衰老，治疗和预防神经性和精神性疾病，探索神经性和精神性疾病的预防方法等）以及创造脑（开发仿脑计算机，包括开发脑型器件和结构，开发仿脑的信息产生和处理系统）列为脑研究的三大任务，共投入约160亿美元——是日本“超级钢材计划”投入的10倍。在日本雄心勃勃的“脑科学时代”计划里，“创造脑”是其最为明显的特征。

中国的脑科学研究

我国的脑科学研究也在提速，早在2012年中国的“脑计划”就开始酝酿，“十三五”规划纲要已经把脑科学和类脑研究列入国家重大科技项目。2012 年中国科学院实施启动了"脑功能联结图谱"战略性先导科技专项，聚焦于"深耕"特定的脑功能，包括感知觉、学习记忆、情绪、抉择等，以及新技术、新方法的研发。2015 年，上海市政府将脑科学与人工智能列为重大科技项目，作为建设具有全球影响力的科技创新中心的一个重要举措。2016 年，复旦大学牵头成立了"脑科学协同创新中心"。类脑计算和人工智能研究是中国脑计划的重要组成部分，二者的相互促进将成为未来产业革命新的爆发点和增长点。

从"认识脑"到"创造脑"

大脑作为人体最复杂的机体器官，其复杂程度难以想象，其功能之强大也远未被我们所认识。脑科学研究的终极目的是"认识脑"，从而"保护脑"，并最终"创造脑"。"认识脑"就是要揭示脑功能的本质，"保护脑"就是要预防和治疗脑的疾病，"创造脑"就是要激发人脑的潜在能力，开发人工智能。"认识脑"应是其他两个研究类别的基础，并贯穿于所有脑科学研究领域之中。

"认识脑"：阐明脑功能

"认识脑"的战略目标由两部分组成：一是阐明行使"感知""情感"和"意识"的脑区结构和功能；二是阐明脑通信功能。人类跟动物最大的区别在于人类有大脑皮层，它的面积很大且具有非常复杂的结构。大脑皮层分为 6 层，共有约 860 亿个神经元细胞，互相连接形成了复杂网络。人脑在处理信息的时候，大脑皮层的不同区域，会处理不同的任务。有些是处理视觉的，有些是处理听觉的。在信息技术或者人工智能处理中，图像、语音、文字、触觉都是分离的。非常有趣的是，人脑处理不是这样的，通过脑通信功能，视觉、触觉和听觉会交叉，能够形成“记忆”。值得注意的是，记忆和存储是不一样的，记忆能够体现出信息抽象的特征。

大脑皮层具有超强的记忆功能，并且能够实现预测，而计算机的工作原理则是通过运算和存储实现的。“记忆”具有自联想的回忆模式。例如，当看到人脸的上半部分，马上能想到脸的下半部分是什么样子；当听到句子前半部分的时候，就能够预测到句子的后半部分。大脑记忆能够实现人脸自动识别，不需要复杂的计算过程。因为记忆有预测功能，这与使用计算机通过运算实现人脸识别的过程完全不同。

在直接研究脑联结图谱条件尚未成熟的情况下，目前需要通过对低等哺乳动物模型的探索，了解脑神经元联结模式的基本特点，这对研究成熟人脑有重要的参考意义。此外，无创伤大脑成像技术为人们认识活体脑的活动及分析其机制提供了前所未有的有效工具。

“保护脑”：征服脑疾病

人类大脑大约有 860 亿个神经元，它们是如何连接以及是如何导致精神错乱，或是如何出现神经性疾病的，目前人类还尚未得知。随着全球人口老龄化时代的到来，阿尔茨海默综合征、帕金森综合征以及亨廷顿综合征等神经衰退性疾病日益威胁着人类的健康，“保护脑”成为脑科学的研究重点。一些常见的脑功能障碍疾病，如自闭症、精神类疾病、阿尔茨海默综合征等都是全世界的难题，也都与大脑的奥秘有关。所以，“保护脑”的战略目标就是要征服脑疾病：一是控制脑发育和衰老的过程；二是神经性和精神性疾病的康复和预防。

脑科学研究成果应用的首要目标是脑疾病的诊断和治疗，通过研究大脑的工作机理，以及通过建立动物模型研究大脑神经回路技术，从而更好地诊断以及治疗大脑疾病。通过脑科学研究，未来人类有望通过分子、影像以及相关标记物，既可在大脑疾病的早期诊断和干预上发挥重要作用，也可通过大脑疾病的遗传、表观遗传以及病理性功能失调等方面的研究，掌握大脑疾病的发生机制。随着脑科学的发展，一些困扰人类已久的脑疾病，如自闭症、心理障碍、抑郁症、上瘾以及神经衰退性疾病、阿尔茨海默综合征、帕金森等都会有望被最终攻克。

脑科学、神经科学的研究，就是要为人类自身服务，治病救人就是一个重要的方面。然而这些年国内外很多基于大脑科学的基础研究——尤其是神经科学，却存在严重的与临床治病救人相脱节的现象。更有甚者，很多从事临床治疗的医生也没有将治病和最新的研究成果相结合。例如，一些从事神经科学研究的人，从来就没有和临床有过接触，比如研究自闭症，却不与自闭症患者打交道，这是非常不可取的。尽管当前人类对自身大脑的认识还十分肤浅，但这并不影响研究人员利用相应的研究成果为人类服务。对专门研究人员而言，只要踏踏实实地做一些研究，了解大脑的某些活动，就可以帮助患有阿尔茨海默综合征、自闭症等脑部疾病的患者。而对相应的医生而言，如果他们能够和本领域的前沿研究相结合，并围绕病例进行一些研究，脑科学研究就会发挥出更大的作用。

"创造脑"：开发人工智能

"创造脑"的战略目标是开发仿脑计算机，由两部分组成：一是发展脑型器件和结构；二是脑型信息产生和处理系统的设计和开发。"创造脑”的重要应用方向就是“类脑智能”，也就是时下非常热门的人工智能，即通过对脑的理解，受脑工作原理的启发，人类设计出精巧的、具有部分人类智力的机器或计算机程序。脑科学研究成果将促进人工智能等技术的研发，这一领域的研究突破将引领新一轮的科技革命，并促使经济社会发展呈现出崭新的局面。

在健康医疗领域，可以将传感器植入瘫痪患者脑部，患者就能够用大脑意念操控机械手臂，这大大便利了患者的日常生活。大脑传感技术依靠一个由数百个接触点组成的传感器实现，每个接触点对应大脑中特定的位置，能够即时“解码”从脑细胞和神经中传来的信号。信号被传递到电脑之后，由特定软件对照人体运动模式进行解码分析，并生成操作机械手臂的代码。

在工业创新领域，汽车制造企业路虎推出了“意识传感项目”，旨在研究汽车能否有效解读脑电波，从而判断驾驶者是在专注于驾驶，还是处于昏昏欲睡或注意力不集中的状态。通常监测脑电波的方法，是在头部戴上安装有传感器的头带，但这并不适用于驾驶员。于是，路虎采用了嵌入方向盘的传感器，通过手部感应来监测脑电波，即便传感源远离驾驶者头部，也能借助软件把信号放大，将脑电波从各种干扰中过滤出来。对于脑电波的监测利用远不止于此，最近宝马公司的研发人员就借此成功改装了一辆宝马 i3 电动汽车，使其能够仅凭一个人的意念来远程驾驶。在展示中，通过将脑电波翻译成驾驶指令，可以控制这辆车在一个曲线跑道上行驶。

总之，脑科学研究以“认识脑”为基础，“保护脑”能够有助于帕金森综合征、阿尔茨海默综合征等脑疾病的诊断和治疗，改善脑疾病患者的生活质量；“创造脑”将为人工智能和机器人技术带来实质性的突破，实现人机交互，让人类可以完全按自己的意识来操作机器。

脑科学和类脑研究的全球性热潮反映了科学界和各国政府的三点共识。

➢ 脑科学是人类理解自然界现象和人类本身的终极领域，也是最重要的前沿学科之一。

➢ 脑疾病所带来的社会经济负担已超过心血管病和癌症，脑科学的发展对脑疾病的诊断治疗将有关键性的贡献。

➢ 计算机技术和人工智能发展至今已面临"瓶颈"，对人脑认知神经机制的理解可能为新一代人工智能算法和机器的研发带来新的启示。

各国的脑科学研究机构，正在对不同层次有关脑的研究数据进行检索、比较、分析、整合、建模和仿真，并绘制出脑功能、结构和神经网络图谱，以此来解决神经科学所面临的海量数据问题，最终达到"认识脑、保护脑和创造脑"的战略目标。

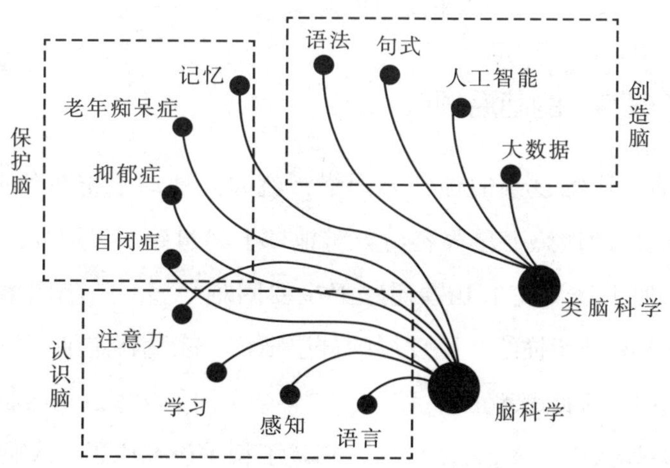

图 3–2　从"认识脑"到"创造脑"：脑科学的主要研究领域

新研究领域的“奇思妙想”

脑科学不仅是高度综合的学科，而且是飞跃发展着的学科。在脑科学、脑疾病早期诊断与干预、类脑智能产品三个前沿领域中，新观点、新发现、新技术层出不穷。在基础性的“认识脑”领域，主要研究大脑对外界环境的感观认知、对人类以及非人灵长类自我意识的认知、对人类语言的认知等，通过探究语法以及广泛的句式结构，用以研究人工智能技术。“认识脑”技术主要体现在神经标记和神经环路示踪技术、大脑成像技术、神经调节技术、神经信息处理平台等方面；在“保护脑”的应用医疗领域，随着神经遗传学的发展，增强了对导致神经和精神异常的人类遗传途径的认识；在“创造脑”的人工智能领域，类脑科学通过类人脑神经网络模型和计算方法的建立，以及通过类脑计算、处理、存储设备技术的研究，有助于实现新一代人工智能机器，以及类脑机器人等项目的开发。

“认识脑”的前沿领域

人脑中错综复杂的神经元网络，就如同地球上密布的道路网，如今人们借助遥感卫星很容易分辨地球上的道路网，但要绘制“脑地图”，似乎远比发射几颗遥感卫星要困难得多。大脑图谱（brain mapping）有助于描绘大脑皮层的分层结构，表达特定细胞类型或基因，并明确它们与疾病的关系。2013 年，美国科学家成功绘制出了人类胚胎时期的大脑图谱，《自然》刊登了相关研究成果。大脑图谱不仅在全脑范围内把基因表达剖析得一清二楚，甚至精确到大脑皮层的每个分层。大脑图谱能识别出更多与脑疾病相关的基因表达，对发育性神经系统疾病的研究具有重大意义。

大脑记忆（funny memories）则认为，记忆不一定像白纸黑字写进大脑一样，不容更改。人类不停歇的生命活动导致大脑记忆随着时间的推移而改变。此外，思维定式和情绪可以影响人的注意力和记忆。科学家们正在研究一些实验化学制剂，注射后可干扰记忆形成蛋白，消除某些不适感觉。比如吸毒者对毒品的欲望记忆的形成和回忆是一个逐步发展、激活和可塑的过程，涉及大脑许多不同部分的工作，目前对这方面的研究还没有探明完整的复杂机制。大脑可塑性（brain plasticity）则利用成像技术和荧光标记细胞方法，在大脑学习新的信息之时对它进行研究，观察脑细胞活动，从而揭示大脑可塑性的机制。神经胶质细胞（neuroglia cells）的新作用也受到重视。与神经元不同，神经胶质细胞之间没有生物电通信。数百年来，科学家认为这些细胞虽然在大脑中含量丰富，但仅起到对大脑的辅助功能。然而，新的成像方法使得科学家有了重新研究胶质细胞的机会，他们发现，在记忆和学习等重要的大脑功能中，神经胶质细胞起着关键性作用。

大脑导航（brain navigation）发现了所谓的"定位细胞"和"网格细胞"，揭示了人类能够拥有空间辨别能力的神经学原理。动物的海马体是一个与记忆息息相关的重要大脑区域，"定位细胞"只有在动物处于某个特定的地点才会产生神经冲动，在其他的地点则不会。如果把大脑中被激活细胞的位置记录下来，会出现一个网格形状。"网格细胞"使大脑能像导航仪一样实时地追踪动物的位置信息。"网格细胞"和"定位细胞"共同运作，使得动物拥有定位能力。光遗传学技术（optogenetics technology）彻底颠覆了现有的神经领域研究方式，其可以通过光纤像开关一样高精度地激活或抑制实验个体的神经元。在此之前，传统的神经操控技术使用电刺激，控制精度非常低。举例来说，当科学家们想要研究在小白鼠走迷宫时是哪一类神经元起到定位导航的关键性作用时，传统的做法是向白小鼠脑组织植入电极，一次通电会同时刺激上千个神经元，这使得精准定位变得十分困难。现在，科学家们通过光遗传技术可以大幅提升定点操控的精准度。他们将光敏分子植入某一类脑细胞，重点研究它们如何控制特定类型的神经元和神经网络。

大脑决策机制（the brain mechanism of decision making）由大脑中两个截然不同的机制共同协调做出决策，其中一个是自动的、无意识的思考，被称为“系统 1”；另一个更加主观，带有强烈的个人因素，被称为“系统 2”。系统 1 负责做出快速反应，比如面对高速驶来的汽车人们会快速地跳开；系统 2 则会帮助人们解决更加复杂的数学问题或者倒着背诵一长串字母。此外，大脑的决策还受到外部环境的影响。2015 年网上流行的“裙子照片”几乎颠覆了人们对色彩的认知。有人说，图中的裙子是白金色，有的则说是蓝黑色。人们对色彩的认知竟然完全不同，是因为我们的大脑在不同光照条件下对色彩的感知不同。看见白金裙子的人的大脑假定光照条件十分明亮，而看见蓝黑裙子的人的大脑则认为它是在暗淡或者人造光照条件下拍摄的。

“保护脑”的前沿领域

脑科学的研究进展使得人类能够治愈许多未知的脑疾病。神经遗传学、光遗传技术、神经移植技术等领域的突破，使得人类在认识大脑的基础上，更加能够“保护脑”。神经遗传学的突破体现在人类基因组计划（Human Genome Project，HGP）掀起的新型测序技术发展浪潮，科学家由此推进了对导致神经和精神异常的人类遗传途径的认识。在精神分裂症、阿尔茨海默综合征、抑郁症、孤独症和其他疾病患者血液中追踪到少量异常 DNA，为未来快速识别疾病相关基因将改变诊断和治疗脑部疾病的方法奠定了基础。如今，许多退行性疾病、癫痫和运动障碍都能通过快速简易的血液检查得到筛查。

大脑具有惊人的可塑性，过去 10 年，一些以连接心身为目的的治疗技术获得了发展。如果脑的某个功能受损，就可以通过其他器官来执行相同功能。例如，科学家研发了一款舌头“触觉—视觉”替代装置，通过头戴摄像机采集视觉信号，通过舌头触觉传感器将视觉信号传递到大脑，获得了基本的视觉图像和视觉轮廓。特别值得注意的是，认知行为疗法（Cognitive Behavior Therapy，CBT），这种谈话疗法用于研究人的思想和情感如何影响行为。通过对 100 个病例的综合研究发现，CBT 不仅是科学合理的焦虑症疗法，而且也适用于贪食症、愤怒、紧张和引起疼痛的精神疾病。

神经移植技术（neural transplantation technology）将成为修复大脑损伤的唯一手段。人们因为受伤、疾病或者中风，导致大脑某处十分关键的部位受到损伤时，恢复治疗变得相当困难。人工神经元植入大脑能够修复由于脊柱受伤或疾病（例如帕金森）所带来的损伤。人工耳蜗已经让全球超过 25 万人恢复了听觉，投入医疗使用的人工视网膜将会得到同样广泛的应用。大脑深部刺激法和迷走神经刺激法为帕金森和癫痫患者带来了前所未有的希望，这些新技术还可用于抑郁症、强迫症、成瘾等的研究。现在的神经移植技术已经改变了利用电流对大脑特定区域刺激的传统方式，未来可能利用释放化学物质来修复造成大脑疾病的神经紊乱。

“创造脑”的前沿领域

人脑工程的产业前景十分广阔。20 世纪 90 年代初实施的“信息高速公路计划”刺激了美国整整十多年的经济繁荣，经济学界一直希冀通过一场以科技带动的产业革命促使全球经济摆脱衰退，重新走入一个相对繁荣期，人脑计划正被视为这样的发动引擎之一。当我们采用产业化和工程化的思维理解大脑，首要的问题就是大脑采用什么样的工作模式？

人类大脑的工作采用何种算法？著名的数学家贝叶斯为了证明上帝的存在，从而发明了概率统计学原理。近日，贝叶斯的应用又催生了一个看一眼就会写字的智能计算机系统的诞生。贝叶斯计算机能够模仿写字并能“以假乱真”,通过“视觉图灵测试”。贝叶斯计算机“可与人类能力匹敌”，证明了机器学习可以做出很多惊人之举。贝叶斯式机器学习似乎具备了识别概念的能力，“内置于我们的大脑中”的东西是否就是贝叶斯算法？由于近年来人工智能方面贝叶斯算法的成功运用，让一些科学家开始推测我们自己的大脑是否也使用了贝叶斯算法。如果贝叶斯算法能帮助计算机感知、认识、推理和决策，也许它们也能帮助我们的大脑完成类似的任务。当然，并不一定所有的人工智能设备都得采用贝叶斯算法，谷歌围棋机器人就采用了“蒙特卡洛”算法。“蒙特卡洛”算法的基本原理是通过大量随机样本，去了解一个系统，进而得到所要计算的值。这种算法非常强大和灵活，又相当简单易懂，很容易实现。

人工神经网络也是一个描述生物神经网络运行机理和工作过程的数学——物理模型。2015 年 6 月，科学家将蛋白质生物传感器与电子离子泵连接在一起，创造出了一个“神经元”。这是第一个功能齐全的人脑神经元，能够模拟人脑细胞的功能，包括将化学信号转变成电信号以及与其他细胞交流。大脑可以通过“经验”来建立它自己的规则，而神经网络也具有一定的结构，并可以通过历史数据训练从而具有一定的功能。人工神经网络的研究工作不断深入，已经取得了很大的进展，其在模式识别、智能机器人、自动控制、预测估计、生物、医学、经济等领域已成功地解决了许多现代计算机难以解决的实际问题，表现出了良好的智能特性。

人类在“创造脑”方面的进步使得心灵融合成为可能。以人工神经网络为基础，杜克大学的神经科学家创造出了一个“脑网”（Brainet），用电记录和电刺激，将 4 只老鼠大脑的电信号连接起来。这些动物学会了共同解决一些问题，例如预测天气或者移动机械手臂，表现得比单只动物好。这项成果发表在 2015 年 7 月的 Scientific Reports《科学报告》杂志上。当然，我们离真正的心灵融合还有很长的路要走，因为该研究中传输的脑信号还非常初级，并且只做了动物实验。

随着脑科学研究的深入，基于基础性研究而诞生的新学科和新产业将大量涌现，并将产生众多的就业机会。脑科学研究属于具有高科技附加值的项目，以此为基础的产业必将产生可观的经济效益。有研究报告显示，人脑工程领域的产业规模持续增长，2012 年相关产业规模约为 10 亿美元，2020 年有望增长至 60 亿美元。可以认为，脑的发育和衰老、学习与记忆、高级认知功能与人类密切相关，了解脑的结构和功能是对人类认识世界、认识自我的最终挑战。总之，脑科学研究被认为是当今最令人兴奋的研究领域、制高点和最活跃的前沿科学之一，不仅具有重大理论意义，而且对提高国民的健康水平、生活质量、创新能力、心理和精神状态都具有重要的现实意义。

脑科学将促生“最强大脑”

选择脑科学作为突破口是因为脑科学研究意义深远，不仅关乎人类的健康和福祉，而且关乎未来的生产力，有望深刻改变社会。脑科学研究不但可以揭开大脑高智能、高效率、低能耗之谜，提升人类健康水平，其研究成果也会为下一轮新技术革命提供重要支撑。尤其在工业创新领域，发展信息社会所必需的“脑型机器”，像人工智能、智能机器人、自动驾驶等，脑科学研究的成果正在改变创新模式并影响我们生活的各个方面。

健康医疗：疾病诊治新手段

脑科学研究首先是保障人类健康的需要。在医疗健康领域，重点解决社会老龄化的问题，由于信息社会快节奏所带来的各种脑疾患者以及由于其他原因所引起的各种脑疾患问题。

运用新的生物技术针对脑科学和脑疾病的研究是国际前沿热点方向。脑科学对人类的意义重大，可以说人类的一切行为都和大脑有关，聪颖与痴呆、学习与记忆、行为与障碍、衰老与再生……迄今为止，医学研究已经发现超过500种脑部疾病，如人们熟知的阿尔茨海默综合征、癫痫、精神分裂症、偏头痛、脑血管疾病和脑肿瘤等。随着老龄化加剧，阿尔茨海默综合征对人类健康的威胁及对医疗保健设施和全球经济造成的负担越发严重，已成为不容忽视的社会问题。仅2010年，全球这一病症的医疗支出就达6040亿美元，远远超过癌症和心脏病的医疗支出。

在我国，脑相关疾病导致的死亡人数已占死亡总数的25%以上。据估算，中国未来的脑疾病负担可能达到每年上万亿元的水平。脑科学研究的突破，必将推动脑疾病防治的根本进步，提高人们的健康水平和生活质量。脑科学也必将带动中国产业转型和创新发展。2016年3月，深圳举办了“非人灵长类脑科学未来发展态势国际研讨会”，提出依托生物医药产业，将深圳打造成科学前沿和药物研发并重的脑科学城市，对深圳在生物医药产业，尤其是对脑科学、脑疾病和脑技术领域的学科发展起到了积极的催化作用。

人工智能：类脑智能新技术

近年来，植根于脑科学的人工智能研发取得了突破性进展，引爆了新的科技和产业革命。国际高科技产业巨头已开启大规模投入，一大批创新产品已经推出，后续竞争异常激烈。2011 年，"谷歌大脑"项目在人类历史上首次实现了机器系统对各种不同类型猫图像的自动识别，正确率与人类似。随着新型人工智能被快速推广到公共安全、金融投资与风险调控、医疗诊断、新药开发等关系国计民生的重要领域，势必带来新一轮的产业革命。

人工智能近年的突破主要归功于类脑的初步模拟、大数据和强大的计算能力。目前取得突破的人工智能更多地沿用经典的计算框架，如何借助脑科学的研究成果，突破现阶段模拟计算中的"瓶颈"，是人工智能推向新阶段（类脑人工智能）的必然路径。另外，类脑人工智能也将有助于破解当前脑科学研究中的核心难题，对真实神经系统的计算模拟将为脑功能的认识提供崭新的思路。

在企业层面，目前参与人工大脑研究的信息技术企业如 IBM、谷歌，以及一批中小型创新企业如 Emotiv、Neuro Sky 等，率先在前沿技术领域取得成绩。通过对人脑的结构、动态、功能和行为进行研究，IBM 领导的"认知计算"研究小组期望打破传统的机器语言编程模式，为神经键和神经元开发出纳米级的设备，从而挑战大脑的超低能耗和超小体积。2011 年，IBM 研究人员就已研制出第一代神经突触计算机芯片，可以模拟大脑认知和活动等能力，完全不同于计算机设计与制造的传统理念。2016 年，IBM 使用相变材料，制造出了能存储和处理数据的随机脉冲神经元。这种神经元集群与人造突触等纳米计算元件联合，或是制造可用于认知计算领域的下一代超密集神经形态计算系统的关键。相变材料的人工神经元不但能执行多种计算，如检测数据关联等，而且速度快、能耗低。

2016 年，谷歌 AlphaGo 打败韩国棋手李世石后，人工智能概念引爆全球。谷歌、脸书等科技巨头还专门成立了人工智能实验室，布局人工智能，想在深度神经网络计算等领域中有所突破。Google X 实验室开发出了模拟人脑并具备自我学习功能的“谷歌虚拟大脑”。“谷歌虚拟大脑”是为模拟人脑细胞之间的相互交流、影响而设计的，通过模拟人脑中相互连接、相互沟通、相互影响的“神经元”，由 1000 台计算机、16000 个处理器、10 亿个内部节点相连接，形成一个“神经网络”。谷歌“神经网络”具有学习和记忆的功能，可以根据某一概念自己决定数据特征，从而形成“领域”能力。

新一代信息技术的战略性和前瞻性，一直是全球科技界和产业界关注的焦点。人类社会也正在成为信息社会，每个人都越来越频繁地与各种信息处理系统打交道。为了实现脑科学与人工智能的有效结合，深入了解大脑的信息处理机制以及其与现有计算机实现人工智能方法的差异是非常有必要的。未来人工大脑的进一步发展，有望加快研究人工大脑相关计算模型，促进相关标准、指导方针和技术工具的发展，使多个人工大脑研究平台实现相互协作，从而使得脑科学真正成为塑造和构建“最强大脑”的基石。

专栏 3–1

脑科学的八大最新重要进展

动物之间"心灵融合"成为可能。2015 年夏天，《星际迷航》的粉丝异常兴奋，因为科学家们将几只老鼠或猴子的大脑连接起来，创造了堪称"首个心灵融合"的效果（当然，也有一些科学家认为这是夸大其词）。现实中，杜克大学的神经科学家已经缔造了一个脑网（Brainet），用电记录和电刺激，将 4 只老鼠大脑的电信号连接起来。他们还在 2 只猴子身上做了相同的实验。根据这项研究，连在一起后，这些动物学会了共同解决一些问题，如预测天气或者移动机械手臂，表现得比单只动物好。该成果发表在 2015 年 7 月的 Scientific Reports（《科学报告》）上。应该说，我们离《星际迷航》中瓦肯人的心灵融合还有很长的路要走，因为现阶段研究中传输的脑信号还非常初级，且只做了动物实验，并未在人身上开展相关实验。

人们对色彩的认知竟然完全不同。关于人类如何感知色彩，神经科学家已经研究了很长时间。2015 年 2 月，互联网上一张神奇的图片几乎颠覆了人们对色彩的认知。有人称图中的裙子是白金色，有的说是蓝黑色，各执一词。有 3 组科学家分别研究了这一现象，发现对这条裙子色彩的不同感知是因为大脑在不同光照条件下对色彩的感知不同。看到白金色裙子的人，其大脑假定光照条件十分明亮，而认定裙子为蓝黑色的人，他们的大脑则判断在暗淡或者人造光照（呈现黄色）条件下拍摄的。

并没有男性大脑和女性大脑之别。长期以来，不少人认为男性和女性的大脑有着本质区别，但最近的研究成果否定了这一观点。2015年11月，《美国国家科学院院刊》发表了一篇论文，揭示了一组科学家对1400人大脑的研究进展。该研究将人们按照性格特点、活跃度等因素分为男性和女性类别，结果发现，一半以上的人都同时拥有男性和女性的特点，这意味着人脑不可能被划分到单一的类别中。

为睡眠中的老鼠注入虚假的记忆。2015年，人们离科学恐怖片又更近了一步，因为一组科学家在老鼠睡觉时，在它们的大脑中创造出了虚假的记忆。这项研究成果发表在2015年3月的Nature Neuroscience（《自然神经科学》）。人们已知睡眠中大脑会重播当天的日常活动，但这一切是如何发生的，依然是个谜。法国科学家将电极植入了40只老鼠大脑中与空间导航记忆有关的区域中。当老鼠睡觉时，他们开始刺激与某个空间位置有关（即位于该区域时，该脑区会被激活）的老鼠脑区。当老鼠醒来时，完成了它们曾经去过某个地方的虚假记忆。

大脑会自我清洁。以往神经科学家认为，大脑缺乏神经系统，因此无法将废物排除出去。2015年7月，一组科学家在Nature（《自然》）上发表论文，声称找到了一些证据，能证明脑膜的最外层存在着淋巴管，脑膜是围绕着大脑的保护层。他们发现的这些“管”拥有淋巴系统的特征，将免疫细胞和其他液体输送到邻近的淋巴结，并在那里滤除废物。这一研究成果动摇了大脑免疫功能及其相关疾病的一些基本假说。

锻炼对大脑很重要。科学家发现了越来越多的证据，证明锻炼不仅对身体很重要，对大脑也很重要。2015年12月，《纽约时报》报告了一项来自期刊Neuroimage（《神经影像学》）的研究成果。这项研究测量了60名日本老年男性在进行需要集中注意力的活动时的大脑活动。接着，他们将这些脑扫描图像与年轻人作比较，发现了一些令人惊讶的事情：那些在健身测试中表现更好的老年人，其大脑更像年轻人。这一发现证明，锻炼可以使大脑更健康、更年轻。

人造的大脑细胞。2015 年 6 月，一组科学家宣布创造出了第一个功能齐全的人脑神经元。这项研究发表在 Biosensors and Bioelectronics(《生物传感器与生物电子》)。科学家们将蛋白质生物传感器与电子离子泵连接在一起，创造出一个神经元。这种神经元能够模拟人脑细胞的功能，包括将化学信号转变成电信号以及与其他细胞交流。这项研究的愿景是将这些神经元植入人的大脑中，修复由于脊柱受伤或疾病（例如帕金森病）所带来的损伤。

大脑功能连接与人格有关。人类连接组计划（Human Connectome Project）是一项大工程，旨在绘制 1000 多个活人的脑细胞之间的连接地图。该计划发表的第一项研究成果揭开了大脑连接与性格特征之间的联系，并发表在 2015 年 9 月的《自然》。科学家扫描了 461 个人的大脑，以查看哪些区域总是同时被激活，或者叫作功能连接（functionally connected）。将这些扫描结果与人的特征（例如收入、教育水平、药物使用、IQ 测试和记忆等）相比较，结果发现，功能连接更多的人拥有更好的人格特征（如 IQ 更高），同时负面特征（如酗酒的倾向）更少。当然，这些发现还很初级，但依然反映出关于大脑连接的有趣事实。

资料来源：根据《机器之心》的相关报告整理改写

第 4 章　深度学习：人工智能新时代

在人工智能方面的成功是人类历史上最大的事件，但很遗憾的是，这也是最后一个重大事件。

——［英］斯蒂芬·霍金

对于霍金的这一预言，我们可以理解为一种警示而非单纯的耸人听闻。与其为人工智能带来的冲击和风险忧心忡忡，不如以人类的智慧激发出“机器学习”的正能量。

应该说，人工智能与脑科学有着紧密的联系，而深度学习（Deep Learning）作为机器学习研究中一个新的领域，其过程是建立和模拟人脑进行分析学习的神经网络，从而能够模仿人脑的机制来读取和分析数据。深度学习被看作当前最接近人工智能的机器学习方法。2016 年初，采用神经网络与深度学习的 AlphaGo 战胜人类顶尖围棋高手后引起广泛关注，而其实在 AlphaGo 之前，深度学习已开始应用于图像、声音和文本的识别和机器翻译。在人工智能被提出半个世纪之后，人们终于看到了人工智能进入应用阶段的曙光，而这一缕微茫的曙光完全有可能成为照亮 21 世纪科技、经济、社会各个领域，引导人类发展走向最炫目的智慧之光。

从人机大战说起

新科技和新事物出现之后都需要经历一段时间才能够被认可和普及。始于18世纪英国的工业革命，蒸汽机替代水车动力、机械纺织机替代传统纺织机被全世界认识和使用经历了100多年的时间。通过竞赛的方式最能够引起关注和被接受，如蒸汽机车、螺旋桨船、内燃发动机在发明之后都与传统的马车、明轮船、蒸汽发动机进行过较量。

除了机器与机器的较量，人与机器的竞赛也由来已久。从体力上看，机器早早就超过人类，但骄傲的人类仍觉得在智力上更胜一筹。这种情况似乎正在发生变化，在人机智力对抗中，人类已经处于下风。特别是自21世纪以来，神经网络与深度学习的出现实现了对人类大脑的仿生和模拟，使得人工智能不再只依赖于高速的逻辑运算，这是人工智能的革命性进展。

第一回合：人类险胜

人与计算机的对抗可以追溯至20世纪70年代。后来创办微软的比尔·盖茨当时就读于著名的私立湖滨中学，还是中学生的比尔·盖茨就开始与计算机进行游戏棋对决。虽然那个年代的计算机没有显示器，甚至没有输入设备，只能通过打孔纸带实现与计算机的交流，且每一步棋可能都要花费10分钟甚至几十分钟的时间，但比尔·盖茨和一大群年轻人对编程充满兴趣，并不断改进算法使得计算机的能力越来越强。在最初的人机对抗中，人类表现出了绝对的优势，不仅能够轻易战胜计算机，而且必须及时修正计算机出现的错误。可以说，当时能够参与人机对抗的都是专业的编程人员和计算机天才少年。

随着计算机速度不断提高以及显示技术进步和键盘、鼠标等输入设备的普及，人机对抗不再局限于计算机技术人员的实验室，而成为一种休闲时尚。在整个 20 世纪 80 年代和 90 年代，家用电视游戏机和电脑游戏中都有很多与电脑对抗的棋牌游戏，普通玩家和计算机的对决有输有赢，而在职业选手或者业余高手面前，虚拟对手的表现则不堪一击。

这一回合的新闻性事件是“深蓝”与世界冠军的对弈。1996 年 2 月，由 IBM 开发的超级电脑深蓝（Deep Blue）挑战国际象棋世界冠军卡斯帕罗夫，在经过 7 天的比赛之后，深蓝以 2∶4 告负。这是历史上第一次由人工智能挑战世界顶级棋类选手，深蓝输了比赛却引起全球对人工智能发展的高度关注。这台冷冰冰的机器在比赛中并没有让世界冠军好受，卡斯帕罗夫虽然最终赢得比赛，但也宣告了人机对抗中人类胜利历史的终结。

第二回合：人类完败

1996~2016 年的 20 年间，人类与机器之间进行了三次标志性竞赛，结果均以人类完败告终。

1997 年，IBM 的深蓝再次挑战卡斯帕罗夫，虽然距上一轮比赛仅过了一年的时间，但世界冠军这次招架不住了。最终，深蓝以 3.5∶2.5 赢得比赛，成为首个在标准比赛时限内击败国际象棋世界冠军的电脑系统，同时也标志着人机智力对抗中，机器已经实现逆转。随后，IBM 宣布深蓝退役，深蓝的技术被 IBM 运用于其后来的各类智慧服务产品之中。

2011 年，IBM 开发出由 90 台 Power 750 服务器组成的集成服务器沃森（Watson），并“派出”沃森参加了美国著名综艺答题节目《危险边缘》。在历时 3 天的比赛中，沃森最终击败最高奖金得主鲁特尔和连胜纪录保持者詹宁斯，获得 100 万美元的巨额奖金，这是人工智能在综艺节目上第一次击败人类选手获得最高奖金。相比深蓝面对的国际象棋棋局，沃森需要处理的信息显然更加复杂，它在一些提示信息相对较少的问题面前表现确实不如人类，但依靠强大数据处理能力及其运算速度的优势，人类冠军最终不敌沃森。

如果说 1997 年深蓝的胜利和 2011 年沃森的胜利主要依靠机器高速的运算能力，人类仍然在模糊数据识别和处理、交流、情感表达等方面胜过机器，特别是人类的学习能力仍然是机器难以掌握的技能。然而，到 2016 年，这一切都发生了改变。

2016 年伊始，谷歌宣布其伦敦子公司 DeepMind 开发的 AlphaGo 机器人以 5∶0 大胜欧洲围棋冠军樊麾，随后又以 4∶1 的悬殊比分横扫世界冠军韩国围棋国手李世石，令全世界的棋迷和科学迷大跌眼镜，也将机器的学习能力提升到了一个全新的高度。

值得注意的是，AlphaGo 战胜李世石之后在世界职业围棋选手中排名第二，仅次于中国棋手柯洁，而围棋则是迄今为止最复杂的棋类游戏。理论上讲，如果机器能够在围棋上战胜人类顶尖选手，就意味着其至少在棋类游戏上对人类的全面超越。正因如此，在比赛之前，围棋协会表示计算机要击败人类顶级围棋选手至少还要等 5~10 年。

需要强调的是，加入神经网络的 AlphaGo 与前辈深蓝、沃森有着显著区别：深蓝和沃森都是“教”出来的，它们的老师是 IBM 的设计员和程序员们。其中，研发人员和工程师从国际象棋大师那里获得象棋的各种信息，通过一系列算法提炼出特定的规律，再通过预编程灌输给深蓝；沃森也是通过预先设置的逻辑运算理解题目含义并给出可能正确的答案。相比之下，AlphaGo 却是实打实地靠自己“学”出来的——DeepMind 的程序员为其灌输的不是逻辑规则和方法，而是模拟人脑的学习能力。AlphaGo 通过自己不断训练和研究学会围棋并掌握各种技巧，在比赛中也凭借自身能力根据对手的棋路判断最优的策略，这一过程和人类学习围棋并成为高手参加比赛是相同的。

自 1997 年以来的三次著名人机智力交锋的结果，至少可以得出两个重要结论：第一，机器人在智力上超过人类是早晚的事情，而这一转折点正在逼近；第二，传统计算机被设计用来进行高速运算，这是半个世纪以来计算机硬件发展的主旋律，但传统计算机必须先有人类进行编程才能执行特定任务，这已经不能满足其对人工智能的要求。从 AlphaGo 开始，人工智能进入新的发展阶段，神经网络和深度学习使得计算机能够从与数据和人类的交互中学习。从某种意义上讲，计算机已经发展到能够自行编程执行新任务的阶段，未来的人工智能将主动适应人，用人类与生俱来的语言、动作、情感与人类进行互动交流。

第三回合：休战、共赢

AlphaGo 在 2016 年的胜利终结了人类智慧无法被超越和学习能力无法被复制的神话，人工智能从此进入实际应用阶段。人机对抗的目的是对人工智能技术的考验，而 AlphaGo 的战绩意味着这种考验将显得多余。当然，人与机器的比赛还会以更加喜闻乐见的形式出现在各种场合，但 AlphaGo 确实已经让绝大多数人认识到人工智能时代即将到来，以及承认机器终将超越人类智慧的现实，人与机器之间无须再继续比赛，合作才是人与机器关系的未来。

无论是深蓝、沃森还是 AlphaGo，其研发的目的远不止赢得一场比赛。IBM 早将深蓝和沃森系统应用于药物研发、金融风险计算等领域。至于输给深蓝的卡斯帕罗夫，并没有因为失败而从此一蹶不振，相反地，后来他又拿下了几乎所有著名国际象棋比赛的冠军，最后退出国际象棋界后又进军政界；输给 AlphaGo 的李世石成为韩国偶像，参加各种访谈和综艺节目，围棋在韩国年青一代中进一步升温。人机大战在比分上表现为人类的完败，但最终的结果是大家都从中获利。

计算机如何思考：控制派 VS 仿生派

前文一直在强调 AlphaGo 与深蓝、沃森的区别在于采用了神经网络，从而实现了深度学习。那么，神经网络与深度学习到底是什么？它们的出现对计算机和人工智能的发展到底起到了多大的作用呢？

要了解计算机怎样思考，不得不提到人工智能之父——阿兰·麦席森·图灵，这位数学天才生于 20 世纪初，直到 42 岁英年早逝也没能看到过一台真正意义上的计算机，但他提出了著名的图灵机模型，为现代计算机的逻辑工作方式奠定了基础。1950 年，图灵发表论文《计算机器与智能》[①]。文中驳斥了当时关于机器不能思考的各种论调，对人工智能的可能性给出肯定的回答，并对人工智能进行了开创性的构思，提出了著名的“图灵实验”，即如果第三者无法辨别人类与人工智能机器反应的差别，就可以论断该机器具备人工智能。图灵实验至今仍然是判断人工智能的关键标准。

图灵之后的科学家对人工智能的研究分化为两大派别：一是强调思路模拟的控制派；二是强调自我意识的仿生派。控制派的主要观点是，人工智能必须依托于逻辑系统，简单而言，计算机和机器的每一个判断、动作都基于强有力的逻辑关系，是对预设的准确反馈；仿生派认为则不然，其强调形成类似于人脑的神经网络，靠“人工”神经

① 在图灵去世之后，此文以《机器能够思考吗？》为题重新发表。

网络形成意识自行思考。换句话而言，控制派认为人工智能就如同一个专家会议，希望通过完美无缺的逻辑来实现思考；而仿生派则认为人工智能就是人脑，人脑怎样思考，计算机大脑就怎么思考（见图 4–1）。

图 4–1　控制派与仿生派

1948 年，美国应用数学家诺伯特·维纳的著作《控制论》出版，揭示了机器中的通信和控制机能与人的神经、感觉机能的共同规律。维纳开启的控制论（cybernetics）被称作 20 世纪最伟大的科学成就之一，同时也被尊为人工智能中控制派的鼻祖。维纳的学生迈克尔·阿比卜出版了控制论的科普读物《大脑、机器和数学》，并随后创办了麻省理工学院计算机系，一大群人工智能的大佬（包括仿生派）都直接或间接受教于阿比卜。1951 年，后来获得第一届图灵奖的美国科学家马文·明斯基创造了一台学习机——Snare。准确地说，Snare 是一台神经网络模拟器，明斯基从中发现了在当时看来神经网络致命的弱点。明斯基的另一项重大贡献是与另两位在计算机领域声名显赫的人物——麦卡锡、香农共同创办了第一个人工智能学术性团体——“达特茅斯论坛”。虽然这一组织在一段时期主要强调控制派提倡的思路模拟，但是其依然制约了仿生派主张的神经网络的发展。2016 年初，明斯基去世，享年 89 岁。3 天后，谷歌宣布采用深度学习的 AlphaGo 战胜欧洲围棋冠军。

如果要追溯仿生派的起源，则早在图灵实验提出之前的 1943 年，美国科学家麦卡洛可和皮茨就发表了模拟神经网络的论文。1949 年，加拿大心理学家赫布提出了著名的“赫布理论”，即突触前神经元向突触后神经元的持续重复的刺激可以导致突触传递效能的增加，这一理论直到 2000 年才在动物实验中被证实。1958 年，美国实验心灵学家罗森布拉特在计算机上成功模拟神经网络模型，这一网络模型被其称作“感知机”。感知机能够处理一些简单的视觉信号，虽然还非常粗糙和初级，但可以说是仿生派第一次实现了对人脑的成功模拟。可惜的是，在罗森布拉特发明“感知机”后长达 20 多年的时间里，神经科学和信息科学并没有实现很好的结合，两者各有成就，仿生派却始终不敌控制派。例如，休伯尔、维泽尔对视觉系统中信息处理模式的模拟、马尔创建的视觉处理理论、维德罗和霍夫发明的自适应线性元件等。

直到 20 世纪 80 年代，仿生派才进入一个繁荣时期，其中最具代表性的成果分别是 1982 年霍普菲尔德提出的递归神经网络和 1986 年鲁姆哈特和麦克莱兰提出的具有里程碑意义的 BP 神经网络。进入 20 世纪 90 年代，互联网兴起和普及，大批计算机科学家投入到具有巨大市场和经济效益的互联网相关研究中，无论是控制派还是仿生派所取得的成就都被互联网的高速发展所掩盖。当然，互联网作为新的信息技术手段也为人工智能的进步提供了全新的平台。2006 年，杰弗里·辛顿提出了反向传播算法和对比散度算法，即“深度学习”，突破了明斯基在半个世纪前提出的神经网络存在的局限。2012 年，斯坦福大学和谷歌秘密 X 实验室用 1000 台计算机构建了全球最大的电子模拟神经网络，该网络拥有 10 亿个连接的人工神经网络"谷歌大脑"。实验人员向神经网络展示 1000 万段（张）从 YouTube 上随机提取的图像。最后，该系统在没有任何外界干预的情况下，认识到了"猫"是什么并成功分辨出猫的照片，准确率超过 80%。这一事件为人工智能发展翻开崭新的一页，标志着以"深度学习"为代表的人工智能发展即将进入应用阶段。

到这里，我们需要总结一下人工智能两大学派相互竞争的历程（见图 4–2）。虽然控制派和仿生派起步的时间差不多，但在 20 世纪 50 年代，由于一群元老级的科学家站在思路模拟的阵营里，使得仿生派的发展遭到重挫，并导致 20 世纪 60~70 年代一直处于低谷。可以说，20 世纪 80 年代以前，控制派一直处于上风，仿生派自出现之后一直受到排挤和掩盖，直到 21 世纪初才有引人注目的应用成果。与此同时，控制派主张的思路模拟的缺陷和局限性逐渐暴露出来。应该认为，人工智能在近几年的大发展主要是由以"深度学习"为代表的仿生派推动的。

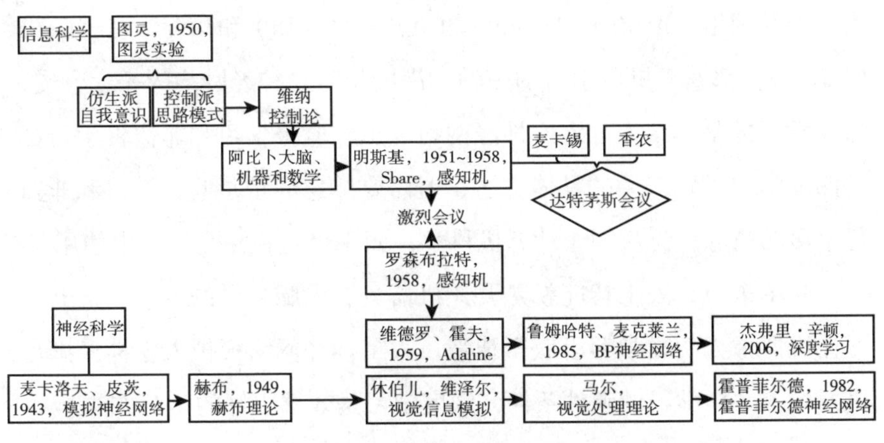

图 4–2　仿生派人工智能的发展

“开挂的”机器学霸

要真正理解神经网络、深度学习的原理，需要高深的生物学、数学和电子信息方面的知识。当然这在许多专业性很强的书籍、论文中都能找到答案，但这并非本书写作的目的。这里，我们希望通过简单的语言对神经网络、深度学习等相关概念进行通俗易懂的描述。

几个重要的概念

首先，要澄清和区分几个概念。如图 4–3 所示，人工智能是研究、开发用于模拟、延伸和扩展人的智能的理论、方法、技术及应用系统的一门综合性技术科学，前文已经讲到在其发展过程中主要分为控制派和仿生派两个分支，其中仿生派最重要的成就就是深度学习和人工神经网络。机器学习（Machine Learning，ML）是一门多领域交叉学科，专门研究计算机怎样模拟和实现人类的学习行为，以获取新的知识或技能，重新组织已有的知识结构使之不断改善自身的性能。人工神经网络（Artificial Neural Networks，ANNs）和深度学习（Deep Learning）都属于机器学习的一种，深度学习是神经网络的一大分支，深度学习的基本结构是深度神经网络。虽然监督学习和非监督学习都是深度学习可以采用的具体方法，但需要注意的是，监督学习和非监督学习的概念广泛应用于计算机科学，而不仅是在深度学习中使用。

简单来说，人工智能就是要让机器具有人脑一样的智慧，机器学习让机器像人一样学习以获得智慧，人工神经网络模拟人脑神经满足机器像人一样学习的硬件条件，深度学习是效果很好的学习方法。

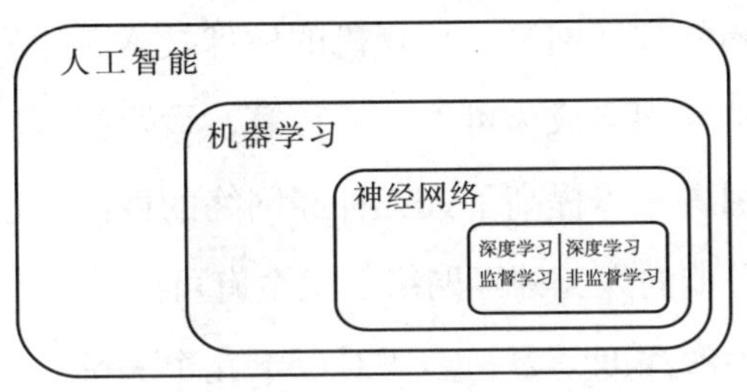

图 4–3　神经网络和深度学习都属于机器学习

对人脑的仿生：人工神经网络的构建

人脑的神经元（神经细胞）主要由三个部分组成：树突（负责信息的输入）、细胞体（负责处理信息）和轴突（负责处理后信息的输出）。

如图 4–4 所示，当神经元受到外界刺激时，经过内部的信息处理，将结果输出，这个过程看起来非常简单，却是人脑思维形成的最基本过程。如果将算法赋予电子元件（如 CPU），并通过信号通道将这些电子元件与传感器、输入设备以及相互之间进行链接

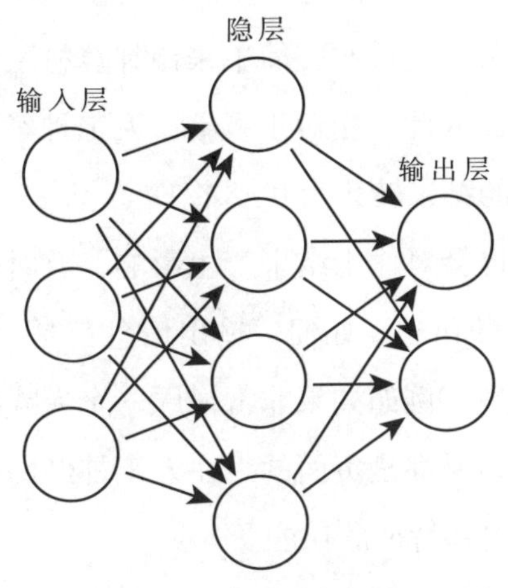

图 4–4　神经网络

可以模拟出人脑的神经网络。计算机的硬件技术飞速发展，使得构建大规模的人工神经网络成为可能，云计算、大数据、高速互联网等技术的出现和运用进一步提高了人工神经网络的性能，在未来出现能够比拟甚至超过人脑的人工神经网络是完全有可能的。

为进一步理解深度学习，需要对以下几个关键、有趣且对下一步深度学习的展开具有重要意义的问题做出分析。

➢ 作为输入信息，可以是感觉器官和传感器，也可以是其他神经元信息处理的结果，同样，处理的结果可以用于直接指导判断，但绝大多数时候是作为其他神经元的输入信息。当数以亿计的神经元（人脑有超过 800 亿个神经元，但并不会在任何时候都处于激活状态）交织链接在一起就组成神经系统，能够进行复杂的运算和庞大的信息处理。

➢ 对于不同问题，各种输入信息的重要性有所区别，有至关重要的信息，也有相对不那么重要的信息，甚至还有干扰的信息。这时候，需要对不同输入信息进行加权处理，权重大小的合理性直接影响最终输出信息的准确性，计算机在很多时候做出令人啼笑皆非的判断，输入信息权重的错误是主要原因之一。

➢ 现代计算机采用二进制，简单来说计算机虽然强大，但只能识别 0 和 1 两个数字，因此，相对于人脑，人工神经元需要增加一个算法公式将信息处理的结果转化为 0 或者 1。

➢ 神经元本身也会对输出结果产生影响，有时这种影响是决定性的（即无论输入信息和权重如何，输出信息都是一样的）。这在人类思维中有很好的体现，例如如果非常讨厌一个人或事物，则无论对象如何改变，得出的结果都是负面的。在人工神经网络中，每一个人工神经元都具备模拟内部特征的功能。

可以用一个最简单的对“是苹果还是梨”的判断来说明神经网络

工作的原理。为了简化，我们用一个单个神经元的工作过程替代整个神经网络。颜色、形状和气味，是判断一个水果是苹果或者是梨所需要的最基本的特征。当这些信息通过视觉、味觉或者传感器进入神经元，人脑（或者电脑）就可以根据以往的经验来进行区分。在区分苹果和梨上,形状的信息最重要,赋予更高的权重。如果信息表现为红色、圆形、苹果味，那么最后的结果就是苹果。

这一过程看起来非常简单，但对于一个未加训练的人工神经网络来说，产生错误是难免的。例如，并不是所有的苹果都是红色，有的苹果是黄色，和梨的颜色非常接近；有的梨的形状和苹果也很接近。嫁接的新品种苹果梨到底算苹果还是梨？当这些因素出现时，对人工神经网络来说是巨大考验，很容易给出错误的答案。

那么，如何减少上述情况导致的错误呢？这就需要深度学习的帮助。

对学习的仿生：如何展开深度学习

我们抛开繁杂的生物学和数学概念，用一些简单的例子来说明深度学习是如何展开的。

在一系列残酷的动物实验之后，生物学家发现了人脑对外界刺激的识别是一个抽象和迭代的过程。例如，对一个静止图像的识别，最开始是对图像主体物边缘的识别，然后抽象到一些具体特征，最后才是对各种特征抽象和概念化以得到准确的意义。这一生物学发现意义重大，促使人工智能在 21 世纪有了突破性的发展。

如果人脑的工作原理是从“浅层”的识别开始的，并将浅层识别的结果作为更高一层识别的输入信息，那么计算机搭建的人工神经网络是不是也可以仿效人脑进行工作呢？答案是肯定的。1996 年，康奈尔大学在收集的大量黑白风景照片中每张随机提取 400 张 16×16 像素的方格，然后从任意一张风景照片中再提取一个 16×16 像素的方格与之前提取的 400 张方格进行比较，结果发现，包含物体边缘的方格是最容易找到非常接近的方格。换句话说，“边缘”是识别一张风景图片的起点。这一实验其实证明了对复杂事物的识别从最基本“浅层”信息入手是有效和可行的。类似的实验后来被应用于语音识别，同样，“边缘”是识别一条语音最基本的“浅层”信息。

图 4–4 展示了一个简化的神经网络，从信息输入到信息输出中间虽然有多个神经元，但都处于同一“层次”上，我们暂且称之为“浅层神经网络”，以与我们马上要提到的“深度神经网络”相比较。在前文给出的识别苹果和梨的例子非常简单，但实际运用中，这种识别是一个复杂的过程，要输入圆形、红色、苹果味的信息，需要很多步骤的识别过程。如果要让这个单层次的神经网络发挥作用，一个方法是由人来告诉计算机形状、颜色和味道信息，神经网络只做最后的一次判断。这样让人参与的做法似乎很可笑，但并非完全无用。信息管理和数据挖掘中经常会使用浅层神经网络，但前提是由信息管理专业的学生手工或使用软件将数据挖掘的材料准备好，这就如同由人来帮助人工神经网络判断水果形状、颜色和味道。实际上，是由人工来弥补浅层神经网络的局限性。

当人工智能的应用范围扩大，越来越多需要借助人工智能帮助的人员并非信息管理专业的学生，浅层神经网络已经跟不上发展形势和时代需要了。2006 年，人工神经网络发展有了转折点，辛顿等研究人员提出了深度信念网络（Deep Belief Network，DBN），实现了对人脑多层神经网络信息处理、分析和学习的模拟，这推动了人工智能研究和应用向前迈进了一大步（见图 4–5）。

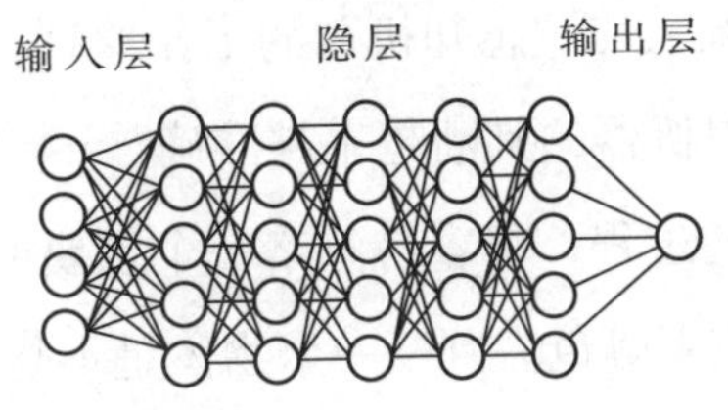

图 4–5　含多个隐层的深度学习模型

多层次的神经网络是实现深度学习的基础。那么，与传统的神经网络比较，深度神经网络又有哪些特点呢？深度学习又是如何在深度神经网络上展开的呢？

与传统的神经网络相同的是，深度神经网络也包括输入层、隐层和输出层，也只有相邻层级之间的神经元有链接通道，同一层及跨层之间是没有链接的。区别在于，深度神经网络的隐层具有更多的层级数量，并且具有更有效的算法，更加接近人脑的结构，这使得深度神经网络能够处理更加复杂的输入信息，深度学习就是在这个多层级的人工神经网络上进行的。

在搞清楚深度神经网络如何进行深度学习之前，首先区别两个重要的概念：监督学习和非监督学习。简单而言，监督学习就是一个计算、连接、评估、纠错、疯狂培训的过程，这与人类学习的经历是十分相似的。想象一下，当幼儿第一次看到苹果的时候，会建立一个包含苹果各种特征的概念集（计算和连接过程）；当下一次他再看到苹果时，会加入对苹果新的概念，例如苹果并不都是红色的，还有黄色的、白色的、绿色的，甚至还有多种颜色混合的；这期间，有可能他会看到梨、橙子、乒乓球等与苹果在某些特征上相似的物体，并有可能把这些东西也认为是苹果，家长会指出错误（评估过程），他也会调整对苹果的认识（纠错过程），判断越来越准确。是不是很简单？但这其实也是半个多世纪之前“感知机”的工作原理，通过不断优化不同输入信息的权重使得机器的判断越来越准确。

上述监督学习的过程，很容易忽略一个重要的前提条件，机器为什么知道通过形状或者颜色去判断一个物体是不是苹果，形状、颜色、气味是人基于经验对苹果赋予的“特征”属性，但机器并不知道这些就是苹果的特征。过去，一般由人来帮助机器先期定义“特征”，但由人参与对“特征”的选取是一件极其烦琐和耗费时间的工作，并且在面对未知事物的时候，一开始也无规律可循。在输入信息越来越复杂的情况下，人工选取特征必将会难以为继，由机器自动学习特征似乎是更好的做法，而在多层神经网络上进行的非监督学习能够完成这一过程。

非监督就如同一个没有家长在旁边指导的幼儿学习过程，其目的是推断出信息的内在规律和联系。例如，幼儿在看到很多次苹果之后，会把具有圆形、红色、特殊味道的一类物体归为一类（虽然并不知道这就叫苹果）并与其他的水果区别开来，这个过程不仅实现了聚类，更重要的是完成了特征学习，幼儿知道应该抓住哪些“特征”来判断一个物体是不是苹果。机器的非监督学习有类似的过程，在深度人工神经网络上对每一层级进行非监督学习，这是深度学习与传统神经网络的最大区别，而这一过程则被称作特征学习（见图 4–6）。

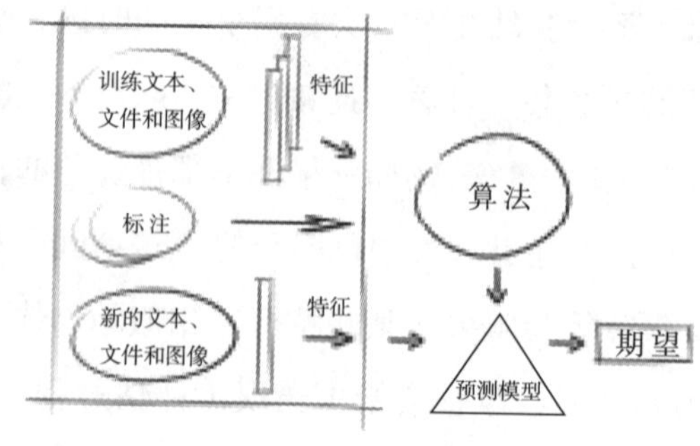

图 4–6 特征学习过程

由此可以总结出一个简化的深度学习过程：在深度神经网络中，采用非监督学习对每一层逐层进行训练，让机器不断加深对这一层级特征的理解；较低一层训练的结果作为更高一层的输入信息；在最顶层，使用监督学习自上而下对各个层级的参数、权重、模型、算法进行优化调整，这一过程反复进行，直到达到一定准确度，这和人类的学习过程非常相似，不同的是，计算机的速度非常快且可以模拟各种学习环境，针对一个特定的学习内容，计算机可以在几天甚至更短时间内完成人类需要一生时间的学习过程。与传统的机器学习相比较，深度学习能够脱离人类帮助提取特征，这极大地提高了学习的自主性和学习效果。

在实际应用中，对图像的识别、对声音的识别，或者像 AlphaGo 那样学习围棋采用的具体方法有很多，但大致的原理是相同的，只是过程和算法更为复杂。

会学习的机器能有多智能

至此，人们难免有疑问：这么多科学家的努力、巨额的研发经费投入，结果就是具备一个三岁小孩都能够熟练掌握的技能——把苹果和梨区分开来，这是不是有点得不偿失？

我们的回应是：千万不要低估这看似简单的一步！要知道在人不介入的情况下，使机器准确区分苹果和梨，几代科学家已经为之奋斗了半个多世纪，迄今为止也不能做到 100% 准确。但是，计算机在运算速度上具有远超过人类的优势，且这种优势不断扩大，其“学习”的速度也是相当惊人的，这使得现在人工智能在多个领域进入应用阶段，在一些条件下通过了著名的“图灵实验”，也成就了本章开篇提到的 AlphaGo。

图像和语音识别

深度学习最大的突破是实现了更好的识别，而语音和图像在 2006 年辛顿提出深度信念网络之前就积累了大量的测试数据库，深度学习最早在图像和语音识别上进行商业应用不足为奇。

在语音识别上，中国企业一招领先。2014 年，百度对外发布了其基于深度学习的语音识别系统“Deep Speech”。该系统能够模仿人大脑新皮层中的神经活动，通过深度学习识别出数字形式的声音、图片等数据。实际应用发现，在车内、人群等噪声环境下，Deep Speech 系统的出错率要比谷歌的 Speech API、Wit.AI（语音交互解决方案服务商）、微软的 Bing Speech、苹果的 Dictation 低 10% 以上。为了开发 Deep Speech，曾在谷歌开发全球最大电子模拟神经网络的吴恩达教授领导的百度团队收集了 9600 人的 7000 个小时的语音，并人为加入 15 种类型的噪声，将语音样本数据扩充到 10 万个小时，然后让 Deep Speech 在噪声环境下学习识别语音，这个过程就是深度学习的过程。

在国际上，IBM、谷歌、微软等公司都在进行深度学习下的语音和图像识别研究，且都在近年来取得飞速发展。2014 年，谷歌的 GoogleNet 团队采用深度学习技术在计算机视觉挑战比赛中刷新了分类和侦测的纪录，且比之前的纪录提高了两倍多，该技术正在被应用于谷歌的自动驾驶系统中，帮助计算机和人类驾驶员标注和预警道路上的危险情况。2015 年，谷歌在其 Google Photos 中嵌入了 Google Cloud Vision API，能够对字符、人脸、地标、Logo 等进行几乎精确的识别。通过这个系统，使机器识图能力大大提升。以前，计算机只能帮助使用者筛选照片，现在只要输入相应的类别就能够挑选照片。2015 年，微软宣布其图像识别系统的错误率仅为 4.94%，这不仅打破了之前百度创造的 5.98% 和谷歌 6.66% 的纪录，甚至低于人类在归类识别时 5.1% 的错误率。

为了推动深度学习在语言识别上的应用，互联网巨头在近两年都开源了深度学习工具包，吸引更多人在自己的平台上进行语音识别的研发。2015 年，谷歌开源了具有图片搜索功能的 TensorFlow 机器学习系统，随后，微软在 2016 年也开源了用于语音识别的深度学习工具包 CNTK。开源思想能够建立更大的平台，这有助于形成更大的学习数据库，以及开发更多的应用产品。

科学研究

希顿认为深度学习非常擅长在数据中发现出乎意料的规律，这非常有助于打破科学研究的惯性思维，形成新的研究方向。

2012 年，希顿领导的一个团队在德国著名制药企业默克举办的鉴别可能导致新药分子的比赛中胜出。希顿团队的方法是采用深度学习将目标对准那些最有可能与靶标绑定的分子。最终，默克公司采用了希顿团队的方法，将新药研发成功率提高了 15 个百分点。

麻省理工生物学院正在利用深度学习技术分析大脑切片的三维图像。过去，图像识别是依靠在校研究生和本科生完成，这非常花费时间，且经常出现错误，甚至遗漏掉最有研究价值的图像，这对研究工作的进行是致命的。运用深度学习技术，研究人员可以找到更好的办法对三维图像进行标注和计数，这不仅大大减少了人工工作量，而且也提高了准确度。

预测分析

深度学习一个有意思的应用是预测分析。与传统的逻辑推导不同，通过深度学习的预测分析结果令人惊讶但异常准确。例如，2006 年，美国田纳西州孟菲斯市警察局启动“蓝色粉碎”行动，由于采用 IBM 的神经网络技术预测犯罪发生的时间和地点，大大提高了警力配置的效率，到 2011 年，孟菲斯市财产犯罪下降了 26.2%，暴力犯罪下降了 23.6%，凶杀案则下降了 40% 以上，在 5 年多的时间里，有近 2 万宗罪行未能够实施。2008 年，谷歌推出的“谷歌流感趋势”系统，通过对流感相关关键词的搜索进行数据挖掘和深度学习，创建了流感趋势地图，目前已经能够支持 25 个国家的流感趋势预测，成为多个国家疾病防控部门的重要参考。2014 年巴西世界杯期间，各方人士都在预测比赛结果，在小组赛后的 15 场淘汰赛中，微软利用深度学习的方法预测的结果全部准确无误，而谷歌的预测也猜中了其中 14 场比赛结果，这样的预测准确率显然要比 2008 年法国世界杯的章鱼保罗和一贯乌鸦嘴的贝利靠谱得多。

再提一提 AlphaGo

IBM 的深蓝遵循的是人工智能控制派思路模拟的方式，既然深蓝在 1997 年就战胜了国际象棋的世界冠军，为什么说采用深度学习技术的 AlphaGo 有里程碑的意义呢？

要回答这个问题，首先要区分一下国际象棋与围棋的区别。围棋是迄今为止人类发明的最复杂的游戏，国际象棋与之相比简直是小儿科：每一步可能的落棋点，围棋平均 200 个、国际象棋平均 37 个；每一局的落棋次数，围棋双方平均各有 200 余次，而国际象棋平均只有 57 次；围棋的落棋位置是 10 的 170 次方，而国际象棋只有 10 的 47 次方；围棋的落棋组合高达 10 的 360 次方，而国际象棋只有 10 的 123 次方。在这种局面下，棋手在下棋时一般需要思考两个重要问题：一是对全局的判断；二是对下一手棋落点的选择。从上面的对比数据可以看出，AlphaGo 如果采用与深蓝一样的方式，计算量会暴增（增大幅度难以用语言形容），虽然计算机硬件技术在近 20 年来提高不少，但要完成这样数量级的计算还是力不从心，况且今后人工智能可能面临比围棋更复杂的问题，暴力解题方式不可取。

深蓝在胜利之前预先输入了超过 70 万种的棋局，并由多位国际象棋大师协助进行了调试，这个数据量对于应付国际象棋的比赛似乎是足够了，但是 AlphaGo 要面对的问题更加棘手，围棋的数据过于庞大且规律难以把握，谷歌的研究人员必须通过另外的方式赢得比赛。

AlphaGo 创造性地使用了两个大脑：估值网络估计棋局的状况；走棋策略网络决定下一步棋的走法。此外，搜索树将两个网络结合起来。要真正理解估值网络、策略网络和搜索树的工作原理并非易事，但是可以很容易理解这些创新带来的结果：AlphaGo 只要考虑靠谱的有限的几个落棋点，这与人类棋手的思维方式是一样，甚至还能够表现出人才有的“直觉”。

在参加比赛之前，AlphaGo 通过自我对弈的方式不断提高棋艺水平，这与人类棋手的训练过程是一样的。不同的是，AlphaGo 只需要一秒钟就能完成数局对弈，而且对手（其实就是 AlphaGo 自己）总是高手。在与樊麾比赛前，AlphaGo 完成了 3000 万次训练，而与李世石比赛前，自我对弈的训练已经超过 1 亿次，这样的训练速度和强度是人类棋手所望尘莫及的。速度的优势（赛前的深度学习训练）和正确的方法（与人类棋手一样的下棋方法）是 AlphaGo 取得胜利的两大保障，而这两点创新也开启了人工智能进入深度学习的发展阶段。

学习的极限

无论是神经网络还是深度学习，对人工智能的研究注定是“劳民伤财”的事情，短期内的经济回报可能并不显著，只有富有远见且资源丰富的国家、跨国公司和科研机构才能够承担得起。人工智能必定将在未来改变我们的生产和生活，而在这之前需要持续投入和不断尝试。人工智能能够多快和多好地真正服务于人类，在很大程度上取决于实验和试点应用的范围和程度，就如同深度学习自身一样，学习越多、掌握越多、能力也就越强。

我们谁也不知道人工智能商业应用还有多久就会爆发，但发达国家和跨国公司已经在积极准备。2016 年，全球 200 家最大的人工智能公司将获得近 15 亿美元的融资，日本、美国和德国公司获得融资最多，富士通、IBM、微软、西门子等企业目前掌握了人工智能及相关领域最多的专利技术。

进入 21 世纪之后（确切地说是在 2006 年之后）仿生派开始复兴，深度神经网络和深度学习的出现是转折点，但这并不意味着所有的科学家都看好深度学习。就如同在控制派风头正旺时还有一群仿生派科学家默默进行研发一样，目前也还有一大批科学家继续尝试用逻辑推导的方法提高机器的智慧水平。例如，IBM 继续保留前文提到的沃森团队，谷歌也组建了一个尝试使用非深度学习技术提高计算机智力水平的小组。当然，现在的科学家已经不像前辈那么具有门户之见了，仿生派和控制派开始合作，大家的目的都是尽快迎接人工智能时代的到来，至于采用什么样的方法，融合各家之长的方法是最好的。

如果你觉得让机器区别苹果和梨，或者找出猫的照片就像一个科学家在实验室玩的把戏，请不要忘记一点，我们通常不会孤立地使用一种科技手段，深度学习在实际中的应用需要与其他技术相结合。“深度模型 + 大数据”便是现今非常流行的计算机解决问题的方法。例如，在深度学习系统识别语音和文字后，通过大数据库，计算机能将其翻译成其他国家的语言，谷歌、微软和百度的机器翻译大体上都采用这样的过程，这要比之前通过语法逻辑的翻译手段准确得多。在无人驾驶系统中，计算机也要通过深度学习的方法了解外界环境中哪些是安全的、哪些是需要避让的、哪些是极度危险的，深度学习的结果用以指导计算机设计驾驶速度和路线，这是无人驾驶系统安全性的最基本保障。或者，分析结果将通过 AR（增强现实）投射到前挡风玻璃上，用以警惕驾驶人员注意和避让。人工智能与机器人结合会创造真正会思考、能学习和动感情的机器人，这会极大地提高机器人的使用体验，不仅提高工业领域机器人的生产效率和安全性，而且在商业场所和家庭，机器人也能够更好地为人类服务。

最后，再次强调，深度学习是机器学习的新浪潮，也是人工智能发展的里程碑。虽然深度学习已经在语音识别、图像识别、预测分析、机器翻译等领域小试身手，但客观上讲还处于初级阶段，无论是理论研究还是工程化和商业化都面临巨大的难题。谁也不能保障深度学习在未来是否能够成为人工智能最基础的方法，或许会有新的更好的技术替代深度学习，但可以肯定的是，人工智能的梦想不再遥远，机器将在不久的将来像人类一样思考。

第 5 章　驶向明天的无人驾驶汽车

当你起航前往伊萨卡

但愿你的旅途漫长

充满冒险 充满发现

——［希腊］卡瓦菲斯《伊萨卡岛》

美国未来学家诺尔曼·格迪曾在 1940 年预言：“你的孙辈将能通过一条新型高速公路在 24 小时内横穿整个大陆。他们乘坐的是一种完全靠按钮操作而不需要人驾驶的新式汽车。”[①] 随着信息技术突飞猛进的发展，无人驾驶技术正在快速成熟。无论是顶着一大堆监测设备、卡通样式的谷歌无人驾驶汽车，还是特斯拉酷炫外表的自动驾驶汽车，甚至是奥迪 A7 自动泊车的视频广告，都表明无人驾驶汽车正在驶入我们的生活。在美国，你也许能看到没有方向盘、没有刹车踏板、没有油门踏板的谷歌无人驾驶汽车在道路上行驶，而在其他地区，具有部分自动驾驶特征（如自适应巡航、自主泊车）的汽车已经量产。

① 崔金泰. 无人驾驶汽车——从科幻到现实. 百科知识.2014（11）：8-10。

无人驾驶汽车向我们驶来

无人驾驶汽车（driverless car）在不同国家、不同企业有不同的名称，大多数的时候被称为自动驾驶汽车（autonomous car 或 self-driving），在英国被称为机器人汽车（robotic car），在我国通常称为无人驾驶汽车[①]。麦肯锡则将自动驾驶车辆（autonomous vehicle）定义为：在减少甚至没有人类干预的情况下运行的车辆[②]。这一定义与美国高速公路安全管理局（National Highway Traffic Safety Administration，NHTSA）的分类基本一致。该分类系统将自动驾驶汽车分为五个层级[③]。

➢ 0 级——非自动化（No-Automation）。驾驶员在任何时间都完全独立地操控刹车、方向盘、油门和动力等汽车的主要控制功能。

➢ 1 级——特定功能自动化（Function-Specific Automation）。这一级别的自动化具备一个或多个特定的自动控制功能。包括电子稳定控制或预充电刹车，也就是车辆在刹车时自动提供协助，让驾驶员重新获得对车辆的控制或者让车辆更快地停下来。

➢ 2 级——组合功能自动化（Combined Function Automation）。这一级别的自动化包括至少两种可共同工作的主要控制功能，以让驾驶员从这些功能中解放出来。比如自适应巡航控制（adaptive cruise control）与车道中间保持（lane-centering）的组合。

➢ 3 级——有限的自动驾驶（Limited Self-Driving Automation）。这一级别的自动化车辆能够使驾驶员在特定路况或环境状况下完全交

① 如无特别说明，文中无人驾驶汽车与自动驾驶汽车是同一个意思。

② McKinsey Global Institute. Disruptive technologies: Advances that will transform life, business, and the global economy. May 2013.

③ National Highway Traffic Safety Administration. “U.S. Department of Transportation Releases Policy on Automated Vehicle Development.” May 30, 2013.

出所有安全关键功能，依赖于车辆监控环境变化，在需要的时候将控制权交回驾驶员。驾驶员在有充分、舒适交接时间的情况下可以进行偶尔的控制。

➢ 4 级——完全自动驾驶（Full Self-Driving Automation）。车辆被设计为可以在整个行程执行所有安全关键功能、监控路况。这样的设计需要驾驶员提供目的地和导航输入，但是在行程中的任何时间不需要驾驶员的控制。

从自动化程度高低的角度，也有人将无人驾驶分为无自动化、辅助驾驶（如车道偏离警告）、半自动或部分自动驾驶（如紧急自动刹车、自动泊车）、高度自动驾驶（仍需要驾驶员监控）和完全无人驾驶五个层次①。我们通常所说的无人驾驶，一般是指在高度自动驾驶水平之上的无人驾驶。

为了实现无人驾驶的最终目标，各大公司各显神通，纷纷探索不同的技术路线和商业模式。传统的汽车制造商多采取循序渐进的功能组合自动化或辅助驾驶、半自动驾驶模式，如采用定速巡航、电子车身稳定系统（大众 ESP、本田 VSA、丰田 VSC 是各家汽车厂商对电子车身稳定系统的不同称呼）、盲点监测、车道偏离报警、自动泊车等功能。在美国汽车市场，内置蓝牙手机、安全报警系统、免提通信设备、语音识别系统、导航系统的普及率都已超过 45%，但一些新型智能化技术的普及率仍然较低，如平视显示器的普及率为 13%，而自动泊车系统的普及率只有 3%②。

相比传统汽车巨头的渐进布局，新兴汽车厂商和互联网巨头则采取了更加激进的技术路线。进入汽车领域的互联网巨头，如谷歌充分

---

①　戎飞腾，吴燕华 . 无人驾驶汽车如何解放司机双手？ . 南方日报 .2015-11-30，第 A13 版。
②　吴学安 . 无人驾驶汽车进入智能互联时代 . 中国建设报 .2015-10-12，第 5 版。

发挥其在深度学习、人工智能、大数据、云计算和高精度地图等方面的优势，追求一步到位、无人干预的完全无人驾驶。但应该看到，谷歌为实现无人驾驶，采用了一套非常复杂、昂贵的设备。而特斯拉却为了降低成本、加快实现商业化，将昂贵的感应系统以弹幕摄像头等简单感应设备代替，采取了仍然需要驾驶员干预的高度自动驾驶技术路线。在 Autopilot 自动辅助驾驶模式下，特斯拉的 Model S 轿车能够实现车道线内辅助转向，在开启转向灯后自动变更车道，以及在主动巡航控制时自动调整车速；对电机功率、制动系统以及转向系统的数字化一体控制，能够帮助车辆避免来自前方和侧方的碰撞，并防止车辆滑出路面；还可以搜寻附近的泊车地点，当探测到空闲车位后发出提醒，并根据驾驶员的指令自行泊入车位[①]。

图 5-1 谷歌无人驾驶汽车

资料来源：https://www.google.com/selfdrivingcar/

① https://www.tesla.cn/models.

无人驾驶汽车是如何行驶的

无人驾驶汽车集自动控制、体系结构、人工智能、视觉计算等众多技术于一体，是计算机科学、模式识别和智能控制技术高度发展的产物[①]。简单地讲,无人驾驶汽车的工作原理就是通过车载设备（各种传感器）收集实时路况、交通信号、汽车工作状况等数据，辅之以高精度地图和 GPS 地理位置数据，通过信息处理中心进行高速运算和决策从而快速做出反应，实现车辆的自动行驶。除传统汽车的车体部分外，无人驾驶汽车还包括环境探测、自动决策、控制响应等技术。环境探测技术是无人驾驶汽车行驶的前提，由激光发射扫描器、毫米波雷达、超声波雷达、车道保持系统、激光测距系统、红外摄像头、立体视觉、GPS/ 惯性导航系统、车轮角度编码器等一系列传感器组成，高精度地图、GPS 地理位置数据及其他智能交通基础设施是重要的支撑，智能决策和控制技术集成了人工智能、车联网等先进技术，是无人驾驶汽车的核心部分。

无人驾驶汽车之所以能够在无人干预的情况下行驶，就在于它能够高度模仿人类的驾驶行为。人类在驾驶汽车时，涉及眼、脑、手、脚的配合。谷歌公司认为，无人驾驶汽车也像人类驾驶员一样，需要不断地回答涉及人体四个部位的问题，解决了有关这四个部位的问题也就实现了汽车的无人驾驶[②]。

我在哪里？无人驾驶汽车通过处理地图和 GPS 等传感器信息来判断它所处的位置。相对于通常我们使用的 GPS 导航系统，无人驾驶汽车对 GPS 的定位精度、抗干扰性的要求更高，既要求 GPS 系

---

① 王传军 . 无人驾驶汽车驶向何方 . 光明日报 .2016-4-24，第 8 版。

② https://www.google.com/selfdrivingcar/how/.

统不间断地对车辆进行定位，同时也要求定位误差不超过一个车道宽度。

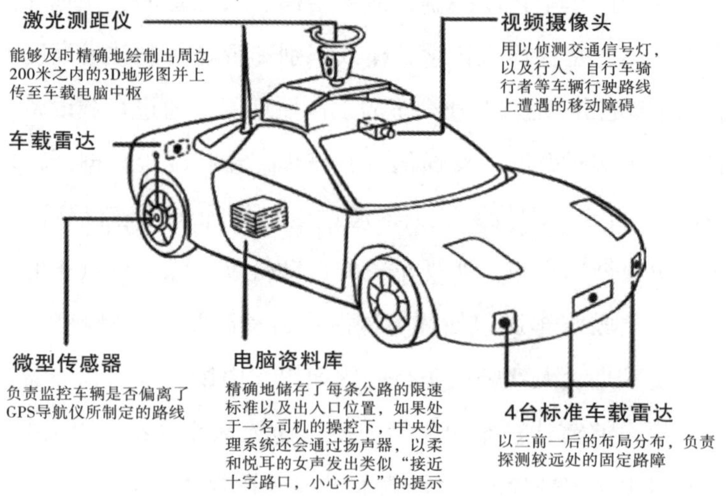

图 5–2　无人驾驶汽车的主要装置

我周围有什么？传感器帮助探测车辆周围的物体；软件根据尺寸、形状、运动模式将物体分类。例如，汽车可以探测是一个骑自行车的人还是一个步行的人。机器视觉（machine vision）是支撑无人驾驶汽车的关键技术之一。通过照相机和激光测距仪雷达等传感器，计算机持续监控道路和周围环境，获得图像并抽取相关信息（如停止标识或路上的物体）。谷歌无人驾驶汽车顶部的旋转式激光测距仪能够计算出 200 米范围内的物体①。3D 照相机甚至可以获得二维相机不能提供的距离信息。模式识别软件，包括光学特征识别程序，能够解释图像中的符号、数字或物体的边缘②。

① 戎飞腾，吴燕华 . 无人驾驶汽车如何解放司机双手？. 南方日报 .2015-11-30，第 A13 版。

② McKinsey Global Institute. Disruptive technologies: Advances that will transform life, business, and the global economy. May 2013.

接下来会发生什么？车载计算机甚至云端的人工智能系统预测汽车周围的物体接下来会做什么。例如，它预测骑自行车的人会骑车经过而步行的人会穿过街道。

我要怎么做？接下来决策和控制系统会为汽车选择一个安全的速度和路线，如避开汽车的人，减速让行人通过。

梦想变为现实的旅程

对于无人驾驶汽车的研究具有很长的历史，可以说汽车发明之后的近百年来，人类一直在追求汽车的无人驾驶梦。历史上的第一辆无人驾驶汽车诞生于 1925 年 8 月，美国陆军的电子工程师 Francis P. Houdina（弗朗西斯·胡迪纳）坐在车里，用无线电波来操控前方汽车的方向盘、离合器、制动器等部件，实现无人化行驶。1956 年，美国通用汽车公司正式对外展出世界第一辆装配汽车安全及自动导航系统的 FirebirdII 概念车。1977 年，日本筑波工程研究实验室开发出基于摄像头监测前方标记或导航信息的自动驾驶汽车。1983 年，美国国防部先进研究项目局（DARPA）支持卡内基·梅隆大学、斯坦福大学和麻省理工大学开展“陆地自动巡航（ALV）”计划，其目的是让汽车通过摄像头检测地形，通过计算机系统计算行驶路线。德国慕尼黑联邦国防军大学的航空航天教授 Ernst Dickmanns 在欧洲道路环境与安全（EUREKA）项目的资助下研发出多辆自动驾驶汽车原型，并于 1994 年以一辆配装摄像头及其他多种传感器的奔驰 S500 轿车在普通交通环境下成功地自动行驶了 1000 多千米[①]。1997 年，无人驾驶汽车

① 无人驾驶汽车的诞生 . 科学 24 小时 .2016（5）。

在加州的一条公路上进行了展示；20 世纪 90 年代末，一辆由电脑代替人类驾驶的汽车在德国城市街道上进行测试；2004 年，美国国防部先进研究项目局成功地让无人驾驶汽车穿越了 Mojave（莫哈维）沙漠；2007 年，6 辆无人驾驶汽车通过美国国防部高级研究计划局“城市挑战”计划，在道路上完全按照交通规则与其他车辆一起行驶；法国在 21 世纪初研发出由电脑控制的自动驾驶汽车。

2010 年，谷歌无人驾驶汽车上路测试将无人驾驶推向公众的视野。谷歌无人驾驶汽车项目最早由 Sebastian Thrun（塞巴斯蒂安·特伦）领导，他是斯坦福大学人工智能实验室的前主任和谷歌街景的共同发明者。在斯坦福时，Thrun 的团队设计了斯坦利机器人汽车，赢得 2005 年美国国防部高级研究计划局举办的第二届“大挑战”（Grand Challenge）大赛冠军和来自美国国防部的 200 万美元资助。

谷歌的领跑引发了无人驾驶汽车的热潮①。各国政府视无人驾驶汽车为未来产业发展的方向，在法律、政策、资金等方面给予大力支持。2010 年，德国柏林自由大学推出名为“德国制造”的无人驾驶汽车试验性车型；2013 年，英国政府拨款 150 万英镑在伦敦北部小城米尔顿·凯恩斯进行别称为“豆荚”的无人自动驾驶汽车实地试验；2013 年，美国密歇根大学批准一项 600 万美元的“安全驾驶”项目，计划在 2021 年向该校所在地的安娜堡市交付无人驾驶汽车车队②。据 2016 年 1 月的报道，美国总统奥巴马提议国会批准在未来 10 年拨款 40 亿美元以加快无人驾驶汽车的研发。

在法律规范方面，美国内华达州在 2012 年批准允许无人驾驶汽车合法上路的法案，使美国成为第一个为无人驾驶立法的国家，内华

---

① 崔金泰 . 无人驾驶汽车——从科幻到现实 . 百科知识 .2014（11）：8-10。

② 杨帆 . 无人驾驶汽车的发展现状和展望 . 上海汽车 .2014（3）：35-40。

达州成为美国第一个接受和允许无人驾驶汽车的州，内华达州车辆管理局向谷歌发放驾驶许可证，使谷歌的无人驾驶车辆成为世界上第一款合法上路的无人驾驶车辆[①]。此后美国的佛罗里达州、加利福尼亚州、得克萨斯州、密歇根州、华盛顿州先后通过立法，准许无人驾驶汽车在道路上进行测试行驶。英国从 2015 年 1 月开始，允许无人驾驶汽车在公路上行驶，并挑选 3 个城市进行为期 18~36 个月的无人驾驶汽车上路测试。2015 年 12 月 16 日，美国加利福尼亚州为全自动无人驾驶汽车制定法律规范。依据相关规定，无人驾驶汽车最早可在 2017 年前上路行驶，从而结束只能试验驾驶的阶段。但是草案规定，无人驾驶汽车不能真的"无人"，它在路上行驶时必须有一个具备驾驶资质的驾驶者坐在驾驶位置，且必须拥有方向盘、油门踏板、制动踏板等传统机动车具备的基本操控装置，以便"具有驾驶资质的人在无人驾驶汽车失灵时可随时接管汽车的操作"。由于无人驾驶汽车的发展方向就是把司机解放出来，由此可以看到目前的法律对无人驾驶汽车的发展仍有很大限制。2016 年 2 月，美国高速公路交通安全管理局（NHTSA）通知谷歌，根据美国联邦法律，谷歌无人驾驶汽车可以被视为司机，但是这一口头表述要成为法律才能真正为无人汽车的发展扫清障碍。整体上来说，美国政府对无人驾驶汽车的发展持支持态度。美国运输部长安东尼・福克斯（Anthony Fox）在 2016 年 1 月 14 日的底特律车展上宣布，美国交通部门将删除美国各州一部分交通安全条例，促使汽车制造商能更顺利地测试其无人驾驶汽车，以加快无人驾驶汽车的发展。美国安全监管机构预计将在六个月内为无人驾驶汽车设立"最佳实践"指导方针，美国高速公路交通安全管理局将在两年内制定自动驾驶和行业安全新标准，并将与美国各州监管机构磋商

① 王宏 . 无人驾驶汽车技术引发全球相关立法革新 . 法律与生活 .2014（10）：40-41。

力争建立全国统一的标准。

无人驾驶汽车在产业界获得高度重视，不仅像谷歌这样的互联网企业早已开始对无人驾驶汽车的测试，奔驰、宝马、福特、丰田、本田、日产、现代、起亚等数十家传统汽车厂商也纷纷开始对无人驾驶汽车进行布局，有十余家公司获得在美国公共道路上测试无人驾驶汽车的许可。截至 2016 年 6 月，谷歌无人驾驶汽车已在无人驾驶模式下测试了 2777585 公里①。国内方面，百度、一汽、上汽、广汽、北汽、长安、比亚迪等企业也涉足无人驾驶领域。百度的无人驾驶汽车在 2015 年 12 月的第二届世界互联网大会上亮相；广汽集团开发了传祺 witstar 无人驾驶汽车；北汽集团与中标麒麟合作开发无人驾驶汽车，前端车载操作系统由中标麒麟操作系统定制而来，后端云平台基于中标麒麟可信云操作系统搭建。2016 年 3 月 31 日，长安汽车与百度签署智慧汽车战略合作协议，双方将在人车互联、自动驾驶方面开展合作，百度将为长安汽车提供 CArLIFE、MyCar 和 CoDrive 三种技术平台和高精度百度地图产品。

在谷歌等互联网公司以及传统汽车制造商的努力下，在世界主要国家政府的支持下，无人驾驶技术进步很快。随着电子地图的普及、定位技术的进步、传感器制造工艺的完善、电脑计算性能的提高、无线网线路的畅通以及人工智能算法研究的进步，无人驾驶汽车离我们越来越近。DMV.com 的分析师预测，无人驾驶汽车将在 10~15 年之内进入主流，谷歌也很有信心在 2025 年发布自动驾驶汽车，尼桑更加乐观地表示将在 2020 年将无人驾驶汽车投入市场②。市场研究公司 HIS 预测，全世界自动驾驶汽车的销量将从 2025 年的 23 万辆增加到

① “Google Self-Driving Car Project Monthly Report”, June 2016.

② James O’Brien. The Driverless Car Tipping Point Is Coming Soon. July8, 2014, http://mashable.com/2014/07/07/driverless-cars-tipping-point/#i.CJbkmp1iqP.

2035 年的 1180 万辆，其中 700 万辆同时具备驾驶员控制和自动控制，480 万辆只具备自动控制。2035 年全球使用中的自动驾驶汽车将达到 5400 万辆。2050 年之后，几乎所有使用中的汽车将都会是自动驾驶汽车[①]。

发达国家对无人驾驶技术的研发已长达几十年，而我国对无人驾驶的研究晚了许多年，因此无人驾驶的核心技术主要掌握在发达国家的企业手中。以车辆定位技术为例，截至 2015 年 12 月 17 日，全球申请人共提交专利申请 1614 件，技术内容涉及无线电定向、导航系统和雷达系统等，丰田公司、谷歌公司、通用电气公司、博世公司、戴姆勒公司分别提交了 57 件、50 件、36 件、36 件、35 件[②]。毫米波雷达技术主要掌握在大陆、德尔福、博世、电装等全球零部件巨头手中。

社会效益与产业影响

为什么要研发无人驾驶汽车

无人驾驶汽车由传感器、计算机和互联网共同操控，不但能将驾驶员完全解放出来，而且在降低交通事故率、提高交通效率、减少能源消耗和温室气体排放方面都将产生巨大的社会效益。

降低交通事故率。据统计，大多数（70%~90%）的交通事故是由

① IHS.Self-Driving Cars Moving into the Industry' s Driver' s Seat. January 2, 2014, http://press.ihs.com/press-release/automotive/self-driving-cars-moving-industrys-drivers-seat.

② 冯飞 . 无人驾驶汽车：专利技术助力发展 . 中国知识产权报 .2015-12-23，第 5 版。

驾驶员的错误造成的[①]。无人驾驶汽车在对周围环境的监控、反应与快速响应能力方面通常都优于驾驶员，而且不存在疲劳驾驶、酒驾等问题。如果无人驾驶汽车普及后形成网络，相近区域的无人驾驶汽车还可以相互传输距离、速度、动作等各种信息。因此，无人驾驶有望大幅度加强交通安全，减少交通事故，从而减少伤亡和财产损失。谷歌公司无人驾驶汽车首席开发人员 Sebastian Thrun 认为，谷歌无人驾驶汽车能使交通事故减少 90%[②]。

提高交通效率。由于无人驾驶汽车的安全性更高，而且取消了传统汽车的方向盘、刹车、油门等部件，可以将汽车尺寸做得更小，从而节约其对道路空间的占用。无人驾驶汽车彼此间联网通信，一辆汽车加速或减速时，周围的其他车辆都会知道，因此可以缩小车辆间的安全距离，同样的公路可以容纳下更多的车辆。通过统一的调控和科学的线路规划，无人驾驶汽车能够优化行驶路线，减少日常消耗在拥堵马路上的时间。无人驾驶汽车还会减少对停车场的需求，在乘客需要时可以随叫随到，因此可以节约大量停车场占地。

减少能源消耗与温室气体排放。无人驾驶汽车带来的交通效率提高、交通拥堵减少、不良驾驶习惯消除、车体的轻型化都可以降低能耗。此外，无人驾驶汽车由于车距靠近引起的风阻减小将能够节约 20%~30% 的燃油消耗，在拥挤城市中心区域不断游荡寻找车位的巨大油耗也将因无人驾驶技术而不复存在；由于获得更充分的利用，无人驾驶汽车可以减少汽车的保有量。美国劳伦斯伯克利国家实验室的两位科学家在《自然·气候变化》杂志上发表的一篇论文估计：2030 年，每辆自动驾驶出租车每英里的温室气体排放会比当前传统的有人

① Hans von Holst, ed., Transportation, traffic safety and health: The new mobility, Springer Publishing, 1997.

② 潘建亮 . 无人驾驶汽车社会效益与影响分析 . 汽车工业研究 .2014（5）：22-23。

驾驶车辆（conventionally driven vehicles，CDVs）低 87%~94%，也要比混合动力汽车在 2030 年的目标低 63%~82%。由于节约了能源，即使年度车辆运行里程、平均速度和车辆尺寸都显著增加，自动驾驶汽车也会降低温室气体的排放。①

解放人类驾驶员。无人驾驶汽车无须人来操作，因此降低了“驾车”的门槛，无论是男女老幼甚至是残疾人都可以使用无人驾驶汽车。更重要的是，无人驾驶汽车将使世界上数以亿计的人不用再花费大量的时间在开车上。据测算，美国车主平均每年花费 750 个小时用于驾驶，相当于四个月的工作日长度；而欧洲平均花在驾驶上的时间高达 300 个小时②。按每天最多 50 分钟计算，那么全球所有无人驾驶汽车产生的时间冗余约为 10 亿个小时，是建造吉萨大金字塔所需时间的两倍。

图 5–3　被解放的人类驾驶员

哥伦比亚大学地球研究所 2013 年发布的《转型中的个人移动》

① Jeffery B. Greenblatt &SamvegSaxena. Autonomous taxis could greatly reduce greenhouse-gas emissions of US light-duty vehicles. Nature Climate Change 5, 860–863（2015）.

② Mobility choices: Consumers at the wheel, McKinsey & Company survey, June 2012.

显示，密歇根州安娜堡的共享型无人驾驶车队，以每位乘客每年移动 1.6 万公里计算，可以减少 20% 的成本；4000 辆共享汽车就可满足佛罗里达州正在建设的“绿色城市”——巴布科克兰奇（Babcock Ranch）5 万名居民的出行需求；纽约曼哈顿 9000 辆无人驾驶汽车可以有效替代 1.3 万辆黄色出租车，成本仅是现有出租车队的 10%~15%。[①] 麦肯锡估计，由安全性改善、时间节约、生产率提高以及更低的燃油消耗和温室气体排放带来的经济收益到 2025 年将会高达 2000 亿~19000 亿美元。最重要的是对驾驶员时间的节约、道路安全的改善和汽车营运成本的降低。如果每小时驾车时间的价值按 2~8 美元计算，到 2025 年，价值 1000 亿~10000 亿美元的时间能被节约出来；每年全球能够减少 3 万~14 万人死于车辆；通过使用自动驾驶技术，能够节约 15%~20% 的燃料，每年 CO_2 排放能减少 2000 万 ~1 亿吨。[②] 而国内的一项估算显示，按照无人驾驶汽车降低 50% 的交通事故和减少 50% 的通勤时间计算，我国每年交通事故将减少 10 万起，死亡人数减少 3 万人，受伤人数减少 10 万人，事故相关费用节省 150 亿元人民币，通勤时间节省 6 亿个小时，燃油节省 10 亿升，通勤节省近 200 亿元人民币[③]。

无人驾驶汽车如何改变汽车产业

无人驾驶汽车是汽车产业的革命，它不但将会颠覆汽车产业现有的产业格局，而且还将使其他汽车相关产业发生翻天覆地的变化。

---

① 未来无人驾驶汽车将如何改变交通生态，http://news.xinhuanet.com/auto/2014-08/25/c_126913425.htm。

② McKinsey Global Institute. Disruptive technologies: Advances that will transform life, business, and the global economy. May 2013.

③ 潘建亮．无人驾驶汽车社会效益与影响分析．汽车工业研究 .2014（5），22-23。

无人驾驶汽车将颠覆现有的产业格局。决定传统汽车竞争力的关键之一是方向盘、挡位、刹车等各种人机交互界面操控体验的好坏，但是无人驾驶汽车完全不同于传统汽车，它把对车辆的操控完全交给汽车的控制系统，因此决定汽车乘坐体验的关键就在各种传感器、信息处理和控制决策系统，也就是说，从传统汽车的机械部件转变为IT软件、硬件系统。未来无人驾驶汽车也将拥有自己的操作系统和技术标准，无人驾驶汽车之间按照可兼容的标准传递信息，各种软件在操作系统之上运行。因此无人驾驶汽车对汽车产业的新进入者而言是一个难得的机遇，这也是以谷歌、百度为代表的互联网企业能够进入无人驾驶汽车领域并引领产业发展的重要原因。由于网络经济具有典型的赢家通吃特点，早期进入无人驾驶领域的企业可以通过建立操作系统和各种界面标准确立自己的垄断地位，并建立围绕自己主导标准的产业生态系统，而后来者很可能被边缘化。实际上，互联网公司进入无人驾驶领域的目的可能不在于造车，而在于掌控无人驾驶汽车的操作系统这一平台，从而获得相应衍生服务的控制权。因此，世界主要汽车大国、传统汽车制造企业和互联网公司都纷纷进入无人驾驶汽车领域，以期获得在无人驾驶汽车产业的主导权。当前汽车产业的另一个发展趋势是新能源汽车。未来无人驾驶将与新能源结合起来，创造一个智能化、低碳化的新型汽车产业。

无人驾驶汽车将带动与其相关的上下游产业的发展。由于无须人类操控，机器视觉系统、传感器、人工智能等新型部件将取代方向盘、油门、刹车等传统汽车中必不可少的部件，因此无人驾驶汽车的发展将会给新型电子元器件、车联网、GPS 导航、新一代互联网、人工智能等新技术、新产品创造上万亿元的市场机会。随着这些新技术的成熟和利用，无人驾驶汽车的上下游产业将成为新的产业增长点。对于无人驾驶汽车产业的整车企业来说，除了加快开发并掌握核心技术外，还需要打造一个新的产业生态系统。

无人驾驶汽车将会创造新的商业机会。由于无须人来驾驶，无人驾驶汽车能将驾驶员解放出来，只需要提前完成设定，无人驾驶汽车就可以把乘客送到目的地，因此他们可以利用在路途中的时间工作、看新闻、听音乐、看电影、打游戏或者睡觉。无人驾驶节约的全球 10 亿个小时的时间盈余蕴藏着无限商机，通过投资于原本是驾驶员的乘客的空闲时间——譬如专为汽车设计的娱乐服务或提高工作效率的工具，可以发展新的商业模式[①]。

改变传统汽车产业的商业模式。当下，汽车厂商主要通过销售汽车获得收入。而在无人驾驶汽车占主流的时代，汽车厂商需要从以加工制造为主向制造业的服务化转型，即通过提供更多的服务获得收入和利润。一方面，汽车厂商可以进入在途休闲娱乐服务市场，通过在车中安装显示终端掌握车载娱乐入口，并以此为平台提供各种娱乐服务；另一方面，无人驾驶汽车的乘客无须自己驾驶汽车，个人不再需要自己获得汽车的所有权，而只要获得附载于车辆之上的客运服务。对于汽车厂商来说，在车联网、人工智能等技术的支持下，他们能够科学地规划车辆的行进路线；如果他们拥有大量的车辆，就可以实时响应用户的用车需求，因此汽车厂商可以从销售汽车向提供用车服务转型。对于个人拥有的无人驾驶汽车来说，可以在自己不用车的时候，将汽车分享给其他人使用——现在的出行分享还需要车主驾车，从而使分享经济获得更大的发展。

① Mobility choices: Consumers at the wheel, McKinsey & Company survey, June 2012.

甘蔗没有两头甜

无人驾驶汽车在展现诱人前景带来的各种好处的同时，一些行业和人员也将成为无人驾驶汽车的受损者。显而易见的是，由于不需要人来驾驶，无人驾驶汽车将会减少对出租车司机、卡车司机、公共汽车司机等各类职业司机的需求。交通事故的减少意味着保险、汽车修理需求的萎缩。未来，保险公司将按照出行时间、路线、天气条件以及车上成员情况对用户指定的某段旅途进行综合报价，汽车修理厂商（也可以由汽车厂家直接提供）可以依托车联网获得的数据，提供汽车运行状况监测和实时诊断服务。

成本、法律及道德挑战

尽管无人驾驶汽车发展迅速，前景美好，但仍然存在多方面的制约因素。

技术以及相应的成本问题

无人驾驶汽车要利用车载传感器用于车联网感知车辆周围环境，并将数据传输给电脑由其迅速做出反应，控制车辆的转向和速度，从而使车辆安全、可靠地行驶[①]。虽然计算机、人工智能的运算能力远超过人脑，但这些技术的发展还远谈不上完美。例如，强光照射、积雪等恶劣行驶环境会对环境感知系统带来影响；在一些物体的识别（如

① 吴影 . 无人驾驶汽车：潘多拉魔盒还是阿拉丁神灯？. 中国工业报 .2014-9-26，第 B01 版。

水洼和深坑）、感知复杂的人类手势信号等方面与人类仍有差距[①]。在由传统汽车向无人驾驶汽车过渡的时期，如何解决两种汽车混行的问题也是一个巨大的挑战。由于无人驾驶汽车依赖于高速、安全的信息传输网络，这就可能使黑客入侵导致车辆被远程控制；无人驾驶会产生大量关于用户行踪、出行习惯、位置、使用车载娱乐服务等数据并存储在汽车制造商、无人驾驶系统供应商、卫星导航服务商等处，这些涉及用户隐私的数据存在泄露的风险。此外，当前的无人驾驶技术仍处于研发阶段、尚未大规模量产，各种传感器和控制系统的成本很高。例如，谷歌无人驾驶汽车的成本超过 30 万美元，甚至高于豪华跑车的价格，如此高昂的价格很难进入大众消费市场（见表 5–1）。

表 5–1　谷歌无人驾驶汽车成本表

主要部件	预估成本（美元）
用于改装的汽车	30000
各种传感器	250000
雷达	20000
摄像头	5000
激光测距仪	8000
GPS	2500
车轮编码器	2500
惯性测试单元	7000
其他材料	5000
改装费	20000
合计	350000

资料来源：转引自杨帆无人驾驶汽车的发展现状和展望．上海汽车 .2014 (3)，35-40

① 中科．无人驾驶汽车安全行驶的三大系统．科学大观园 .2016（13），7-8。

法律问题

尽管无人驾驶汽车会减少交通事故，但是完全避免交通事故也是不可能的。作为测试时间最长的无人驾驶汽车——谷歌无人驾驶汽车从 2009~2015 年道路测试总里程达到约 130 万英里（约合 209 万公里），其间共发生了 11 起小事故。而特斯拉在 2016 年 6 月 30 日证实，一辆该公司生产的 S 型电动轿车在 Autopilot 自动驾驶模式下发生撞车事故，导致司机身亡。这次事故是美国首例涉及汽车自动驾驶功能的交通死亡事故。与普通汽车相比，无人驾驶汽车由于将汽车的操控权交给汽车，无人驾驶汽车行驶过程中发生事故的责任是属于汽车所有者还是汽车制造商，抑或提供汽车无人驾驶服务的公司？该负多大程度的责任？适用何种法律和规章？在从传统汽车向无人驾驶汽车的过渡时期，无人驾驶汽车是否需要适应人类的驾驶行为？这些问题还都处于法律法规的灰色地带。好消息是，一些汽车公司开始主动探索破解这一法律难题。例如，沃尔沃在 2014 年宣布，事故发生时如果处于手动操作模式，司机对事故负责；如果处于自动驾驶状态，沃尔沃将承担全部责任。

无人驾驶汽车面临的道德挑战

美国哈佛大学迈克尔·桑德尔（Michael J. Sandel）教授在公开课“公正：该如何做是好”（Justice: What’s the Right Thing to Do?）的第一讲提出一个虚构的问题：假设你驾驶着一辆以每小时 60 英里时速的有轨电车沿轨道疾驰，前方有 5 个工人手持工具站在轨道上。你试着停下来，但刹车失灵了。突然你注意到右边一条岔道上也有 1 个工人。如果你沿着既定轨道前进，5 个工人将全部被撞死；如果将电车拐向岔道，会撞死 1 个工人但会挽救另外 5 个。但是与那 5 个工人相比，这 1 个工人与电车刹车故障的关系更小，毕竟不是他而是那 5 个工人站在电车原定的行驶轨道上。如果是你，你将会如何做出决定？

这原本只是一个杜撰的道德困境，但这一困境投射到无人驾驶汽车领域却是一个真实的存在。当无人驾驶汽车在事故发生在所难免时，它该如何做出权衡或选择？是优先保护车上的驾驶人员和乘客，还是优先保护路上的行人？是选择撞向路左边的人，还是右边的人？是撞向一名成年人，还是一名儿童？是撞向道路上的多个行人，还是撞向路边的一个无辜看客？对于传统的有人驾驶，这也许不是个大问题，驾驶员会根据自己的本能做出反应并承担相应的责任甚至法律处罚。但对于无人驾驶汽车来说，决策权交给了汽车的控制系统，而控制系统的判断与决策又是根据汽车厂家内置的程序做出的。那么，交通事故中相关各方的身家性命是否应该交到汽车厂家手里？它做出决策优先级排列的依据又是什么？

人类自身面临的道德伦理困境，在无人驾驶汽车这里有可能被进一步放大。因此，过去几年中无人驾驶汽车虽然以超出人们预判的速度疾驰向市场，但一旦真的要交出手中的方向盘，无人驾驶汽车能否带我们驶向明天，仍难免令人忧心忡忡。而当我们回想最初的汽车竟然在没有红绿灯的路上“横冲直撞”，充满危险又让人欲罢不能，即便现代交通体系已经不允许新技术和新产品如此试错，这一切似乎又不需要如此惴惴不安了。相信人类有能力逐步解决无人驾驶汽车带来的各种问题和挑战，引领新产业、新市场的发展，迎来前所未有、无与伦比的驾乘体验。

第 6 章　石墨烯：碳时代的“黑金”[①]

人潮中愈文静愈变得不受理睬

自己要搞出意外

像突然地高歌

任何地方也像开四面台

——陈奕迅《浮夸》

材料是人类赖以生存和发展的物质基础，推动着整个人类文明的演化。从木石泥，到铜铁钢，再到硅晶片、碳纤维，历史经验表明，人类社会每一个新时代都会有一种新材料出现，而这种新材料往往成为那一时代生产力提升的“发动机”（见专栏 6–1）。21 世纪，材料尤其是新材料仍将是支撑现代工业发展的基石。新材料主要是指那些新出现或已在发展中的、具有传统材料所不具备的优异性能和特殊功能的材料，在传统产业转型升级与战略性新兴产业发展中均起着基础性和先导性作用，其技术水平及产业化程度，已成为衡量一国经济与科技实力的重要标志。当今世界工业强国除了是技术强国之外，皆是材料强国。正因如此，我国将新材料产业列入战略性新兴产业之中重点发展，也是《中国制造 2025》力推“工业强基”

① 杨丹辉对本章内容做了补充和修改。

的出发点。

进入21世纪，人类材料利用将全面进入碳的时代，而石墨烯（Graphene）将成为这一新时代的标志性新材料。石墨烯在光、电、磁、力学等方面具有优异的性质，并具有广阔的应用前景。在未来石墨烯有望代替硅应用于集成电路，替代氧化铟锡（ITO）制备超高效太阳能电池及可折叠的显示器。因此，石墨烯被形象地称为“黑金”“万能材料”“新材料之王”“未来材料”和“革命性材料”，甚至有科学家预言其极有可能掀起一场席卷全球的颠覆性新技术革命，进而彻底改变21世纪。

专栏6-1

材料沉浮：从石器时代到“碳时代”

旧石器时代，人类通过简单地加工石器、木材等材料和工具来狩猎和生存。

新石器时代，随着石器加工制作水平的提高，出现了制陶、纺织等原始手工业。

青铜时代，青铜凭借硬度高，熔点低，比石器易制作且耐用的特点，促进了农业和手工业的出现。

铁器时代，由铁制作而成的各种农具、手工工具的广泛应用，极大地提高了社会生产力的发展。

工业革命以来，钢、水泥等材料的出现与大范围应用，使得工厂、铁路、桥梁、高楼大厦等各种现代设施应运而生，推动人类社会从农业和手工业社会步入工业社会。

20 世纪，硅材料的突破带来了硅芯片和信息革命，赛璐珞促进了电影的诞生，铝合金和镍超合金让我们制造出喷气发动机，医用和牙科陶瓷使我们有能力重塑自己，超强金属玻璃帮助我们制造出精密光学仪器。

21 世纪，人类将进入“碳时代”，新材料仍将是新科技的基石和新产业的界碑。

“黑金”有多黑

两个“年轻”的诺贝尔奖得主

2010 年 10 月 5 日，瑞典皇家学院宣布了当年诺贝尔物理学奖获奖者及其获奖理由：安德烈 · 海姆（Andre Heim）和康斯坦丁 · 诺沃肖洛夫（Konstantin Novose-lov）制备出了石墨烯材料，并发现其所具有的非凡属性，向世界展示了量子物理的奇妙。

这项获奖成果无论是从其理论演进历程来看，还是获奖者的资历来看，在近 30 年来诺贝尔奖历史上都是比较独特的。与如今诺贝尔奖成果动辄需要几十年理论和实践检验以及获奖者往往已是古稀甚至耄耋老人的情况相比，石墨烯这一“黑金”及其获奖者都显得如此“年轻”。从其在实验室诞生那一刻起到摘下科学皇冠上的明珠仅用了 6 年时间，而两位获奖者当年分别是 52 岁和 36 岁！此情此景使人仿佛回到了爱因斯坦和居里夫人获奖的年代。这似乎在某种程度上再次彰显出石墨烯在物理和材料科学中“真金白银”的分量。

实际上，石墨烯的理论研究距今不过 60 多年的历史，其曾被认为是假设性的结构，无法单独稳定存在。现实中，人们常见的石墨就是由无数层石墨烯堆叠在一起构成的（厚 1 毫米的石墨大约包含 300 百万层石墨烯），用铅笔在纸上轻轻画过，留下的痕迹就有可能是一层或数层石墨烯。由于石墨的层间作用力较弱，很容易互相剥离成薄薄的石墨片。如果能找到方法将石墨薄片进一步剥成只有一个碳原子厚度的单层，就能得到石墨烯。正是基于这一原理，英国曼彻斯特大学物理学家安德烈·海姆和康斯坦丁·诺沃肖洛夫在 2004 年用机械剥离法首次成功地在实验中从石墨中分离出石墨烯——一种由乙苯环结构（即六角形蜂巢结构）周期性紧密堆积的碳原子构成的二维碳材料。特殊的结构使得石墨烯成为构成其他石墨材料的基本单元，它既可以翘曲成零维的富勒烯（巴基球），也能卷成一维的碳纳米管，还可以堆垛成三维的石墨（见图 6–1）。不过，石墨烯最出名也最古怪的一点，即它是二维材料。它当然有厚度，只不过只有一个碳原子那么厚，稍微薄一点或者厚一点都不是石墨烯。如果加一层碳原子到石墨烯上，它就变回石墨；如果从石墨烯中取走一层碳原子就什么也不剩了。石墨烯的发现不仅打破了自然界中不可能存在二维结构物质的传统观念，极大地充实了碳材家族，还为促进传统产业转型升级、引领战略性新兴产业快速崛起找到了关键材料。

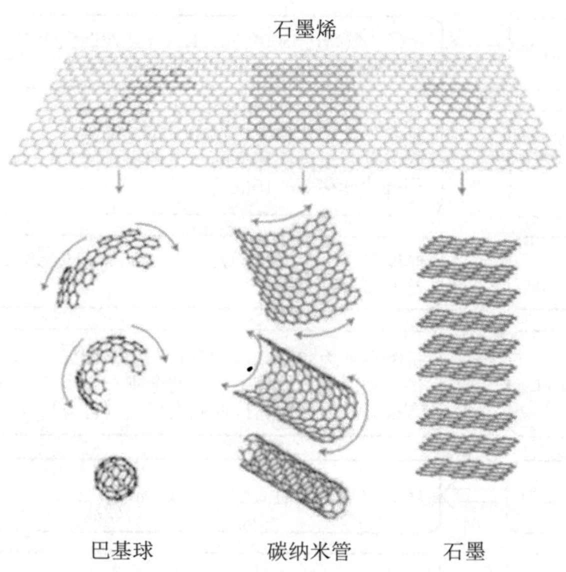

图 6–1　石墨烯微观结构及其构建各种碳材料示意图

资料来源：作者根据 enago.com 等有关材料整理编制

神奇的“万能材料”

石墨烯有多神奇？ 1 平方米石墨烯材料[①]如果做成吊床仅重 1 毫克，而这 1 毫克重的材料上可以站上 1 只体重 1 千克的猫！

石墨烯的“神奇”特性是由其独特的结构赋予的。这种万能材料用肉眼观察呈黑色粉末状，握在手里轻若无物，但却是目前人类已知的导电导热性最佳、重量最轻、强度最大、韧性最好并具有极高透光率和高比表面积的材料（见图 6–2）。

① 石墨烯材料泛指单层、双层和少层石墨烯（3~10 层），超过 10 层的石墨烯层结构一般被认为是石墨薄膜。目前，石墨烯材料按形貌可分为石墨烯纳米片、纳米线、纳米带和膜等；按状态主要分为石墨烯和氧化石墨烯，两者均有固体粉末和液态浆料两种形态。

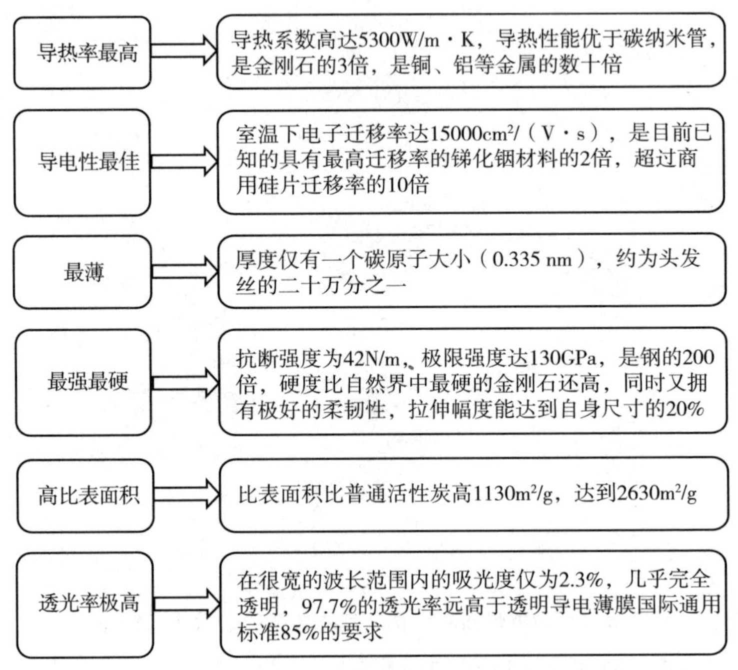

图 6–2　单层石墨烯的独特性质

资料来源：作者根据有关材料整理编制

如何得到石墨烯

目前，制备石墨烯有 4 种主流方法：机械剥离法、化学气相沉淀法（CVD）、碳化硅（SiC）外延生长法和氧化还原法（见表 6–1）。其中，机械剥离法是实验室制备石墨烯的主要方法，也是当前制取单层高品质石墨烯的主要方法；化学气相沉淀法被认为最有希望制备出高质量、大面积的石墨烯，是产业化生产石墨烯薄膜最具潜力的方法；碳化硅外延生长法虽然可以制得大面积的高质量单层石墨烯，但受单晶 SiC 的价格昂贵、石墨烯生长条件苛刻、生长出来的石墨烯难以转移等因素影响，其目前主要用于以 SiC 为衬底的石墨烯器件的研究；

氧化还原法也被认为是目前制备石墨烯的最佳方法之一，且还可以先生产出同样具有广泛应用前景的功能化石墨烯——氧化石墨烯。

表 6–1　石墨烯的主要制备方法比较

制备方法	制备过程	优点	不足
机械剥离法	利用胶带的黏力，通过多次粘贴将石墨层层剥离， 然后将带有石墨薄片的胶带粘贴到硅片等目标基体上，最后用丙酮等溶剂去除胶带，从而在硅片等基体上得到单层和少层的石墨烯	制备方法简单，可成本低获得高品质石墨烯	产量低，难以实现石墨烯的大面积和规模化制备，且产物中通常残留剥离媒介
化学气相沉淀法	将碳氢化合物甲烷、乙醇等通入高温加热的金属基底 Cu、Ni 表面，反应持续一定时间后进行冷却，冷却过程中在基底表面便会形成数层或单层石墨烯，此过程中包含碳原子在基底上溶解及扩散生长两部分	简单易行，能大面积制备石墨烯，制得的石墨烯较为完整、质量较高	转移基体有一定难度（转移时可能出现缺陷），所得石墨烯难以运输，制备成本较高
碳化硅外延生长法	利用硅的高蒸气压，在高温（通常>1400℃）和超高真空（通常<10^{-6}Pa）条件下使硅原子挥发，剩余的碳原子通过自组形式重构，从而得到基于 SiC 衬底的石墨烯	可以获得大面积的单层石墨烯，并且质量较高	高温工艺，SiC 基板价格昂贵，生长条件苛刻，不易进行层控制，很难从 SiC 基板转移
氧化还原法	先用强氧化剂浓硫酸、浓硝酸、高锰酸钾等将石墨氧化成氧化石墨，氧化过程即在石墨层间穿插一些含氧官能团，从而加大了石墨层间距，然后经超声处理一段时间之后，就可形成单层或数层氧化石墨烯，再用强还原剂水合肼、硼氢化钠等将氧化石墨烯还原成石墨烯	操作简单，制备成本低，能够大规模地制备出石墨烯	很难制备没有晶界的高品质石墨烯薄片，大量制备易带来废液污染

资料来源：作者整理

石墨烯的颠覆性应用

凭借自身良好的光、电、热、力等性能，石墨烯具有诸多超乎想象的功能。例如，在塑料里掺入 1% 的石墨烯，就能使塑料具备良好的导电性；加入 1‰的石墨烯，能使塑料的抗热性能提高 30℃。在理论上，石墨烯作为储能材料、复合材料、结构材料、功能材料在能源、电子信息、生物医药、环境保护等领域拥有广阔的应用前景（见表 6–2）。利用电子迁移率高、耗能低、散热性强与体积小等特点，石墨烯目前最有潜力的应用是替代硅成为下一代的芯片材料，生产出运行速度远超现在数百倍的超级计算机，并为方兴未艾的无人驾驶技术提供强大的运算力支持。用石墨烯制成的电池能让手机充电 5 秒就实现电池满格，并可连续使用达半个月，能让新能源电动汽车充电 10 分钟行驶 1000 公里（超过传统汽车的续航水平）。用石墨烯制成的柔性触摸屏能让手机、Pad 等电子设备随意弯曲。石墨烯良好的生物相容性，让其可以用于药物载体和制作人造骨骼。比起微米级的细菌，纳米级的石墨烯要比其小 1000 倍，这使石墨烯能如利刃般直接把细菌杀死，故而利用石墨烯制成的新型抗菌药能替代抗生素，以解决抗生素滥用问题。利用石墨烯的吸附、“零渗透”性能，可以用其治理水污染、大气污染、土壤污染与谈化海水。优异的机械性能可以让石墨烯取代铝、钢成为制造各种设备、器件的新型材料，制造出超薄超轻型的飞机汽车、超轻超坚韧的防弹衣、高强度橡胶、塑料等产品。用石墨烯制造的射频器件可以实现超高速、超低噪声、超低功率的射频电路，对通信、电子战、雷达及其他国防系统将产生重大影响。

放眼未来，如果石墨烯的性能被彻底发挥出来，那么大数据、物联网、云计算、智能设备等各项前沿领域将会取得重大突破，不仅将会实现“万物互联”，人们习以为常的生产生活方式也会被彻底颠覆。单单是畅想未来，你可以穿着由石墨烯制成的超薄超轻的衣物，坐在依靠石墨烯电池驱动的新能源汽车里，还能够用石墨烯手机实时操控家里、办公室里的各种设备，就足以让人血脉扩张！

表 6–2　石墨烯的主要应用领域

能源	超级电容器、太阳能电池、锂离子电池、燃料电池、铅酸电池、锂硫及锂空电池
电子信息	芯片、柔性触摸屏、超微型晶体管、电子纸、LED、光子传感器、导电油墨
新材料	电磁屏蔽材料、隐型材料、金属复合材料、防护涂料、橡胶复合材料、新型纤维及织物、建筑材料
生物医药	药物载体、生物诊断、荧光成像、生物监测、抗菌药物、人造骨骼
环境保护	污水处理、大气污染治理、土壤治理、海水淡化

资料来源：作者整理

决战新材料之巅

鉴于石墨烯无与伦比的性能及其蕴含的巨大应用潜力，加之 2010 年诺贝尔物理学奖颁发给石墨烯发现者产生的轰动效应，世界各国政府、科技界与产业界都在不遗余力地推动石墨烯技术研发与产业化发展，以企业、高校和科研机构为主力军的石墨烯技术的基础研究和应用研究正在如火如荼地进行。

各国的战略战术

截至目前，全球已有 80 多个国家和地区开展石墨烯及其应用研究[①]。美国、欧盟、日本、韩国等国家和地区已经意识到石墨烯极有可能是一种影响未来国家核心竞争力的关键材料，先后从国家战略高度进行部署，竞相发布多项支持石墨烯研究的政策和扶持计划（见表 6–3），加大对石墨烯技术研发及商业化应用的支持力度，力争把握石墨烯技术革命和产业革命带来的机遇。

➢ 美国主要通过国家自然科学基金会（NSF）和国防部开展一系列石墨烯研究项目，重点布局石墨烯在超级电容器和下一代更小、更快的电子器件等前沿领域的应用。欧盟将石墨烯列入“未来新兴技术旗舰项目”，计划 10 年内提供 10 亿欧元资助石墨烯项目研究。

➢ 英国作为石墨烯的诞生地，于 2011 年将石墨烯列为四大战略性新兴产业之一，并投入大量资金支持石墨烯技术商业化应用。

➢ 德国重点支持适合石墨烯基电子设备的制备；石墨烯电子、结构、机械、振动等性能表征与操控；石墨烯纳米结构制备和表征及性能操控。石墨烯与衬底材料、栅极材料相互作用的理解和控制以及石墨烯的理论研究等。

➢ 日本早在 2007 年就已经开始对石墨烯硅材料、器件等有关技术进行资助。

➢ 韩国计划在 2012~2018 年向石墨烯领域提供 2.5 亿美元用于资助石墨烯技术研发与商业化应用。总体来看，当前及未来 5~10 年之内，世界各国的支持政策仍将主要集中在石墨烯产业链中游——石墨烯功能器件研发，以加快石墨烯产业化应用步伐。

① http://www.escn.com.cn/news/show-331871.html.

表 6–3　全球主要国家和地区发布的支持石墨烯研究的政策

国家和地区	主要政策
美国	2008 年，美国国防部先进项目研究局（DARPA）投资 2200 万美元研发超高速和低耗能的石墨烯晶体管，用于无线通信、网络、雷达和成像等多个领域。2010 年，美国联邦政府提出 45 亿美元巨资资助石墨烯的计划，力图在石墨烯研发的最前沿领域取得领跑地位。2002~2013 年，美国国家自然科学基金会关于石墨烯的资助项目有近 500 项，涵盖石墨烯研究和应用的各个领域，重点支持石墨烯复合材料研究、石墨烯电子器件开发、场效应晶体管和存储器件开发、石墨烯连续制备工艺与生物传感器等。2014 年，美国国家自然科学基金会投入 1800 万美元、美国空军科研办公室投入 1000 万美元支持石墨烯及相关二维材料基础研究
欧盟	2013 年初，欧盟委员会将石墨烯列入“未来新兴技术旗舰项目”，10 年提供 10 亿欧元资助石墨烯材料研究。2014 年 2 月，欧盟未来新兴技术（FET）石墨烯旗舰计划发布了首份科技路线图，其研究重点聚焦于半导体器件的集成、传感器、光电子学、生物界面等方面
英国	2011 年，英国将石墨烯列为四大战略性新兴产业之一，投入 5000 万英镑打造全球领先的石墨烯研发和产业化中心。2012 年，英国又追加 2150 万英镑资助石墨烯的商业化探索研究。2014 年，英国宣布资助 1900 万英镑投资设立“石墨烯创新中心”
德国	德国科学基金会（DFG）2009 年宣布开展为期 6 年的“石墨烯新兴前沿研究项目”。2010 年 DFG 启动优先研究项目——石墨烯（SPP1459），包括 38 个研究项目，前 3 年预算经费为 1060 万欧元
日本	日本学术振兴机构（JST）从 2007 年起对石墨烯硅材料、器件的技术进行资助。经济产业省 2011 年实施的“低碳社会实现之超轻、高轻度创新融合材料”项目，重点支持了碳纳米管和石墨烯的批量合成技术，研究期间为 2011~2016 年，研究经费为 9 亿日元
韩国	2012~2018 年，韩国原知识经济部预计向石墨烯领域提供 2.5 亿美元的资助，其中 1.24 亿美元用于石墨烯技术研发，1.26 亿美元用于石墨烯商业化应用研究

资料来源：作者整理

商业巨头的排兵布阵

在企业层面，据不完全统计，全球有近 300 家公司涉足石墨烯研究[①]。IBM、英特尔、美国晟碟、陶氏化学、通用、杜邦、宝洁、三星、苹果、谷歌、飞利浦等国际巨头不仅自身投入大量的人力、物力和财力用于石墨烯研究，还积极与大学、科研机构等合作进行石墨烯技术研发与商业化应用，期望石墨烯能为其带来巨大的收益。在此过程中，国外企业在石墨烯产业化应用领域出现了一系列标志性事件，并取得了一些重大成果（见表 6–4）。如早在 2010 年 IBM 就已经研制出运行速度超快的石墨烯晶体管，其最大频率可以达到 230GHz，远超过现在硅基晶体管的运行速度。

表 6–4　跨国公司在石墨烯产业化应用领域的成果和标志性事件

年份	企业 / 科研机构	事件 / 成果
2008	美国 IBM	开发出第一个石墨烯晶体管
2009	日本富士通	用石墨烯制作出几千个晶体管
2010	美国 IBM	发布了栅长 240nm、截止频率 230GHz 的石墨烯场效晶体管（FET）
	韩国三星	发布栅长 180nm、截止频率 202GHz 的石墨烯场效晶体管（FET）
2011	美国 Angstron	开始生产石墨烯基超级电容器电极
	美国 IBM	研制出首款由晶圆尺寸石墨烯制成的集成电路
	韩国三星	研发出 30 英寸石墨烯片

① http://finance.china.com.cn/roll/20160804/3843209.shtml.

续表

年份	企业 / 科研机构	事件 / 成果
2012	美国 IBM	利用单层石墨烯制成透明电极的有机发光二极管（OLED）元件
	芬兰诺基亚	开展石墨烯光电传感器研究
2014	日本东芝	制成 $10cm^2$ 大石墨烯与银纳米线复合透明电极
	英国 2DTech 和澳大利亚 Dyesol	合作开发石墨烯增强固体染色敏化光伏电池
	美国 Biogenic Reagents	开始石墨烯—碳超吸附碳产品商业化
	美国 Graphene 3D Lab	成功开发出世界上首款 3D 打印的石墨烯电池原型
	美国 IBM	制备出世界上首个多级石墨烯射频接收器
	英国 Plastic Logic 和剑桥大学	成功研发出全球首款石墨烯柔性显示屏原型产品
	西班牙 Graphenano 公司同科尔瓦多大学	合作研究出了首例石墨烯聚合材料电池原型
2015	加拿大 Sunvault 和爱迪生电力	创建全球最大的 10000 法拉第石墨烯超级电容器
2016	英国 Briggs 汽车公司	制造出全球第一台使用石墨烯作为车身材料的汽车

资料来源：作者整理

多管齐下的产业化进展

在政府、企业与科研机构的重视支持下，发达国家和地区在石墨烯的基础理论、制备技术与商业化应用得到了长足发展，并在石墨烯原料制备与商业化应用领域涌现出一批代表性企业，其主要产品包括用化学气相沉积法（CVD）规模化生产石墨烯、石墨烯薄膜、石墨烯粉体、石墨烯制备设备、电子器件、超级电容器、石墨烯油墨等（见表 6–5）。不过，目前不同国家和地区石墨烯产业的发展存在一定的异质性。美国已经形成相对完整的石墨烯产业链，涵盖了石墨烯制备及应用研究、石墨烯产品生产与石墨烯下游应用全环节。这主要归功于其国内良好的创业环境催生了众多小型石墨烯企业，再加上 IBM、波音、英特尔等诸多大型企业对石墨烯研发的重视及许多新型高新技术企业积极开展相关研发活动，使得美国在石墨烯产业化和应用方面处于全球领先位置。欧盟拥有诺基亚等大型企业以及众多小型专业化石墨烯企业，主要从事石墨烯薄膜、石墨烯粉体、石墨烯复合材料制备，下游应用环节发育程度有限，未像美国一样形成相对完整的产业链。英国有多家大型企业从事石墨烯技术的开发及商业化推广，同时涌现出众多专门从事石墨烯研发的新兴企业，产业格局与欧盟大体相似。韩国和日本主要集中在 CVD 石墨烯薄膜制备及其在电子器件领域中的应用，在部分应用领域具有突出优势。如韩国三星公司已研制出首款石墨烯电子晶体管器件；日本富士电机在太阳能电池开发领域处于领先地位，其研制的石墨烯片导电率高达氧化铟锡（ITO）的数倍，能保证 90% 的光透射率，达到充分满足各项性能指标水平。

表 6–5　全球主要石墨烯原料与应用企业及其代表产品

国家或地区	石墨烯原料企业及代表产品	石墨烯应用企业及代表产品
美国	XG Science（石墨烯粉体）	IBM（石墨烯场效应晶体管）
	Angstron Matertials（石墨烯纳米片）	Carbon Sciences（云计算用石墨烯设备）
	CVD Equipment（CVD 设备）	波音（航空结构材料）
	Graphene Frontiers（石墨烯薄膜）	Graphene 3D Lab（储能用复合电极材料、石墨烯增强型 3D 打印材料）
	ACS Material LLC（石墨烯纳米片及薄膜）	Nanotek Instruments（石墨烯超级电容器、燃料电池）
	NanoIntegris（石墨烯纳米片及溶液）	Cabot Corporation（石墨烯导电添加剂）
	Graphene Technologies（石墨烯）	Graphene Technologies（高分子导电油墨）
	Allotropica Technologies（石墨烯片）	Graphene Frontiers（生物、化学传感器）
		Solan（石墨烯光电器件）
		HRL Laboratories LLC（石墨烯薄膜场效应晶体管）
		Vorbeck Materials（石墨烯基导电油墨）
		Graphene Energy（超级电容器）
		Xolve（储能）

续表

国家或地区	石墨烯原料企业及代表产品	石墨烯应用企业及代表产品
英国	Thomas Swan（石墨烯纳米片）	Haydale（石墨烯墨水、涂料、传感器、光伏、储能）
	Haydale（功能化石墨烯纳米片）	Cambridge Nanosystems（石墨烯油墨、分散液）
	Cambridge Nanosystems（单层石墨烯粉体）	夏普实验室（储能产品）
	Perpetuus Advanced Materials（石墨烯纳米片）	M-SOLV（触摸屏）
	Graphene Research（大面积石墨烯片）	Namo Products（印刷电子产品）
	Applied Graphene Materials（石墨烯粉体）	Applied Graphene Materials（高分子复合材料）
	Bluestone Global Tech Mater （石墨烯薄膜）	Plastic Logic（石墨烯柔性显示屏原型）
	BGT Materials（CVD 石墨烯）	Flex Enable（柔性电子技术）
	Graphene Industries LTD（石墨烯）	BGT Materials（石墨烯场效应晶体管、石墨烯油墨）
德国	AMO（石墨烯片、定制基底石墨烯）	AMO（石墨烯晶体管）
	Aixtron SE（提供用于生产石墨烯的 BM 系统）	
其他欧洲国家	瑞典 Graphensic AB（外延生长单层石墨烯）	芬兰诺基亚（石墨烯传感器、防水涂层及储能器件）
	挪威 Abalonyx AS（氧化石墨烯）	挪威 Craynano（石墨烯杂化电极材料）
	西班牙 Graphenea（石墨烯薄膜、氧化石墨烯）	挪威 Abalonyx AS（将石墨烯应用于原油和天然气行业）
	西班牙 GRAnPH Nanotech（石墨烯）	西班牙 Graphenano（石墨烯建筑涂料、聚合材料电池）
		意大利 Directs Plus（石墨烯基纳米材料）
韩国	Graphenen Square（薄膜、CVD 设备）	Samsung（石墨烯晶体管、电极薄膜）
	Planar Tech LLC（CVD 设备）	浦项制铁（防腐涂料）
		CHANGUNG（电磁屏蔽涂层）

续表

国家或地区	石墨烯原料企业及代表产品	石墨烯应用企业及代表产品
日本	Graphene platform（CVD 石墨烯）	
	富士（光伏用石墨烯薄膜）	
	东芝（石墨烯薄膜）	
	索尼（石墨烯薄膜）	

资料来源：作者整理

中国石墨烯产业：向世界出发

政府大力推动

石墨烯集多种优异性能于一身，是主导未来高科技竞争的超级材料。为抢占石墨烯产业发展的制高点，自 2012 年以来，中国政府较为密集地出台了多项政策支持石墨烯产业的发展（见表 6–6）。2016 年出台的《新材料产业“十三五”发展规划》将进一步推动石墨烯产业关键技术在“十三五”时期实现突破，并快速实现产业化。2016 年 9 月，工业与信息化部原材料工业司提出将组织实施“石墨烯 +”行动，着力构建贯通产业上下游的石墨烯产业链。另外，我国 2013 年 7 月 13 日和 2016 年 7 月 30 日分别成立了中国石墨烯产业技术创新战略联盟和全国首个“国字头”石墨烯材料产业技术创新战略联盟，通过促进产学研用的紧密结合，积极推动石墨烯技术的商业化应用。有别于以往标准滞后的产业政策“短板”，早在 2014 年 1 月，中国石墨烯标准化委员会还正式发布了中国石墨烯第 1 号标准《石墨烯材料的名词术语与定义》，以进一步规范中国石墨烯产业的发展[①]。

表 6–6　2012~2015 年我国出台的支持石墨烯产业化发展的主要政策

时间	发布单位	政策名称	政策内容
2012.2	工业与信息化部	《新材料产业“十二五”发展规划》	把石墨烯列入前沿材料目录
2014.11	国家发改委、财政部、工业与信息化部	《关键材料升级换代工程实施方案》	到 2016 年，推动包含石墨烯在内的 20 种重点新材料实现批量稳定生产和规模应用
2015.9	国家制造强国建设战略咨询委员会	《〈中国制造 2025〉重点领域技术路线图（2015 年版）》	明确未来十年我国石墨烯产业发展路径，提出石墨烯产业“2020 年形成百亿产业规模，2025 年整体产业规模突破千亿”的发展目标
2015.11	国家发改委、工业与信息化部、科技部	《关于加快石墨烯产业创新发展的若干意见》	提出到 2018 年，我国基本建立石墨烯材料制备、应用开发、终端应用等关键环节良性互动的产业体系，基本完善产品标准和技术规范，同时还将开发出百余项实用技术和样品。到 2020 年我国形成若干家具有核心竞争力的石墨烯企业，建成以石墨烯为特色的新型工业化产业示范基地，形成完善的石墨烯产业体系
2016.3	全国人大和政协	《中华人民共和国国民经济和社会发展第十三个五年规划纲要》	提出大力发展石墨烯、超材料等纳米功能材料

① 对于前沿领域和新兴产业，标准先行还是后行，学者和技术专家仍有争议。标准先行可占得行业发展先机，但对于技术路线处于剧烈变化且产品性能不稳定的行业而言，在标准先行且未建立动态、开放调整机制的情况下，很有可能导致“先发劣势”。

续表

时间	发布单位	政策名称	政策内容
2016.5	国务院	《国家创新驱动发展战略纲要》	发展引领产业变革的颠覆性技术，不断催生新产业、创造新就业。发挥纳米、石墨烯等技术对新材料产业的引领作用

资料来源：作者整理

应用走在世界前列

在一系列政策措施的助力下，近年来我国石墨烯研发能力迅速提高，整体已接近国外先进水平。目前，我国在石墨烯主要研究领域均有涉猎，在部分领域掌握了自主知识产权并处于国际领先水平。根据江苏省石墨烯产业知识产权联盟与江南石墨烯研究院共同编写的《全球石墨烯产业专利分析报告（2016）》，我国已经成为全球石墨烯技术专利申请量最大的国家。报告的专利分析数据涉及全球石墨烯技术领域相关专利 40344 件，其中，中国相关专利 17702 件，占比 43.9%。单从专利申请数量来看，我国在石墨烯领域具有相当大的科技创新优势。一旦抓住机遇，我国有望在石墨烯产业化进程方面领先其他国家，甚至主导这场技术革命，助力我国实现制造强国的“中国梦”。

同时，在石墨烯应用方面，中国正处于从实验室走向产业化的关键时期，并相继拿出了众多有分量的成果（见附录 6–1）。

领航企业的实力

在石墨烯产业化方面，我国的推进速度同样相当惊人。目前，国内石墨烯相关企业已经超过 100 家[①]，涉足石墨烯薄膜、粉体和浆料等的制备以及下游应用环节，部分企业在一些具体应用领域已经具备领航水平（见专栏 6–2）。如常州第六元素材料科技股份有限公司是全球为数不多的具备年产百吨级石墨烯生产能力的企业。

专栏 6–2

国内石墨烯领航企业

方大碳素新材料科技股份有限公司。中国大型碳素生产企业，主要经营石墨及碳素制品的生产加工、批发零售、科技开发。公司主要产品有超高功率、高功率、普通功率石墨电极，微孔碳砖、半石墨质碳砖、铝用碳砖和各种矿热炉用内衬碳砖，等静压石墨、特种石墨、生物碳、碳毡和碳 / 碳复合材料等。系沪市上市公司，截至 2016 年 6 月 30 日，公司前十大股东分别是辽宁方大集团实业有限公司、中央汇金资产管理有限责任公司、全国社保基金、石庭波（新进）、中国证券金融股份有限公司、中国农业银行股份有限公司——中证 500 交易型开放式指数证券投资基金、中国工商银行股份有限公司——广发聚瑞混合型证券投资基金（新进）、幸福人寿保险股份有限公司——组合 01（新进）、香港中央结算有限公司（新进）与中国建设银行——上证180交易型开放式指数证券投资基金（新进）。与上个报告期相比，前十大股东中有五位新进股东。

常州第六元素材料科技股份有限公司。从事石墨烯及其他新型碳材料的研究、开发、生产、销售，主营产品储能型石墨烯、导电型石墨烯、导热型石墨烯、增强型石墨烯、氧化石墨等产品。新三板上市公司，截至 2016 年 6 月 30 日，公司前十大股东包括八个无锡第六元素高科技发展有限公司、深圳力合天使股权投资基金合伙企业（有限合伙）、常州赛富高新创业投资中心（有限合伙）、江苏慧德科技发展有限公司、常州力合华富创业投资有限公司、深圳市中海联投资咨询有限公司、常州龙城英才创业投资有限公司邵建雄、瞿研与常州第六元素投资咨询合伙企业（有限合伙）。与上个报告期相比，前十大股东中瞿研与常州第六元素投资咨询合伙企业（有限合伙）是新进股东。

常州二维碳素科技有限公司。是一家专业从事大面积石墨烯薄膜及石墨烯触控模组的研发、制造高科技企业。主要从事大面积石墨烯透明导电薄膜及石墨烯电容式触控模组的研发制造。公司已在新三板上市，截至 2016 年 6 月 30 日，公司前十大股东分别是常州碳时代科技有限公司、深圳力合天使股权投资基金合伙企业（有限合伙）、朱革芳、江苏慧德科技发展有限公司、常州龙城英才创业投资有限公司、江苏新材料产业创业投资企业（有限合伙）、江南石墨烯研究院 、于庆凯、骆权峰与宋勃。与上个报告期相比，前十大股东无变化。

厦门凯纳石墨烯技术有限公司。国内首家从事石墨烯、石墨烯微片生产研发的企业，其主营业务为 KNANO 品牌 KNG 系列石墨烯、石墨烯微片产品，目前已经形成了以石墨烯、石墨烯微片为主营业务的产业链。公司已在新三板上市。截至 2016 年 6 月 30 日，公司前十大股东包括新疆中泰化学股份有限公司（母公司）、赵立平（实际控制人）、厦门西堤壹号投资合伙企业（有限合伙）、厦门凯纳投资咨询合伙企业（有限合伙）、赵小文（实际控制人）、卢玉美、郭晓华与徐晓明。与上个报告期相比，前十大股东无变化。

南京吉仓纳米科技有限公司。石墨烯行业首家编制石墨烯标准的企业，是国家石墨烯标准化委员会工作组成员。其产品包括 CVD 石墨烯膜系列、碳纳米管类、超级电容器、石墨烯产品等。

北京莹宇电子科技有限公司。依托北京科技大学、北京大学、中科院等高校研究所从事多层石墨烯研发应用的新兴专业化高科技企业，主要产品为多孔石墨烯电极材料。

中科碳纳米科技有限公司。依托中科院煤化所成立的先进碳材料公司。公司集石墨烯及其衍生品的研发、制造、销售及技术转让等于一体，主营产品包括热膨胀石墨烯、改性石墨烯、氧化石墨、氧化石墨烯、石墨烯/氧化石墨烯有序薄膜、导电透明碳膜、气液界面膜等一系列石墨与石墨烯系列产品。

格雷菲尼（北京）科技有限公司。集研发、生产、销售于一体的高科技企业。公司以北京航空航天大学粉体技术北京市重点实验室为技术依托，致力于新型纳米材料石墨烯、超细粉碎与分级技术及设备、窄粒度分布颗粒制备技术、特种粒度分布颗粒制备技术、颗粒分散与表面改性处理、生物纳米颗粒制备技术、二维纳米颗粒制备技术（氮化硼、二硫化钼、二硫化钨、云母粉等）、电子垃圾处理回收与再利用、微纳米颗粒的技术研发与产品应用。

南京先丰纳米材料科技有限公司。专注于石墨烯、富勒烯、碳纳米管、分子筛、银纳米线、超级电容器发展方向，立志做先进材料及技术提供商。主要经营进口石墨烯、国产石墨烯、氧化石墨烯、氧化石墨、碳纳米管、介孔分子筛、微孔分子筛、活性碳、传统纳米材料及提供纳米技术支持及解决方案。

资料来源：作者整理

产业布局快速成型

从空间布局上看，我国石墨烯产业大多分布在东南沿海一带，尤其是长三角区域，其次是四川盆地一带和山东省。此外，在天津、山西、内蒙古、广东、福建等地也略有分布，基本形成以长三角为聚集区，其他多地碎片化发展的产业格局。其中，青岛、无锡、常州、德阳、宁波、重庆、上海等地已形成初具规模的石墨烯产业集群。

专栏 6–3

宁波着力打造全球最大规模的石墨烯原材料生产基地

宁波是国内较早开展石墨烯研发和产业化的地区之一，目前在石墨烯制备技术、技术支撑、产业化等方面均走在了全国前列，成为中国乃至全球石墨烯产业重镇。

中国科学院宁波材料所从 2008 年就开始了石墨烯制备技术攻关，目前已经在石墨烯规模化制备和改性方面取得突破性进展，实现了石墨烯低成本规模化制备。2011 年，设计建成年产 30 吨的石墨烯中试生产线。2013 年，宁波墨西科技有限公司首期年产 300 吨的石墨烯生产线建成投产，是目前全球规模最大的石墨烯生产线。

政府大力推动石墨烯产业发展。2013 年，宁波市在全国率先启动了石墨烯产业化应用研发的重大科技专项，设立了 3 年共 9000 万元的财政资金，为石墨烯产业的初期发展提供有力的扶持与激励。在 2013 年发布的《宁波市新材料产业三年行动计划》中，也明确将石墨烯产业作为宁波市着力打造的六条产业链之一，加以大力发展。2014 年 5 月 28 日，《宁波市石墨烯技术创新和产业发展中长期规划》正式发布，从石墨烯原材料产业、石墨烯应用材料和元器件产业、终端产品及装备产品三个层面作出了全面部署。根据这份规划，未来 10 年，宁波将打造全球领先的石墨烯技术创新引领区，届时石墨烯产量达到万吨级，产值实现千亿元。今后，宁波将重点发展石墨烯原材料产业、石墨烯应用材料与元器件产业以及终端产品和装备产业，到 2023 年，成为全球最大规模的石墨烯原材料生产基地，力争达到 500 亿元的产业规模。同时，新能源汽车及汽车轻量化、高端及国防装备、新一代显示器件等石墨烯终端产品及装备产业规模也将达到 500 亿元。

在新材料领域的科研、人才等方面形成了一定的集聚能力。拥有中国科学院宁波材料技术与工程研究所（52 所）、北方材料科学与工程研究院（53 所）等国家级科研机构，以及宁波大学新型功能材料及其制备科学实验室、宁波大学分离膜材料及应用技术研究实验、宁波工程学院材料工程研究所等一批科研机构，吸引和培养了一大批高端技术人才。同时随着宁波举全市之力，加快全球一流的新材料创新中心的建设，必将吸引更多的新材料领域高端创新资源集聚，为石墨烯产业发展提供强大的技术和人才支撑。

资料来源：作者整理

石墨烯：地方政府的新宠？

未“过”先“剩”？

目前，我国石墨烯研发应用水平与发达国家基本同步，并且已在石墨烯粉体和薄膜的规模化制备上取得了举世瞩目的成绩，部分石墨烯产品已经在动力电池导电添加剂、防腐涂料、抗静电塑料、触摸屏等领域率先进入市场。从实验室迈向产业化应用，我国石墨烯产业在短短几年时间内就成功实现“三级跳”。不过，需要警惕的是，为了博取眼球引起资本市场关注和获取各级政府的政策优惠，我国石墨烯制备水平、制备规模与应用技术存在一定程度的浮夸。比如，现在宣称已经能实现量产的石墨烯并非单层石墨烯，而是晶格缺陷较高、多层堆叠的石墨烯类产品，只能保持石墨烯的部分特性。

更值得注意的是，主导技术和产品尚未成熟的石墨烯又呈现“遍地开花”的局面，不少地区都将其列为“十三五”时期的支柱产业，或是地方转型升级的目标产业，甚至招商引资的重点产业。地方政府虽然如此看重石墨烯，但真正将这一技术和产业弄清楚的并不多见。在这种情况下，一些优惠政策盲目出台，一些质量不高的项目并未经过严格评审匆忙落实，甚至一些投资者打着石墨烯的旗号在园区继续跑马圈地，致使这一材料工业未来的明星尚未释放出耀眼光芒，便又有可能被低水平的重复建设锁定其产业化路径。在这种情况下，石墨烯不仅难以成为支撑新科技应用的“撒手锏”，而且很有可能沦为盲目开发、低端应用的“万金油”。

风险在何处

人类工业化的历史经验表明，新材料的发明制取在现代产业体系中扮演了举足轻重的角色，屡次催生出新产业甚至是新产业群。然而，新材料在产业化过程中，往往在技术、市场和组织（胜出企业）等方面存在极大的不确定性。具体来说，技术的不确定性指把新材料作为一项重大技术创新，其技术突破是个长期复杂的过程，前期往往需要大量的资金和科技投入，但技术发展路径又高度不确定，研发失败的可能性很大，需随时承受无法收回高昂研发投入的后果。市场需求的不确定性表现在新材料被开发出来后，常常无法准确定位其市场用途或用途被限制在较小的范围内，又或者广阔的市场需求要经过很久的时间才出现。此外，一项新材料能否最终实现产业化，除了技术先进之外，还会受到用户消费习惯、转换成本、市场规模及企业的市场策略甚至一些偶然因素影响。组织的不确定性主要指新材料的创新和产业化具体由哪个企业或个人实现不确定。上述不确定性导致了新材料产业化具有复杂性，进而可能出现产业链各环节发展不同步的现象。因此，必须通过以大力扶持新材料的创新活动与积极为新材料创造市场需求等方式消除上述不确定性，才能有效地推进新材料的产业化。

石墨烯作为一种科技含量高、应用领域具有颠覆性的新材料，在产业化过程中毫无疑问也将面临上述问题。正因如此，虽然石墨烯在理论上具有广阔的应用前景，从我国到全球已经有不少科研机构、高校和企业涉足石墨烯制备、加工与应用，媒体上时不时会出现有关石墨烯制造技术或商业化应用取得突破的报道，但眼下真正步入产业化应用阶段的石墨烯项目屈指可数，能持续地为企业带来效益的产品更是凤毛麟角。目前，国内石墨烯产业化仍存在以下问题。

➢ 石墨烯研究各自为政，缺乏统一长远的发展规划。高校与科研机构大多偏向于理论基础和相关科学问题，和产业化严重脱节；企业对石墨烯的研究基本上处于产业链低端环节，简单粗放，部分企业难逃为吸引资本炒作而获益之嫌。

➢ 涉足石墨烯产品的以中小企业和初创企业为主，缺乏足够的技术和资金支持，也缺乏相关市场渠道，同时对市场认识也不足。

➢ 石墨烯产业链不成熟，下游应用环节未打通，市场需求有待培育，生产性服务业相对滞后，石墨烯工程技术人才不足，自主知识产权有待加强。

其中，低成本高品质石墨烯原料的规模化生产和石墨烯在高端环节的商业化应用是制约当前石墨烯产业进一步发展的主要因素。眼下低成本、规模化制备大尺寸、杂质缺陷可控的高品质石墨烯（尤其是单层石墨烯）技术尚未突破，这已成为现阶段大多数石墨烯研究项目仍无法实现商品化、产业化的重要瓶颈。许多项研究向政府部门、投资者和消费者展示了石墨烯的“神奇功能”，但这些美妙的功能对石墨烯质量的要求非常高。要想获得如此高质量的石墨烯，一般需要依靠机械剥离法——把胶带粘到石墨上，手工把石墨烯剥下来。虽然这一方法对设备和技术的要求最低，却同时也是最费时费力费钱还不“讨好”的方法——成功率较低。利用这一方法制备石墨烯用于实验研究尚可行，但想据此实现工业化量产石墨烯毫无可能。倘若采用CVD 法、氧化还原法等其他方法，虽然能实现增加产量、降低成本的目的，但是也会带来层数增加、内部结构存在缺陷等问题导致石墨烯质量下降、各种优异性能无法发挥。高品质石墨烯原料的规模化制备是石墨烯产业化的基石，对下游产品的开发起根本性的作用，然而制备方法的局限直接导致众多石墨烯项目停留在实验室阶段，产业化大门迟迟未能打开。

除此之外，进入市场的石墨烯产品未能形成规模化需求，深陷“叫好不卖座”困境的同时，石墨烯下游高端应用领域开拓乏力，是另一个困扰石墨烯产业化的世界性难题。目前，石墨烯的应用比较浅，虽然在掺杂改性、复合材料、透明导电薄膜等低端领域已经有产品进入市场，但令人遗憾的是尚没有一个领域可以实现对石墨烯的规模化应用，包括炒得“火爆”的石墨烯锂离子电池（见专栏 6–4）。

专栏 6-4

石墨烯电池：神技还是噱头？

2016 年 7 月，国内举办石墨烯基锂电池产品发布会，国内最早进入石墨烯领域的公司之一——东旭光电推出了世界首款石墨烯电池产品——“烯王”。据称，这款电池产品可在 –80~–30℃的环境下使用，电池循环寿命高达 3500 次，充电效率是普通充电产品的 24 倍，所谓“充电半小时，使用半个月”“充电 10 分钟，新能源汽车就有可能行驶 1000 公里”。

一时间，这款电池被抬到了“革命级”产品的高度，被部分媒体视为中国领跑全球石墨烯科技和产业发展的标杆性产品，一些人甚至认为中国从此可以不再依赖石油等传统化石能源！

然而，对于石墨烯作为导电添加剂（用量非常少）应用于锂离子电池，业内专家学者一直争议不断。一些专家认为可以显著提高电池充电倍率，却无法提升电池容量，导致该领域的石墨烯产品（如“秒冲宝”）未能被市场广泛接受。清华能源互联网研究员刘冠伟就曾表示，“石墨烯电池”技术几乎不存在，其噱头意义远大于实用价值。因为石墨烯只有在理论上能够提高充放电速率，而对于容（能）量的提升基本没有任何帮助，而且石墨烯高比表面积等性质与现有的锂离子电池工业技术体系不兼容，应用希望十分渺茫。

资料来源：根据相关报道整理

在低端应用领域产品市场认可度较低的同时，石墨烯在电脑芯片等高端应用领域开拓乏力。这主要是因为当前石墨烯研究领域布局相对较窄，重基础科学（尤其是石墨烯制备技术）轻实用技术的直接后果就是石墨烯研发与应用存在一定程度的脱节。未来要想将石墨烯用于高端领域，以充分发挥石墨烯的优异性能，单凭能制造石墨烯显然是不够的。举例来说，要用石墨烯制造芯片，就必须在石墨烯—硅之间嵌入肖特基管。因为石墨烯的导电性能实在过于优异，不像半导体材料一样拥有能使电流非对称流动的“带隙”——电子导电能带和非导电能带之间的区间，无法实现电路开关自由切换，故而必须植入人工“带隙”——肖特基管，但是植入方法稍有不当就会使石墨烯丧失其独特属性。目前，这方面的研究还比较薄弱，成熟的技术和产品均尚未出现。

另外，当下在石墨烯领域无论是理论成果还是产业化上，都存在过多的炒作。在科研方面，原创性成果偏少，追踪性论文过多；在产业化方面存在夸大宣传，将石墨烯看成“治百病的灵药”；在资本市场方面，虽然有部分石墨烯企业已经在新三板或沪市挂牌，但资本市场存在过度炒作、虚火过旺的现象。这些均导致石墨烯产业化存在急功近利的心态与虚假繁荣的泡沫，使投资者对进一步进入这一领域望而却步，给石墨烯产业化带来了一定的负面影响。

未来石墨烯产业化主要有两个方向。一是将石墨烯和现有材料体系更好地融合以更大限度地发挥石墨烯的性质，并实现较高的性价比。比如，目前石墨烯作为导电添加剂、电极复合材料和改性涂层增强锂电池充放电性能在技术上没有任何问题，未来主要是考虑提高性价比。二是要基于石墨烯自身独有的特性开发出其他材料无法替代的颠覆性应用，如柔性显示与芯片。石墨烯拥有众多优异的性能，应用领域宽广，市场前景光明。独特的性质让石墨烯具有点石成金的作用，用在传统产业体系，能像杠杆一样撬动产业转型升级；用在新能源、智能设备、新一代信息技术等前沿领域，有望产生真正的产业革命，不仅将会颠覆过去的工业体系，还会依托石墨烯产生新的生产领域，进而彻底改变人们的生产生活方式。然而任何一种新材料从发现到实现产业化都需要克服重重困难，经历艰难漫长的过程。石墨烯自然也难以避免这样的命运。要真正实现石墨烯突破性研究和产业化，未来的道路还很曲折。

迎接碳时代，你准备好了吗

如果按照硅材料产业的成熟周期为 20 年来推断，石墨烯产业化成熟还要 5~10 年，因此，接下来的 10 年对破解石墨烯产业化“难题”格外关键。今后，要引爆石墨烯产业还需加几把火。

➢ 下定决心。政府要继续加强对石墨烯研究与应用的政策支持，通过公平竞争、分配创新经费等方式鼓励最有创造力的企业脱颖而出，并与研究机构、企业一道建立完善的石墨烯产业标准体系。

➢ 守住耐心。有关科研机构、高校与企业需静下心来，在石墨烯研究领域“深耕细作”，通过合作研发、改善“产学研用”之间的联系等多种方式强化产业链上下游环节有效合作，重点突破低成本、规模化制备大尺寸、杂质缺陷可控的高品质石墨烯技术“瓶颈”，并不断拓宽石墨烯在下游高端环节的应用程度，加快推出符合市场需求的石墨烯产品。

➢ 激发信心。政府在石墨烯产业初期需积极帮助企业创造市场需求。市场需求是跨越从实验室研发到产业化鸿沟的桥梁，只有产品实现了从商品到货币的“惊险的一跃”，企业才能够获得进一步发展的资金，才能够在实际产业化的过程中不断学习，积累产业化的知识，提高技术水平和降低成本。因此，政府有必要在石墨烯产业初期通过实施政府采购、消费补贴等需求侧和供给侧的双向激励政策为石墨烯产业创造市场需求。

➢ 戒除躁心。有效遏制虚假宣传与不正当竞争的浮夸之风，防止资本市场过度炒作石墨烯。与此同时，政府可以通过成立产业基金、财税支持等方式激发市场的积极性，撬动更多社会资本投资石墨烯产业，引导石墨烯产业健康发展。

毋庸置疑，碳是元素周期表中最具魅力的元素之一。近 30 年来，碳纳米材料（富勒烯、石墨烯、碳纳米管）一直是科技创新的前沿领域，其优异的性能令科学家和工程师们爱不释手。21 世纪，碳将在工业体系特别是材料工业中占据重要地位，以石墨烯为代表的碳材料将融入人们的生产生活中，进而全方位地改变人类社会，开创出全新的“碳时代”。未来，要想充分发挥碳材料的各项优异性能，还需在基础研究、应用开拓、市场培育等领域“深耕细作”，全面迎接碳材料新时代——“碳时代”。

附录 6-1

中国石墨烯技术创新大事件

1. 2012 年 1 月，江南石墨烯研究院、常州二维碳素科技有限公司、无锡丽格光电科技有限公司以及深圳力合光电传感器技术有限公司共同宣布，全球首款手机用石墨烯电容触摸屏研制成功。

2. 2013 年 1 月，中科院重庆绿色智能技术研究院正式宣布成功制备出国内首片 15 英寸的单层石墨烯显示屏。

3. 2013 年 4 月，贵州新碳高科有限责任公司宣布推出国内首个纯石墨烯粉末产品——柔性石墨烯散热薄膜。

4. 2013 年 5 月，江苏常州二维碳素科技有限公司宣布，年产 3 万平方米石墨烯透明导电薄膜生产线将投产，这是当时公开报道中已知的全球最大规模的生产线。

研究人员展示单层石墨烯产品（右）的超强透光性[①]

5. 2013 年 11 月，常州第六元素材料科技股份有限公司正式投产

① http://www.gov.cn/jrzg/2013-01/24/content_2319155.htm.

当时国内最大的氧化石墨烯 / 石墨烯粉体生产线，年产 100 吨。

6. 2013 年 12 月，无锡爱维特信息技术公司推出由多家石墨烯不同生产环节的企业共同研发的全球首款双层多点石墨烯触控手机，首批试产的 2000 余台在淘宝上销售一空。

7. 2013 年 12 月，宁波墨西科技有限公司和重庆墨希科技有限公司先后建成年产 300 吨石墨烯生产线和年产 100 万平方米的生产能力的石墨烯薄膜生产线，并将石墨烯的制造成本从每克 5000 元降低至每克 3 元。全球第一条和第二条真正实现规模化、低成本、高品质的石墨烯生产线在我国率先诞生。

8. 2014 年 1 月，常州立方能源技术有限公司建成中国首条石墨烯基超级电容器生产线。同时，石墨烯基超级电容器样品成功下线。这标志着我国石墨烯从原材料到最终产品的产业链初步形成，并率先在手机柔性触屏和储能领域取得重大突破。

9. 2015 年 1 月，吴江市华诚电子有限公司全球首款采用石墨烯应用产品移动电源“秒充宝”研发成功，该移动电源的容量为 2000mAh，能够在 56 秒内对移动设备完成 100% 充电，循环次数是锂电池的 10000 倍。

爱维特石墨烯手机①

用“秒充宝”给手机充电②

① 姚雅萱，任玲玲 . 浅谈石墨烯产业在中国的发展现状和应用前景。

② http://mt.sohu.com/20160113/n434389453.shtml.

10. 2015 年 3 月，江苏道森新材料有限公司成功研发出石墨烯防腐涂料，并应用于海上风电塔筒的防腐，其底漆重防腐试验时间突破 2500 小时，并且足超过美国标准 1000 小时，将含锌粉 70%~80% 的重防腐体系重新定义为 25% 锌粉加 1% 石墨烯，树立了世界海洋重防腐领域的里程碑。这一新型防腐涂料的问世不仅填补了国内外将石墨烯运用于防腐领域的空白，还打破洋品牌对我国风电涂料市场的长期垄断。

11.2015 年 3 月，重庆墨希科技有限公司与嘉乐派科技有限公司联合发布全球首批 3 万部石墨烯手机——开拓者 α。该手机采用了石墨烯触摸屏、电池和导热膜，屏幕透光率高达 97.7%，电池的能量密度提升了 10%，使用寿命提高 50%，手机表面最高温度降低至 35℃以下。

首批石墨烯手机与 iPhone6 对比图①

可弯曲智能手机

这款手机的量产揭开了石墨烯产业化应用的序幕，为石墨烯行业从原材料、组件到智能终端全产业链的有机结合提供了首个示范案例。

12. 2015 年 4 月，重庆墨希科技公司发布全球第一款可弯曲智能手机，打败长期研究可挠式面板的三星、LG，成为第一个发布可弯

① http://www.cqrb.cn/xinwen/yaowen/2015-03-02/368036.html.

曲手机的制造商，我国柔性屏技术的竞争又上升到一个新的台阶。

13. 2015 年 6 月，北京碳世纪科技有限公司正式发布石墨烯发动机油节能改进剂——“碳威”。“碳威”添加到汽车发动机油中，能够起到平均节省 7%~8% 燃油的效果，且有助于大幅降低摩擦系数。

14. 2015 年 7 月，经过专家鉴定，圣泉集团推出的石墨烯内暖纤维具有低温远红外、抗菌抑菌、抗静电、防紫外线等智能多功能特性，主要技术指标及性能达到国际领先水平。主要技术指标及性能达到国际领先水平。石墨烯内暖纤维这一“神奇新材料”的产业化，将会对我国化纤、纺织和服装等诸多产业产生重大影响。

15. 2015 年 10 月，中国中车研制成功新一代大功率石墨烯超级电容，其研发的 3 伏 /12000 法拉石墨烯 / 活性炭复合电极超级电容和 2.8 伏 /30000 法拉石墨烯纳米混合型超级电容代表了目前世界超级电容单体技术的最高水平。

16. 2015 年 11 月，常州二维碳素科技股份有限公司与深圳贝特莱电子科技股份有限公司联合发布全球首款应用石墨烯应变感应原理的 3D 触控解决方案 Z-TOUCH。

17. 2016 年 7 月，东旭光电推出了世界首款石墨烯基锂离子电池产品——“烯王”。公司称产品可在 -80~-30℃环境下工作，电池循环寿命高达 3500 次左右，充电效率是普通充电产品的 24 倍。作为石墨烯领域翘首以盼的真正的杀手级应用，“烯王”的落地是石墨烯在锂电池应用史上的一次革命性突破，打开了石墨烯在消费电子锂电池、动力锂电池以及储能领域锂电池的应用空间，正式开启了石墨烯在能源领域的应用时代，同时意味着我国在石墨烯储能技术上已领先于其他国家。

新一代大功率石墨烯超级电容[1]

“烯王”[2]

资料来源：作者根据相关报告整理

① http://www.chnrailway.com/html/20151011/1300403.shtm.

② http://libattery.ofweek.com/2016-08/ART-36008-8100-30024121.html.

第 7 章　物联网：万物有“芯”皆可联

要么取得支配权，要么被支配。

——杰克·伦敦《野性的呼唤》

“芯”联万物

物联网（IoT，Internet of Things）这一概念最早于 1999 年出现。美国麻省理工学院建立了“自动识别中心（Auto-ID）”，首次提出“万物皆可通过网络互联”，并阐明物联网的基本含义。

早期的物联网仅是依托射频识别（RFID）技术实现物物相连的网络。随着技术和应用的发展，物联网的内涵已发生了巨大变化。2005 年 11 月 17 日在突尼斯举行的信息社会世界峰会（World Summit on the Information Society，WSIS）上，国际电信联盟（International Telecommunications Union，IIU）对物联网的概念做出了界定：通过二维码识读设备、射频识别装置、红外感应器、全球定位系统和激光扫描器等信息传感设备，按照约定协议，把任何物品与互联网相连接，进行信息交换和通信，以实现智能化识别、定位、跟踪、监控和管理的一种网络。

需要指出的是，物联网并非单独建立一张网络，而是在现有网络基础上的拓展和延伸。就像互联网和移动互联网通过 PC、平板电脑、智能手机已经实现人与人之间的互联一样，未来将能实现一切硬件的互联（见图 7–1）。因此，简单地说，物联网是在原有网络基础上，对任何客观物体网络化和智能化的过程。如果说第一代互联网技术实现的是计算机之间的互联并成功搭建了虚拟网络世界，第二代互联网技术是通过移动互联网实现了人与人之间的互联，那么未来的互联网技术要实现的是所有物品的互联，彻底打通虚拟世界与现实世界之间的壁垒。

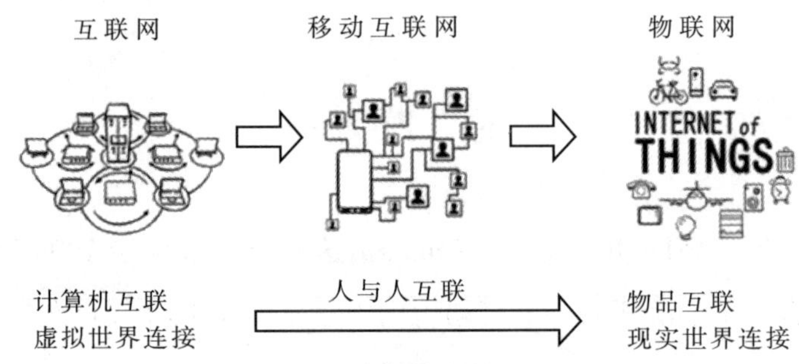

图 7–1　互联网技术的演进历程

“网”络天下

物联网的建立离不开传感器应用的普及。近年来，内置传感器的新硬件纷至沓来。从 VR/AR 头戴式设备、智能手环、智能手表到无人驾驶汽车、无人机、工业互联网，一个全新的智能世界正快步小跑着进入我们的生产和生活。尽管这些新硬件的销售数量并不能算大，而且都是独立网络连接，有些甚至还可以说是“中看不中用”，但这却意味着传感器的子网络点状扩张已经开始。假以时日，各类硬件的子网络有望融合成一个大网络。随着基础网络容量提升和各种设备的智能化，物联网产业将在未来几年迎来快速发展期，其应用对象可划分为政府、企业、消费者三类，并围绕这三类不同群体衍生出多样化应用，必将创造巨大的社会价值。

政府：物联网涵盖公共资源管理、智能交通、平安城市、智慧政务等诸多领域

目前，中国、美国等主要国家的政府对物联网的诉求大多是为了解决日益加剧的能源消耗问题、污染问题、城市安全问题，因此，未来智能交通、智能抄表、智能路灯等涉及城市生活方面的相关应用将是发展重点。例如，瑞典政府实施的智慧交通计划就是在车上装上电子车牌，与交通大数据平台连通，实现实时智能交通管理和拥堵费收取，并取得了显著成效——整个斯德哥尔摩地区交通拥堵降低了 20%~25%，交通排队时间下降 30%~50%，废气排放减少 2.5%，二氧化碳等温室气体排放量下降了 40%。

企业：应用包括工业物联网、机器学习和人工智能等方面

企业可将设备连接到云端进行统一管理，并从生产制造、物流、销售、售后数据中寻找能解决提升运营效率、降低成本、提升销量等重要商业问题的方法。例如，春秋航空通过使用 GE 的远程诊断探测，每年可节省的维修费用超过 21 万美元，并且避免了数次计划外

的发动机拆卸和停飞待用；风力涡轮机制造商 Vestas 通过对天气数据及客户涡轮仪表采集的数据进行交叉分析，可及时对风力涡轮机布局进行改善，从而提高了风力涡轮机的电力输出水平，延长了其使用寿命。未来，工业物联网可逐步进化到借助机器学习来解决问题。例如，Able Cloud 通过三个月的机器学习训练饮水机自动加热、保温和断电，使饮水机在“学会”满足办公室人员喝水需求的同时，还能节约 30% 的能源。

消费者：车联网、可穿戴设备、智能家居和复杂娱乐

目前，车联网以导航、远程信息采集、车载系统升级为主。未来随着车载娱乐系统、ADAS（高级驾驶辅助系统）、无人驾驶的普及，车载智能硬件有望实现联网一体化管理。而在智慧社区和智能家居领域，平安社区和平安家庭有望率先取得突破。原有小区视频监控系统可扩展为物联网平台，结合家庭传感器、可穿戴设备、社区出入口管理系统，为现代化的社区管理提供基础设施解决方案。在发生非法入侵、火灾、燃气泄漏等异常情况时，智能传感器会发出报警信号，并通过家庭中心将信号传至小区物业管理中心、报警中心和居民手机上，通知安保人员及时赶到现场处理。

专栏 7–1

智能家居——用“芯”连接家庭

所谓智能家居，主要是以家庭住宅为平台，利用综合布线、网络通信、安全防范、自动控制、音视频等技术，将与家居生活有关的设

施集成，构建高效的住宅设施与家庭日程事务管理系统，提升家居安全性、便利性、舒适性与艺术性，打造环保节能的居住环境。目前，全球智能家居产业处于初级发展阶段，较大产业规模尚未形成，但近几年一直保持 30% 以上的增长速度，预计 2017 年全球智能家居市场规模将有望达到 960 亿美元。我国作为最具有潜力的消费市场，预计未来 3 年智能家居复合增长速度有望达到 50%，2017 年将实现近千亿市场规模。

从全球范围看，智能家居的领先者是美国 Nest Labs 公司。Nest Labs 是由 iPod 之父 Tony Fadell（丹尼·法德尔）与团队成员 Matt Rogers（马特·罗杰斯）离开苹果公司后创建的智能家居品牌。该公司陆续发布了智能恒温器 Nest Thermostat 和智能烟雾探测器 Nest Protect。这两款产品皆因为出色的工业设计与超前理念获得业界一致好评，成为智能家居中的典范。在产品发布后的两年内，公司智能家居温度控制计出货量已接近 120 万部，平均每个月销量在 4 万部左右，在美国市场占有率达到 1%。仅靠光温度控制计一项产品，Nest Labs 便已获得至少 3 亿美元的营收。2014 年 1 月，互联网巨头谷歌宣布，以 32 亿美元现金收购 Nest Labs，从而点燃了整个科技界对智能家居的热情。

图 7–2　智能烟雾探测器 Nest Protect 和智能恒温器 Nest Thermostat

“钱”途无量

近年来，全球物联网产业市场规模呈现快速上升之势，已从2013年的1.9万亿美元飙升至2015年的2.7万亿美元。物联网产业的发展与可用连接数密切相关（当前全球可用连接数约为90亿，其中物联网连接不到一半。预计到2020年，全球连接数将达到260亿。其中智能手机90亿，可穿戴设备100亿，M2M连接70亿）。预计物联网潜在市场规模将超过7万亿美元，是真真正正的“智慧金矿”。

物联网涵盖整个国民经济的方方面面，其中9个主要应用领域市场产值最大（见表7–1）。

表7–1　物联网主要领域的潜在市场规模

行　业	主要应用方向	市场产值（亿美元）
智能汽车	无人驾驶与车联网	≥ 2100
智慧城市	公共健康与交通运输	≥ 9300
智慧物流	智慧运输与商业导航	≥ 5600
智慧护理	辅助健康与健身	≥ 1700
智慧办公	运营最优化与运营安全	≥ 1600
智慧零售	自动结账	≥ 370
智慧工厂	智能操作与设备最佳化	≥ 4100
智慧能源	能源互联网	≥ 700
智慧家庭	家事自动化与家庭安全	≥ 2000

资料来源：麦肯锡

“三”生万物

物联网产业链由感知层、网络层和应用层三大领域组成。

感知层。主要包括信息感知，识别物体采集信息，是物联网识别物体和信息的来源，也是其上游产业。感知层是由各种半导体传感设备及其网络网格组成，由传感器、条形码、射频识别标签以及卫星定位系统等构成的感知终端。感知层是竞争性领域。由于各个行业应用物联网模式不同，对其传感器和终端设备的需求差别较大，也对产品生产提出了较高要求。

网络层。主要实现物联网的数据传输和处理感知层获取的信息，是物联网的中游产业。物联网所包括的网络有互联网、局域网、城域网、外网、网络系统平台等。网络层属于寡头竞争的垄断性行业，其垄断性不仅体现在对其建设过程，而且在其运营环节也呈现不同程度的垄断。

应用层。这一层次是物联网的应用体系，主要作用是把物联网和终端连接起来，实现物联网真正意义上的虚拟世界与物理世界的无缝连接，达到名副其实的物物相连世界，是物联网的下游产业。应用层拥有市场差别较大、市场高度细分的产业组织模式。这一领域主要面向中小企业、家庭及个人服务，包括多样化的服务模式和个性化的服务方式。用户的经营多具有分散性，因此在该领域物联网应用差别较大，服务市场细分程度较高。

就发展趋势看，物联网产业链三大领域的增长路径并不一致。感知层传统领域潜力有限。据 Gartner 公司预计，2019 年物联网半导体行业市场总额将达到 435 亿美元。其中，处理设备市场规模为 248 亿美元，传感器市场规模为 100 亿美元，通信芯片市场规模为 86 亿美元。在传感器、RFID 等领域，国内厂商基本没有进入高端市场，缺乏竞争壁垒导致其未来盈利窗口期较短，如不能切入高端领域，其未来增长潜力有限。从目前看，感知层领域内智能识别的发展空间较大。今后小型化智能设备的普及将会带来交互方式的改变，而以图像和语音识别为代表的智能识别，或将成为物联网主流数据采集方式。网络层中运营商红利较大。当前人们普遍使用的蜂窝网技术优势在于其实时性、安全性、兼容性、移动性较好，而 Wi-Fi 技术优势在于其成本较低。今后，Wi-Fi 与蜂窝式技术将会趋向共同合作的应用模式，两种技术可能会成为预期在 2020 年开始将采用的 5G 蜂窝标准的组成部分。但无论使用哪种技术，运营商的规模红利在短期内都难以撼动。

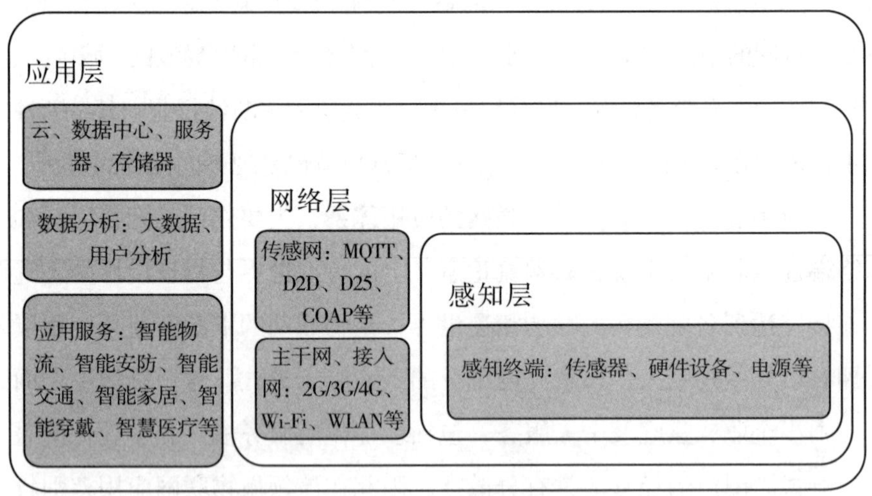

图 7–3　物联网产业链分布

应用层中的物联网平台今后有望成为产业链核心。随着物联网在不同场景下实现大规模应用，感知层采集的数据量将越来越大，数据类型将越来越丰富，数据结构也会越来越复杂，数据分析的重要性将会日益凸显。届时，效聚资源、打造生态、参与应用分层的物联网平台优势将不断显现。目前，互联网巨头与创业公司直接布局平台领域。在平台服务领域，大型互联网、IT 公司由于拥有殷实的资金积累、坚实的用户基础和雄厚的网络开发实力，往往率先抢占了先机。国内的百度、腾讯、阿里、小米等互联网巨头都拥有自己的物联网开发服务平台，通常在其云计算业务上构建起来。同时，创业公司也凭借其对细分领域的敏感性、专业性迅速在平台领域占得一席之地，如机智云、KII 都是国内智能家居等领域比较著名的专门提供应用开发服务的创业型企业。

移动电源

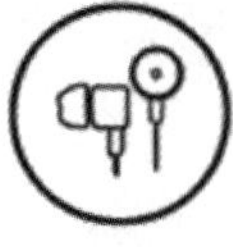
活塞耳机

小蚁摄像头

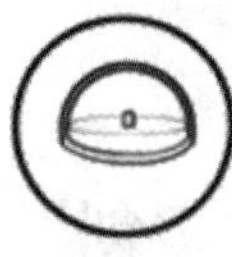
智能血压仪

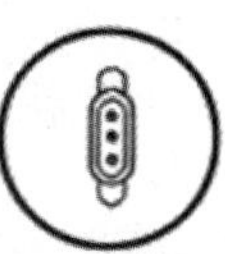
小米手环

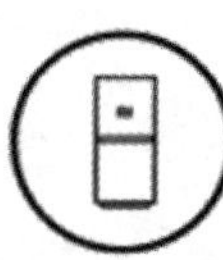
空气净化器

图 7–4　小米智能硬件生态链产品

“网”中不足

如今，物联网技术层面日趋成熟，但其稳定性尚存在瑕疵。制约物联网产业发展的问题主要有三类：

一是基础网络能力不足。物联网的连接对象是超大规模的智能设备，因此需要稳定、持续的网络环境，对网络覆盖、时延和终端设备功耗要求较高。然而，目前 4G 网络主要是为大流量和按需响应的人—人通信设计，难以满足物联网构架所需。

二是终端设备价格较高。由于产品成熟有一定的过程，价格下降也需要一定的时间，当前 VR、AR、无人机、智能手表、4G 模组等终端设备，价格依然相对较高。主流 VR 设备动辄就要数千元；4G 模组成本仅约为 60 元，可是经渠道商加价后一般会超过 100 元。也许，对于一些技术发烧友或尝鲜者来说，VR 这类产品的高价可以容忍，但对于普通消费者和企业而言，却很难在高成本面前选择淘汰现有设备。

三是产业链整合度还不够。物联网产业链发展仍呈碎片化态势，尚未形成统一的标准，也缺少强有力的产业链整合者。物联网的实现不仅是要设备可连接互联网，还要设备与设备之间实现无缝连接，但如今，设备间的“互操作性”还远未达到理想的规模。

“创”到渠成

针对上述制约物联网产业发展的三个问题，国内外科技型巨头不断进行技术创新和市场整合，并取得了显著进展，有望在未来几年内将其彻底解决。

以 NB-IoT 为代表的 LPWA 技术引领连接数迅猛增长

以基于蜂窝的窄带物联网（Narrow Band Internet of Things, NB-IoT）为代表的低功耗广域（Low Power Wide Area，LPWA）连接技术解决了移动物联网普及的障碍，LPWA 大规模部署后将促进物联网连接数迅猛增长。相比传统的短距离通信技术和已有的蜂窝通信技术，以 NB-IoT 为代表的 LPWA 具有四大明显优势，非常适合需要远距离数据传输、通信数据量少、需电池供电长久运行的物联网应用场景：一是广覆盖。NB-IoT 的覆盖比传统 GSM 网络多 20 个 DB。如果按照覆盖面积计算，一个基站可以提供 10 倍的面积覆盖。二是海量连接。200KHz 频率下面，借助 NB-IoT 一个基站可以提供 10 万个连接。三是低功耗。NB-IoT 通信模组电池可以独立工作十年，而不需要充电。四是低成本。NB-IoT 模组的成本低于 5 美元，且 NB-IoT 是基于蜂窝网络，可直接部署于现有的 GSM 网络、UMTS 网络或 LTE 网络，运营商部署成本较低，将实现向 4.5G 平滑升级。

技术创新推动元器件成本下降。随着材料科学、纳米技术、微电子等领域前沿技术的突破，智能化技术实现了多种传感功能与数据处理、存储、双向通信等的集成，不但成本逐年下降，还完成了高精度的信息采集、可数据存储和通信、编程自动化及功能多样化。传感器和 Wi-Fi 模组向智能化、微小化、多样化迈进，生产规模不断扩大。例如，集成微电子机械加工技术的日趋成熟推动 MEMS 传感器将半导体加工工艺（如氧化、光刻、扩散、沉积和蚀刻等）引入传感器的生产制造，实现了规模化生产（见图 7–5）。

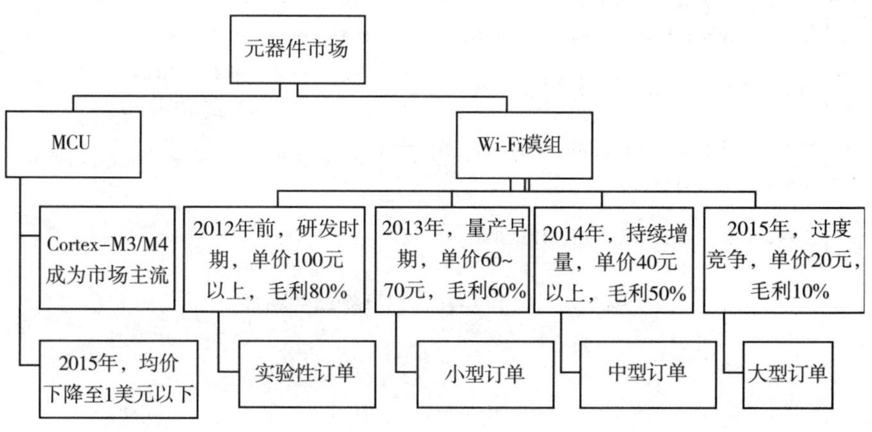

图 7–5　物联网元器件价格变化情况

巨头布局加速产业链整合

尽管离物联网的真正实现还较远，但目前行业快速扩散的势头已十分明朗，主要 IT 巨头们正在加紧布局（见图 7–6）。2016 年 2 月，思科宣布以 14 亿美元收购物联网平台供应商 Jasper Technologies，这标志着顶级企业级软件公司致力于主导企业物联网领域的创新。英特尔和高通也正全面向物联网一体化解决方案商转型，GE 和微软开始重点布局工业物联网，AT&T 则加大车联网投入力度。以美国最大电信运营商 AT&T 为例，其近年来致力于将自己在通信领域的领先地位拓展到物联网。该公司表示，截至 2015 年第三季度，他们已经有 2500 万个物联网终端，其中 600 万是汽车。AT&T 为车联网用户提供免费或付费的服务，包括视频节目、游戏以及儿童教学等软件应用。

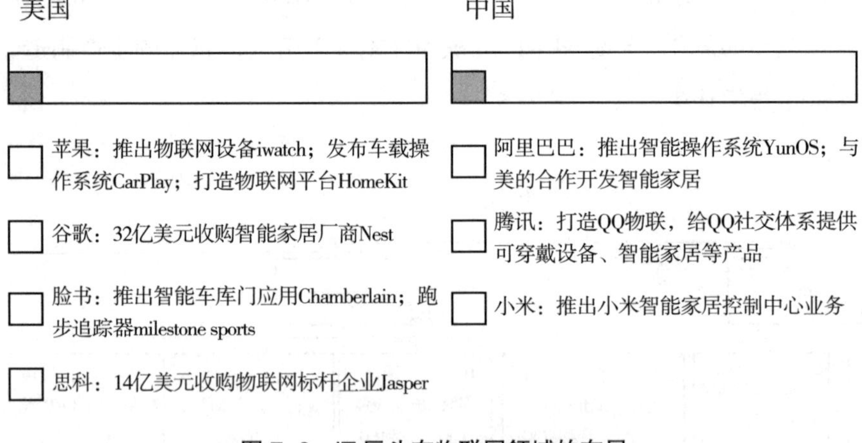

图 7–6　IT 巨头在物联网领域的布局

"制"迎物联

物联网时代的硬件将出现两个很明显的发展趋势。首先，从单个硬件来看，要求功能多样化，体积微小化，实现低功耗；其次，从硬件整体来看，种类将会呈现爆炸式增长，并且单一硬件的生命周期还将大幅缩短。这两大趋势也就同时催生了物联网时代制造工艺的两个重要发展方向：模块化与多样化。在这样一个趋势下，系统封装（System in Package）技术与 3D 打印制造技术将大有可为。

系统封装

系统封装是指在一个封装中集成诸如数字电路、模拟电路、RF（射频）、存储器和接电路等多种电路，以实现图像处理、语音处理、通信和数据处理等多种功能。从而能够很好地满足物联网时代硬件高集成度、体积微小化的需求，且相较于更为高端的芯片封装（System on a Chip）技术又有成本低和开发周期短的显著优势。

在半导体技术演进路径上，IC（集成电路）封装系统封装化趋势非常明显，并且随着物联网时代的到来，这一趋势还将呈现加速发展之势。物联网时代，对于硬件产品的要求是在集成度提高的同时降低生产成本。而随着芯片制造工艺制程的不断提高，希望通过提高工艺制程来缩小芯片体积提高集成度的难度却越来越大，成本也越来越高。系统封装技术则是直接在芯片封装环节进行系统集成，这样能够在满足产品集成度要求的情况下，大大降低生产难度，在成本上也能满足产品需求。

3D 打印

物联网时代的硬件多样性，以及硬件生命周期的大幅缩短激发了敏捷、柔性制造的需求。而 3D 打印技术堪称柔性制造的高级阶段，采用该制造工艺具有制造复杂物品不增加成本、产品多样化不增加成本、零时间交付、设计空间无限、材料无限组合、精确的实体复制等一系列优点，在未来物联网市场上具有广阔的应用前景。特别是在制作小批量、构型复杂的硬件方面，对比传统机加工手段优势尤为明显。

“国”家战略

美国物联网加速发展

面对新一轮物联网技术革命可能带来的历史机遇，欧美发达国家政府纷纷进行物联网战略布局。以美国为例，美国物联网产业自 2005 年开始发展，至今整个产业链日趋成熟，开始步入平台加速的阶段。

2005~2010 年是物联网技术的尝试阶段。射频识别技术在美国物流、零售、医药产业中得到应用。一些公司开始对无线传感器网络进行研究，Crossbow、Dust Network、Chips、Inter、Freescale 等公司均先后推出了商用 WSN 芯片。2009 年，“智慧地球”的发展理念被升级为国家物联网的发展战略。时任总统奥巴马签署了总额为 7870 亿美元的《美国恢复和再投资法案》，在智能电网、医疗卫生和教育等领域推动物联网的应用与发展。

2010~2014 年是物联网技术的推广阶段。2011 年以来，美国政府先后发布了先进制造伙伴计划、总统创新伙伴计划，引入企业与大学的技术专家共同制定其参考框架和技术协议。美国国家标准与技术研究院组织其工业界和 ICT 产业界的龙头企业，共同推动工业互联网相关标准框架的制定。在此期间，出现了智能家居企业 Nest、智能手表厂商 Pebble 和谷歌眼镜等一批物联网创新企业和产品。

2014 年至今，物联网开始进入平台加速阶段。电信、IT、互联网巨头纷纷推出物联网平台开始布局。2014 年初，谷歌斥资 32 亿美元收购智能家居企业 Nest，并已推出三款智能家居产品。2014 年，通用电气公司联合亚马逊、埃森哲、思科等企业共同建立物联网大数据分析平台。亚马逊、甲骨文、谷歌也纷纷推出自己的物联网平台。物联网正在成为科技公司的一个新的重要收入来源。

中国物联网不断提速

我国物联网产业起步晚于美国，但至今已与美国差距不算太大（见图 7–7）。与美国市场自发为主、政府引导为辅不同，我国物联网产业发展主要依靠政府的战略性政策推动，因此才能在短期内快速迎头赶上。

2005~2008 年是我国物联网产业的技术学习阶段。一些先行企业在传感器及 RFID 领域进行了初步研究，并推出了一些初级产品。

2008~2013 年是我国物联网产业的政策推动阶段。2008 年，国务院提出了“感知中国”设想，中央和地方政府对物联网行业在资金和政策上均给予了大量的支持。无锡市率先建立了“感知中国”研究中心。2012 年工信部制定了《物联网“十二五”发展规划》，提出重点培养物联网产业 10 个聚集区和 100 个骨干企业，实现产业链上下游企业的汇集和产业资源整合。2013 年 2 月，国务院发布《关于推进物联网有序健康发展的指导意见》，针对物联网发展面临的突出问题以及长远发展的需要，从全局性和顶层设计的角度进行了系统考虑，明确以智慧城市为重要载体，在农业、交通、物流等领域初步进行推广。自此，我国物联网产业开始步入发展的快车道。

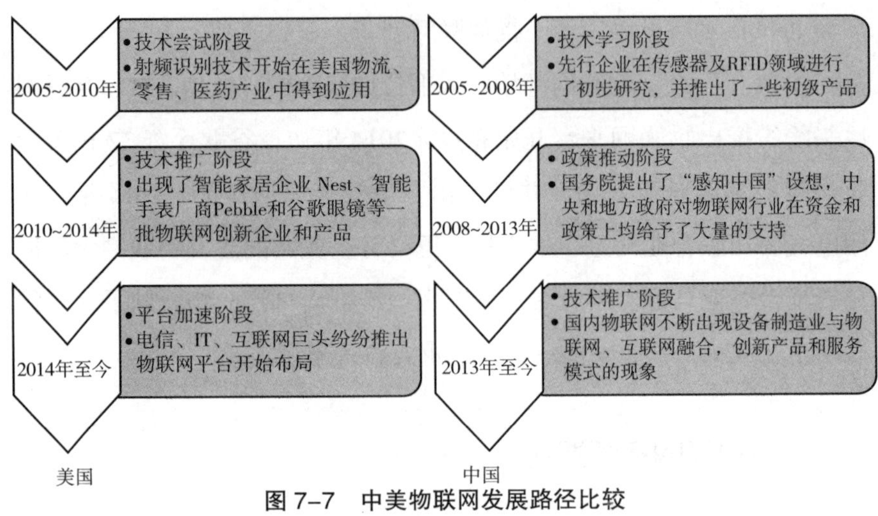

图 7-7　中美物联网发展路径比较

2014 年至今，我国物联网产业步入技术推广阶段。国内物联网不断出现设备制造业与物联网、互联网融合，创新产品和服务模式的现象。家电行业借力物联网技术，已经率先开展拓展价值空间并改善产品服务的模式探索，进军智能家居。2014 年 3 月，美的与阿里巴巴宣布双方将共同构建基于阿里云的物联网开放平台，实现家电产品的连接、对话和远程控制，并为第三方应用提供标准 API 接口，打造一个开放的智能物联网平台，未来将可支持更多类型设备的接入。

“后”来居上

必须指出的是，中国拥有全球最大的电子消费市场与工业规模，物联网将在中国有着光明的前景。赛迪智库的数据显示，2014 年我国物联网产业的市场规模达到人民币 6000 亿元，而到 2018 年将达到人民币 1.5 万亿元，年复合增长率超过 25%，充分展现出了强劲的发展势头。随着中国已成为全球 ICT 类终端设备的生产与研发基地，或许中国企业将能从物联网尤其是工业物联网和车联网中获得比国外巨头更多的机会。据 Accenture（埃森哲）预测，未来 15 年中国工业物联网市场规模将达到 1.8 万亿美元。由于中国已经成为全球最大的制造业国家，未来工业在产业升级过程中将产生巨大的市场空间，其发展潜力十足。

除国家层面出台相关政策外，各地政府也针对物联网产业制定了中长期的规划与战略，以期通过物联网产业发展带动地方产业转型升级。不少地方政府还出台物联网专项规划、行动方案和发展意见，从土地使用、基础设施配套、税收优惠、核心技术和应用领域等多个方面为物联网产业的发展提供政策支持。从重点区域物联网战略规划政策中可以看出，我国的东部和南部由于自身信息化程度较高，信息化基础设施建设较为完善，在推进物联网建设时速度较快，发展阻力较小（见表 7–2）。

目前，我国物联网产业空间格局已经形成分别以北京、上海、深圳、重庆为核心的环渤海、长三角、珠三角、中西部地区四大产业集聚区。其中，环渤海以北京为核心，打造物联网产业研发、设计、运营和公共服务平台的龙头区域。长三角区域以上海和无锡为双核，是我国起步最早，产业规模最大的区域。无锡作为“国家传感网创新示范区”，集聚了大批物联网龙头企业，在技术研发、产业化与应用推广方面起到示范作用。珠三角区域成为物联网产业制造、软件研发和系统集成的重要基地。而中西部区域在软件、信息服务、传感器等领域发展迅猛，成为第四大产业基地。产业发展聚集区的形成，能够促进产业集群和联动效应，推动产业规模化的形成，对于产业发展具有积极意义。

表 7–2 国内主要地区物联网政策推动情况

地区	政　策
天津	天津市物联网产业发展“十二五”规划
重庆	重庆市人民政府关于加快推进物联网发展的意见
山东	山东省物联网产业发展规划纲要、青岛市物联网应用和产业发展行动方案（2011—2015 年）、济南市物联网产业发展“十二五”规划
江苏	江苏省物联网产业发展规划纲要、南京市“十二五”智慧城市发展规划、无锡市物联网产业发展规划纲要（2010—2015 年）
浙江	浙江省物联网产业发展规划（2010—2015 年）、杭州市物联网产业发展规划（2010—2015 年）
广东	关于加快发展物联网建设智慧广东的实施意见、深圳推进物联网产业发展行动计划（2011—2013 年）
福建	福建省加快物联网发展行动方案
山西	山西省“十二五”物联网产业发展专项规划

专栏 7–2

工业物联网——“智”联工业

工业物联网是物联网在工业领域的细分，与我们常说的工业 4.0 关系紧密。工业物联网是指能够通过网络互相交流的智能工业产品、流程、服务的集合，主要应用集中在制造业供应链管理、生产过程工艺优化、产品设备监控管理、环保监测及能源管理、工业安全生产管理等，能够进一步提升工业的信息化、智能化，实现机器与机器、机器与人、机器与物之间的互联互通。工业物联网应用广泛，涉及众多行业，如设备制造、石化、金属冶炼及加工、食品饮料、服装、造纸印刷等领域。未来工业智能化主要能够体现在三个方面：一是“智能工厂”，生产系统和生产过程被赋予智能化，生产力得到显著提升；二是“智能生产”，诸如生产物流管理、人机互动、3D 打印技术等先进技术在生产过程中得到应用，改变传统生产的方式；三是“智能物流”，能够通过物联网整合物流资源，提升物流效率。工业物联网覆盖范围广、影响大，已成为所有物联网中最重要的板块之一。据艾森哲测算，全球工业物联网规模在 2014 年即达到 1800 亿美元，并预计在 2020 年将达到 5000 亿美元。

专栏 7-3

车联网——车轮上的智能生活

汽车作为人类最重要的交通工具，同样也是物联网最重要的入口之一，因而车联网蓬勃兴起。车联网依托于云计算、大数据技术、通信技术、搜索技术、导航、多媒体技术、支付等互联网工具，围绕用户的车生活，整合线上与线下资源，为用户提供完整和全面的智慧出行服务。其中有三个细分市场受车联网影响最大：一是安全，主要是指车身安全；二是车载信息娱乐；三是无人驾驶。

安全。汽车的安全措施可以分为主动安全措施（防止事故发生）和被动安全措施（减轻事故后果）。车联网提供的是主动安全措施，其更侧重关注预防事故。当前，ADAS（高级驾驶辅助系统）已逐步应用于车载终端，对于单台车辆而言，ADAS 能够通过预警增强行车安全，但对车辆附近的其他车辆并没有得到相关的安全预警。如果车辆之间实现联网，一旦某车辆发现前方路况异常或者车辆需要并线的时候，车与车之间会互联互通信息，保证安全信息被所有人知晓。

车载信息娱乐。车载信息娱乐系统（In-Vehicle Infotainment，IVI）能够实现基于在线的娱乐功能及TSP（汽车远程服务）等，其功能相当于手机一样的智能助手。分为娱乐系统和信息系统，前者主要包括通过音视频设备提供娱乐服务，后者主要通过导航引擎与软件、故障检测、车辆信息、远程通信等功能模块提供信息服务。

无人驾驶。无人驾驶是车联网的制高点，是人工智能应用最快、空间最大的场景之一。无人驾驶涉及人工智能感知、思考和行动三个核心技术，将出行环境构筑成重要的生活办公场景，因而基于该场景的应用和增值服务想象空间极大。未来无人驾驶汽车的实现，不但将给相关厂商带来巨大的商业价值，还能减少大气污染保护环境、提高道路使用效率和最大限度减少交通事故。据谷歌预测，通过软件等分享无人驾驶汽车，将会使车的使用率提高超过75%，道路上的车辆将减少约30%。

“智”往直前

尽管物联网潜在市场空间在万亿量级，但目前尚未进入爆发期。现阶段物联网的瓶颈在于网络能力不足、终端成本居高不下、产业链整合度不够。随着NB-IOT的推出、终端成本逐步下降、巨头切入物联网产业链，未来2~3年内有望出现明显改善。在感知层元器件层面，物联网一旦爆发，市场需求将有一波机会，其中智能识别的发展空间最大。但我国企业很难借力，原因在于国内企业普遍集中在传统领域，竞争壁垒不高，长期增长潜力并不大。从微观主体的实力来看，国内代表性企业科大讯飞和东方网力都是依靠政府采购支撑，若“真刀真枪”地展开竞争，前景难以预料。网络层受益于物联网整体发展，商业模式清晰，运营商及通信连接管理平台位于核心位置，收益最有保障。应用层中物联网平台处于核心，国内 IT 巨头多有布局，而下游细分领域分散，有望形成专注于细分领域的小型 SAAS（Software-as-a-Service，软件即服务）平台。今后，我国物联网产业可以网络层和应用层中的强势企业为突破口，逐步带动上游制造环节改善，从而全面推动整个产业发展，缔造支撑“中国智造”、加快迈向工业强国的“中国网”。

第 8 章　精准医疗与中产阶级经济学

在人类让它正确地吹以前
未经教化的风曾经随心所欲
在任何它遇见的不平之地
昼夜敞开它响亮的喉咙

——［美］罗伯特·弗罗斯特《目的在于歌唱》

美国民主党与中产阶级经济学

2015 年 1 月 20 日，美国总统奥巴马发表国情咨文演说指出，其上任 7 年来取得的成绩表明，“中产阶级经济学（middle-class economics）是行之有效的”。奥巴马宣称，所谓中产阶级经济学，就是在当今时代，既要“帮助劳工家庭在一个不断变化的世界中感到更安全”，又要“进一步帮助美国人提高技能”，还要“发展新经济为劳动力提供高薪职位”。实际上，自克林顿以来，为中产阶级设定的类似目标在民主党执政理念中一以贯之，也是以往民主党赢得选举的利器之一（见专栏 8-1）。其中，实施“精准医疗计划”（precision medicine initiative）则是奥巴马为发展美国新经济放出的“大招”之一。

根据奥巴马的演讲及随后白宫发布的政策文件，将精准医疗技术应用于癌症防治，提高癌症防治水平，是美国精准医疗计划的近期目标。人类苦癌久矣！在人类抗击癌症的漫漫征途中，45 年前，美国也曾吹响攻坚的号角。1971 年 1 月 22 日，时任美国总统的尼克松就曾在国情咨文演说中高呼“向癌症宣战”（War on Cancer）。当年 12 月 23 日，尼克松正式签署了《美国国家癌症法案》，并在演讲中提出，要在 1976 年美国建国 200 周年时征服癌症。

根据美国国家卫生研究院（NIH）公布的数据，自尼克松发动抗癌之战后的 40 余年间，美国政府为此累计投入 1000 多亿美元。从癌症死亡率、癌症患者总体的五年生存率等指标来看，尽管美国的抗癌之战距离实现尼克松提出的目标相去甚远，但也确实取得了一些进展。曾经致命的一些癌症——如白血病、淋巴瘤和睾丸癌——目前在美国治愈的可能性显著提高。

专栏 8-1

中产阶级经济学与民主党的美国梦

即使对美国政治没有非常深入了解的人，从 20 多年来美国选战的走势也能看出，尽管美国社会的核心价值观并未改变，但民主党在选举中为选民描绘的美国梦与美国建国之初甚至 50 年前已经有了一定的差别。从突出对个人奋斗的高度认可一步步转向对少数族裔和弱势群体的关注，美国似乎已渐渐失去了其作为“世界青年”的蓬勃与锐利，但却又多了一份“中年人”的豁达与包容。

支撑这一理念转变的无疑是民主党的大票仓——美国知识分子及其代表的中产阶级。为稳住这批“铁票”，奥巴马推出“中产阶级经济学”，旨在给美国中产阶级吃下定心丸：在美国辛勤劳动必有所获！同时，执政的民主党政府不断创造条件包括提高薪资水平、改善职场环境、增加高收入就业岗位等，从而为工薪阶层的家庭提供更好、更安全的医疗和退休保障。奥巴马还进一步指出：“今天，我们的问题不在于政府的大小，而在于政府能否起作用，政府能否帮助家庭找到薪水合适的工作，给他们可以负担得起的医疗保障并让他们体面地退休。哪个方案能给予肯定的答案，我们就推进哪个方案。哪个方案的答案是否定的，我们就选择终止。”

白宫近期发布的一份报告对中产阶级经济学及其核心政策做出了清晰简明的解读。从中可以看出，所谓“中产阶级经济学”与其说是经济学的实践创新，不如说是民主党的政治宣言。而且就其实施效果而言，奥巴马执政以来，在减少失业、削减财政赤字、扩大保险覆盖面、中等收入家庭减税、稳定房地产市场、教育改革、提供能效、降低银行收费标准等方面，中产阶级经济学始终践行着民主党心中的新“美国梦”。

虽然奥巴马的医改方案一再受阻，但在中产阶级经济学的一揽子政策措施中，医疗仍是其最为关注的领域之一。通过开启新一轮基因药物创新研究，美国将凭借新药物、新诊疗技术、新医疗模式，领跑攻克癌症等人类顽疾，实现“精准医疗”，并成为奥巴马重要的“政治遗产”。

精准医疗何以从医学理念上升为国家战略

究其本质，精准医疗其实就是个体化医疗，而个体化医疗则是 20

世纪 70 年代就已提出的医学理念。受医学及相关学科发展水平的限制，这一理念在 20 世纪并未得到充分实践，更谈不上上升为国家计划。2002 年，美国、英国、法国、德国、日本和中国共同完成的“人类基因组计划”，使得个性化医疗理念有了落地的希望，并因此成为医学界研究的热点。

2011 年 11 月，美国重要智库国家科学研究委员会发布的愿景性报告《迈向精准医疗》首次正式提出精准医疗概念，将其定义为“一种与个体分子病理学特征相匹配的诊断和治理策略”，并用其替代个体化医疗，作为新时期整合基础研究、转化研究、临床研究和医学实践的框架。4 年后，经奥巴马批准，精准医学理念成为美国的战略性计划。一种新的科学理念特别是医学理念，在如此短时间内上升为国家战略并不多见。而这其实是政治、经济、技术三股“洪荒之力”共同作用的结果。在此前后，英国、法国、澳大利亚、韩国等国家纷纷出台各自的精准医疗计划，学术界和智库倡导的新医疗范式开始从理念变为现实（见专栏 8–2）。

专栏 8–2

英国、法国、澳大利亚、韩国的精准医疗计划

英国 10 万人基因组计划。2012 年 12 月，英国政府宣布启动针对癌症和罕见病患者的英国 10 万人基因组计划（100000 Genomes Project）。该计划的目标是：推进基因组医疗整合至英国国家医疗服务体系，并使英国在该领域引领全球；加速对癌症和罕见病的了解，从而提升有助于患者的诊断和精准治疗；促进基因组领域的私人投资和商业活动；提升公众对基因组医疗的知识和支持。

法国基因组医疗 2025。2016 年 6 月，法国政府宣布投资 6.7 亿欧元启动法国基因组医疗 2025 项目（France Genomic Medicine 2025）。该项目的目标是：将法国打造成世界基因组医疗领先国家；将基因组医疗整合至患者常规检测流程；建立国家基因组医疗产业，从而推动国家创新和经济增长。

澳大利亚零儿童癌症计划。2016 年 5 月，澳大利亚首相麦肯·腾博宣布，以澳大利亚儿童癌症研究所和悉尼儿童医院为依托，实施零儿童癌症计划（Zero Childhood Cancer Initiative）。该计划旨在利用基因组技术为目前无法治愈的儿童癌症提供个体化治疗策略。

韩国万人基因组计划。2015 年 11 月，韩国政府宣布，以韩国蔚山国家科学技术研究所为依托，启动万人基因组计划（10000 Genome Project）。该计划的主要目标是：绘制韩国人基因组图谱；建立韩国标准化的基因数据库；发现罕见遗传疾病的突变位点；为韩国快速增长的基因组产业提供全面的基因组信息。

政治背景：竭力捍卫医改成果

2010 年 3 月 23 日奥巴马签署了《平价医疗法案》，实现了其在美国建立全民医保的愿望，也成为其作为美国总统的最重要政治遗产。根据《平价医疗法案》，美国要采取扩大医保覆盖范围、削减医疗开支、减轻政府财政负担等措施，建立全新的医疗系统，从而为医生提供良好的从业环境，并以最低的成本为所有美国人提供最好的医疗服务。

然而，理想很丰满，现实很残酷。2014 年 1 月 1 日，《平价医疗法案》正式实施以来，美国医疗费用快速增长的态势非但没有得到遏止，却适得其反。根据美国卫生与公众服务部发布的统计数据，2014 年全美医疗费用总额达 30313 亿美元，比 2013 年增长了 5.3%，增速为 2008 年以来最高值。更令人沮丧的是，若医疗技术没有显著进步，在现行制度框架下，到 2025 年之前，美国医疗费用仍将保持高速增长（见图 8-1）。这给了反对派以口实。共和党已向美国最高法院提起了 60 多次诉讼，要求废除《平价医疗法案》。虽然到目前为止，最高法院的判决均捍卫了《平价医疗法案》的完整性，但该法案的部分内容已有所调整。2015 年 6 月 25 日，在万众瞩目的奥巴马医改法案的第三次诉讼风暴中，美国最高法院对金诉布维尔案（King v. Burwell）的判决允许每个州选择是否提供医疗救助。这意味着反对奥巴马医改法案的州可以不给穷人提供医疗救助，改由联邦政府提供。很明显，此判决增加了医改成本，加重了纳税人负担，这对医改法案是一个巨大的打击。美国当选总统唐纳德·特朗普在竞选期间称奥巴马医改为“彻底的灾难”，认为美国需要废除《平价医疗法案》。

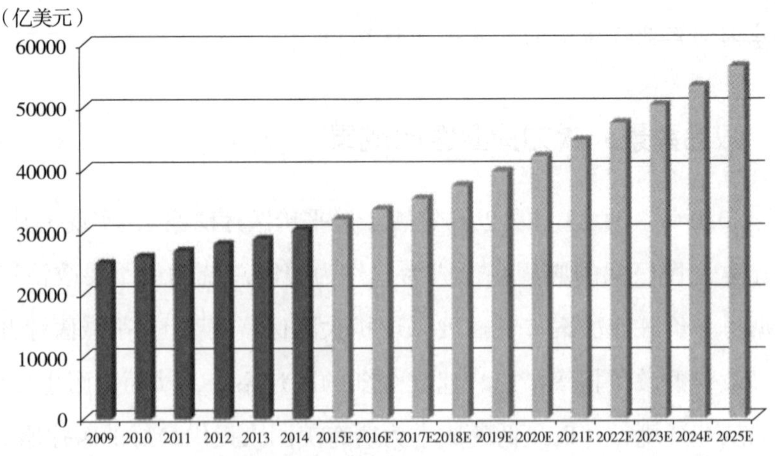

图 8–1　美国医疗费用总额变化趋势（2009~2025 年）

资料来源：United States Department of Health and Human Services

注：2015 年以后为预测值。

对于来自反对派的“当头炮”，奥巴马自然不会坐视不理。实施精准医疗计划，就是其反击中的一步“先手棋”。在美国，医疗利益集团是左右医改进程的重要力量。奥巴马医改法案最终能够获得立法通过，离不开医生、医院、制药公司、保险公司等医疗利益集团的坚定支持。例如，2009 年 5 月 11 日，医疗利益集团中的美国医学会主席詹姆士·罗哈克、先进医疗技术协会主席斯蒂芬·尤柏尔、美国药物研究和制造商主席比利·淘津、美国医院协会主席里奇·昂伯德斯多克、美国医疗保险计划中心主席伊格纳·格尼等人联名致信奥巴马：“作为利益集团的代表，我们支持使患者和医疗保险购买者买得起保险并提高医疗效率的改革。我们时刻准备着与您共同推进这项工作。”美国规模最大、实力最强、历史上反对医改最坚决的医生组织美国医学会主席詹姆士·罗哈克还于 2009 年 7 月致信国会众议院预算委员会主席约翰·斯普莱特，表示支持该委员会起草的医改法案。因此，当面世不久的医疗改革法案受到反对派的猛烈抨击时，奥巴马使出“借刀杀人计”，宣布实施精准医疗计划，利诱医疗利益集团继续坚定支持医改，反对废除《平价医疗法案》。显然，只要医疗利益集团不反水并要求继续实施奥巴马医改，不管谁当选美国下一任总统，废除《平价医疗法案》的呼声，都只会是雷声大、雨点小。同时，奥巴马在启动精准医疗计划时，之所以特别强调要重视公私合作模式（PPP）的作用，其目的就是要通过紧密的利益联结，确保民主党与医疗利益集团“友谊的小船”不被反对派掀翻。

经济动机：抢占千亿级市场风口

2008 年国际金融危机以来，美国等发达国家实施了一系列刺激经济的政策，但经济复苏仍然缓慢且未达到预期效果。经济增长不景气，导致传统产业领域的企业投资意愿十分疲弱。但人类出于本能对生老病死的关注，使得医疗服务市场规模持续稳定扩张。当社会陷入迷茫之中，找不到投资方向时，政府出面“许一个光明的未来”，会在一定程度上激发社会的投资热情。在人类基因组计划成功实现后，基于美国在基因测序产业链上的领先优势，实施精准医疗计划，是美国政府助力企业掘进万亿级新兴市场的一大法宝。

事实上，精准医疗受到全球广泛关注，发展潜力巨大。根据国际市场研究机构 Credence Research 发布的报告，2015 年，全球精准医疗市场规模近 400 亿美元，到 2023 年预计会超过 980 亿美元。2016~2023 年，全球精准医疗市场规模的年均复合增长率预计将高达 12.3%，是医药行业增速的 3~4 倍。其中，北美地区由于卫生服务设施发达，且公众对新医疗技术的接受度较高，加之政府对其支持力度最大，因此目前已成为全球规模和增长潜力最大的精准医疗市场。在精准医疗的各细分领域，基因测序的市场规模在过去的数年内呈现高速增长态势。国际市场研究结构 BCC Research 监测的数据表明，全球基因测序市场规模已从 2007 年的 8 亿美元，飙升至 2014 年的 55 亿美元，年均复合增长率高达 32%。预计到 2018 年，全球基因测序市场规模将达到 117 亿美元（见图 8–2）。

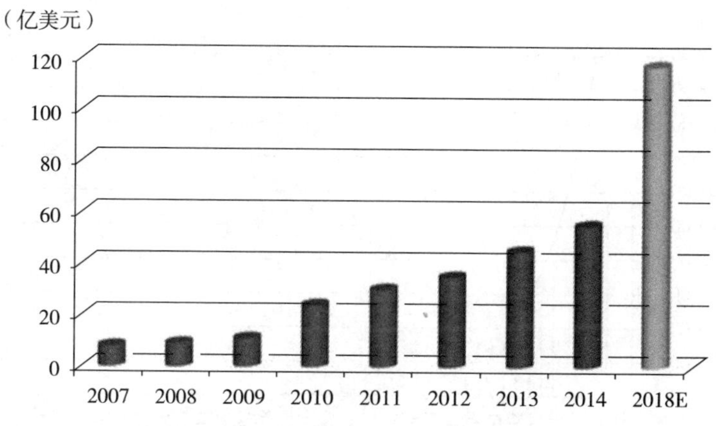

图 8–2　全球基因测序市场规模

资料来源：BCC Research

技术基础：基因测序与大数据“双剑合璧”

数据密集型生物技术的不断进步，以及信息技术的快速发展，为精准医疗这一医学新范式的落地奠定了良好的技术基础。

在生物技术领域，以基因测序为核心的基因组学技术目前已进入产业化阶段，其应用成本下降速度甚至超过了“摩尔定律”设定的芯片价格下降速度。根据美国国家卫生研究院下属的国立人类基因组研究所（NHGRI）发布的数据，2001 年 9 月，单个人类基因组测序成本为 9526 万美元。2006 年 10 月，新一代测序技术应用后，单个人类基因组测序成本骤然下降至 1047 万美元。此后，基因测序成本以超“摩尔定律”的速度持续降低，2013 年 10 月，降至 5096 美元。2014 年 1 月，全球基因测序仪器的领军企业美国 Illumina 公司推出高通量全基因组测序仪之后，基因测序成本进一步降低，2015 年 10 月，单个人类基因组测序成本已降至 1245 美元（见图 8–3）。随着基因测序技术的更新换代，测序成本不断下降的趋势仍将持续。

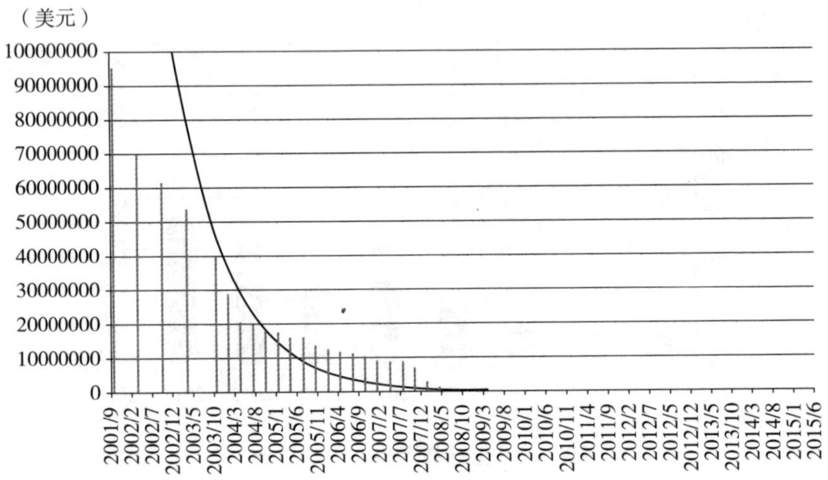

图 8–3　单个人类基因组测序成本变化趋势（2001 年 9 月 ~2015 年 6 月）

资料来源：Wetterstrand KA. DNA Sequencing Costs: Data from the NHGRI Genome Sequencing Program（GSP）Available at: www.genome.gov/sequencingcostsdata

专栏 8–3

基因、基因测序、外显子组测序

20 世纪 50 年代以来，随着分子遗传学的发展，特别是 1953 年美国科学家詹姆斯·沃森和英国科学家弗兰西斯·克里克提出 DNA 双螺旋结构以来，人们逐渐认识到基因的本质在于控制生物性状、具有遗传效应的 DNA 片段。一方面，基因能够忠实地进行自我复制，以保持生物的基本特征；另一方面，基因也能发生变异，导致疾病的发生，并在特定环境下遗传给后代。

基因测序是指通过测序设备对 DNA 分子的碱基排列顺序进行的测定，即测定和解读 DNA 分子中的腺嘌呤（A）、胸腺嘧啶（T）、胞嘧啶（C）和鸟嘌呤（G）四种碱基的排列顺序。基因测序可以准确获取生物遗传信息，解释基因组的复杂性和多样性，在生命科学研究中有十分重要的作用。同时，基因测序对临床医学也有十分重要的意义和价值，现在越来越多疾病的机理研究和临床诊断都依赖于基因测序结果。

外显子（exon）是真核生物基因的一部分，包含着合成蛋白质所需要的信息。外显子组（Exome）就是指全部外显子。外显子组测序是指利用序列捕获技术将全基因组外显子区域 DNA 捕捉并富集后进行高通量测序的基因组分析方法。由于人类外显子组只占基因组长度的约 1%，但是目前由 DNA 变异引起的疾病有 85% 以上来自外显子组区域的变异。所以，外显子组测序远比进行全基因组序列测序更简便、经济、高效，其目标区域覆盖度也更高，便于变异检测。目前，外显子测序已经在米勒综合征、歌舞伎综合征、重型颅脑畸形等孟德尔疾病的研究中得到成功应用。

大数据和云计算技术的成熟，促使基因测序产生的海量数据能够得以充分利用。一个完全测序的人类基因组仅包含 100~1000GB 的数据，而仅对人群进行基因组或外显子组数据采集每年可能会产生 40PB（即 4000 万 GB）的数据。有研究表明，基因组学研究产生的数据很快就会远远超过全球最大视频网站 YouTube。对基因测序得到的海量数据进行分析时，还需要考虑其他与分析对象有关的非基因因素。比如，与临床症状相关的数据，此时计算量会呈指数式增长，这很可能会让常见的独立型运算分析系统崩溃。因此，进行基因组大数据分析，一般都需要采用云计算的方式。随着云计算技术的进步和商业模式的成熟，云计算服务的价格将持续下降。国际市场研究机构 Tariff Consultancy 最新分析显示，云计算服务的入门价格相较于两年前降低了66%。云计算作为一项重要的信息技术，预计未来其价格很可能会遵循“摩尔定律”持续大幅下降。这无疑是推进精准医疗计划的重要力量。

专栏 8–4

英国获取和分析基因组测序大数据的经验

英国的10万人基因组计划，是由Genomics England公司负责运作的。该计划拟通过基因测序来确定与癌症、罕见疾病和传染病有关的基因。Genomics England在英格兰设立了11个基因组医学中心，各中心均配备了由临床医生、科学家及相关专业人士组成的专家组。Genomics England在各专家组协助下，招募合适的病人，获得病人的同意，然后获取临床数据和基因组数据，进而开展研究分析工作。

在基因组测序大数据的分析方面，Genomics England与英国的创新机构Innovate UK合作，并于2014年12月设立了Genomics England Clinical Interpretation Partnership（GeCIP）项目，将英国国家医疗服务体系（NHS）与学术界的研究人员、医院的临床医生、信息技术产业尤其是大数据产业的企业联结在一起，以提高基因组测序大数据的分析水平。

在GeCIP项目中，各方采取以下合作模式：如果Genomics England发现病人基因组中一个致病突变体的信息，就会直接向相应的NHS基因组医学中心发送临床报告；基因组医学中心的临床医生和专业数据分析人员仔细查看报告中的数据，并在向病人反馈结果前，根据他们的验证步骤验证数据，以保证其准确性。如果Genomics

England 没找到任何与致病相关的信息，那么这些基因组将会被放入与病人疾病相关的 GeCIP 数据库中。学术界研究人员在一定条件下利用 GeCIP 数据库进行研究，可以提升与疾病相关的基因组数据的解读准确性。

术道皆有为

精准医疗既体现为医学技术的进步，又蕴含着医疗范式的革新，因此，可以从“术”和“道”两个层面来分析其影响。

精准医疗之“术”：对肿瘤、慢性病、罕见病的诊疗

肿瘤是一种复杂和多样性疾病，在分子遗传上具有很大异质性，即使相同病理类型的癌症患者，对抗癌药物的反应也有所不同，因此肿瘤已成为精准医疗的最重要领域之一。正因为如此，奥巴马在启动精准医疗计划时提出，要通过致力于治愈癌症和糖尿病等疾病，让每个人获得个性化的信息和医疗，从而引领一个医学新时代。目前，癌症研究由细胞生物学水平逐渐转变到分子生物学水平，癌症治疗也正逐渐从宏观层面的对症用药，向更微观的对基因用药转变，实现“同病异治”或“异病同治”。例如，靶向抗癌药物吉非替尼（Iressa）和厄洛替尼（Tarceva）最初上市时，在肺癌患者中应用的药品副作用虽较化疗有很大提高，但药效并不是非常显著，仅仅作为肺癌治疗的二线药物。但其后却又发现在携带表皮生长因子受体（EGFR）特定基因突变的肺癌患者中，吉非替尼和厄洛替尼治疗效果显著，因而现在已成为临床治疗这类患者的一线标准治疗药物。这表明，肿瘤基因突

变与药物和治疗反应的相关性，而根据基因突变的信息和组合来决定患者的靶向治疗方案是精准医疗的大方向。

高血压、糖尿病等慢性疾病的发病原因与发病机制十分复杂，至今仍不能对它们进行明确阐述。不过，精准医疗为许多慢性病预防和诊治带来了重大革新。例如，通过对糖尿病患者遗传学信息的收集与测定，有望建立可植入芯片智能血糖监测体系，以及根据特定基因型而有针对性地选择药物种类和剂量，从而迈入精准治疗时代。英国学者研究发现，部分以酮症酸中毒起病且需胰岛素治疗的新生儿糖尿病患者存在腺嘌呤核苷三磷酸（ATP）敏感性钾通道 Kir6.2 亚单位的基因（KCNJ11）突变，停用胰岛素而采用甲苯磺丁脲可使血糖控制更为平稳。在高血压精准治疗方面，北京阜外医院高血压中心取得了重要突破。该中心专家在临床实践中发现，上皮钠通道蛋白 γ 亚基的致病基因突变导致的"假性醛固酮增多症"（即 Liddle's 综合征）与"原发性醛固酮增多症"非常相似，因此临床极易误诊、误治。但只要通过基因检测，就可以发现两者的差异，据此更换相应治疗方案后就可恢复血压、血钾，并将其长期维持在正常范围。目前，北京阜外医院高血压中心研究人员已经通过基因诊断确诊 Liddle' s 综合征患者 30 多例。

罕见病是指那些患病率极低的疾病。从现有医学研究的结果看，罕见病中有 80% 为遗传性疾病,即以基因异常为主要致病原因的疾病。目前，针对遗传性疾病的治疗手段主要包括饮食治疗、药物治疗、手术治疗、干细胞治疗和基因治疗。伴随精准医疗概念的提出，能够从根本上针对目标基因的基因治疗为罕见病药研发带来了新的希望。根据治疗需要，基因治疗有选择地从某一生物细胞中提取分离出某一基因，或者人工合成某一基因，然后通过运载体转移到另一种具有缺失型基因的细胞中，使其与该细胞的 DNA 结合，进行重组或替换，改变其遗传结构，从而达到治疗目的。

专栏 8-5

“英国病人”新传

英国女童 Layla Richards（蕾拉·理查兹）出生后 14 周被诊断出罹患急性淋巴细胞白血病。她接受了几次化疗，也接受了骨髓移植。但是 7 周后，医生告诉她的父母，白血病又回来了。到这个阶段，通常已经无药可治了。但 Layla 的父母坚决不放弃，于是 Layla 的主治医生们向伦敦大学学院的 Waseem Qasim（瓦泽姆·犬西姆）教授请求帮助，后者正在研究一种基因疗法。

基因疗法的基本思想是去除病人身体内的免疫细胞，用基因工程来改造它们，使其具备攻击癌细胞的能力，再将经过基因改造的细胞放回病人的身体内。一些实验是加入一种称为 CAR19 的受体的基因，它位于 T 细胞外面。经过基因改造后，T 细胞能够搜寻和杀死表面携带有 CD19 蛋白的所有细胞。

改造每位病人的 T 细胞并不容易。而 Layla 体内的 T 细胞已经所剩无几。于是，Qasim 教授的团队为她开发了一种“现成”疗法，改造健康捐赠者体内的 T 细胞。为了防止捐赠者的 T 细胞被受赠者体内的细胞识别为外来细胞而引起排异反应，Qasim 教授的团队采用基因编辑的方法，关闭了捐赠者细胞上的一个基因，使得受赠者体内的细胞无法识别出它们是外来细胞。

但是，还有一个困难需要克服。受赠者的免疫系统也会把不符合的 T 细胞识别为外来细胞并攻击它们。在患白血病的病人中，这并不是一个问题，因为他们接受了很多药物来破坏免疫系统。但是，其中一种药物（一种抗体）也会破坏捐赠者的 T 细胞。所以 Qasim 教授的团队还关闭了捐赠 T 细胞上的另一个基因，让它们对那种抗体隐形。

在接受了 1 毫升经过基因编辑的免疫细胞（Ucart19 细胞）输入后，Layla 虽然出了点皮疹，但是其他一切正常。Layla 在隔离病房中度过了几个月时间后，2015 年 11 月 5 日，医生宣布，她的白血病已经完全治愈！精准医疗的理念和技术挽救了这位英国小病人的生命，创造了医疗史上又一个奇迹。

精准医疗之"道"：推进医疗民主化

精准医疗理念自从提出以来，就有众多倡导者高呼，它会有力推动医疗民主化。在医疗健康领域的高科技英雄埃里克·托普看来，以人体的数据 GIS 为基础的个体化医疗（见图 8–4），会对健康医疗领域的平等产生革命性影响。

精准医疗范式对医疗平等的影响，首先体现在医患关系的平等化上。当基因测序可以通过 23andMe 这样直接面向用户的公司实现时，当具有相似病情的患者可以通过在线医疗社区相互学习时，当医疗物联网蓬勃发展时，医疗信息的准确传播和高质量交流成本的大幅下降，将使患者与医生的知识鸿沟变得不再是不可逾越，这的确可能会让医生失去他们在传统医疗模式中的家长式地位。

并且，尽管精准医疗服务与其他任何技术创新一样，一开始几乎都是那些金字塔顶端的人在享受。但是，从长期的角度看，"旧时王谢堂前燕，飞入寻常百姓家"，精准医疗范式所带来的医疗技术进步，最终必然会让普通百姓享受到诊断效果更好的医疗服务，从而改变不同人群在获得医疗服务上的不平等的现状。

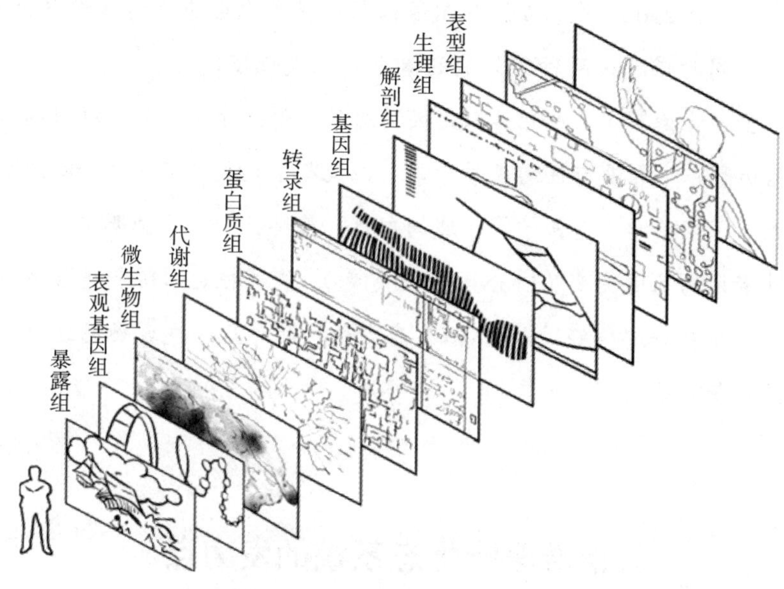

图 8–4　人体地理信息系统（GIS）

资料来源：根据 Eric J. Topol, 2014, "Individualized Medicine from Prewomb to Tomb", *Cell*, Vol. 157, No.1, pp.241-253 绘制

专栏 8–6

久病成良医的金·古德赛尔

她曾是铁人三项世界级比赛的专业选手。1999 年，她却被确诊为患有极其罕见的心脏病——心律失常性右室发育不良（ARVD）。该病的发病率仅为 1/10000，金·古德赛尔第一次感受到死亡的威胁。接受了医生为她做的手术后，她依然正常生活。但从 2010 年开始，她的健康状况急剧恶化，开始出现肌肉无力及多种神经系统疾病的症状，

最终被诊断出患上了罕见的轴索型腓骨肌萎缩症（CMT）。这种病发病率约为 1/2500。金·古德赛尔很惊讶，她怎么会患上这两种罕见病？毕竟，同时罹患这两种罕见病的概率实在太低了。

金·古德赛尔不相信她只是因为运气不好，于是开始了艰难的自我救治历程。尽管没有任何医学背景，但她花了无数日夜来阅读晦涩难懂的医学、生物学、遗传学等领域的书籍。最终，金·古德赛尔发现，有一种罕见的基因突变（LMNA 基因突变），能够把她心脏和神经系统的疾病联系在一起。经过对 LMNA 基因进行测序后，发现她的这个基因确实存在突变。

精准医疗生态系统的发力点

可以预见，随着分子生物学、生物信息学、大数据和云计算等领域的不断突破，以这些新技术为基础的精准医疗，必将给人类医疗来带革命性的变化。但同时也必须要看到，目前投身精准医疗的各方力量还比较分散，成功的精准医疗案例也比较零散。要想充分挖掘出精准医疗的潜力，需要进一步完善精准医疗生态系统，把临床医生、实验室、科研机构、医药企业和临床信息系统有机地联结在一起，使各方力量形成共振，以使能够有效地掌握和整合材料，包括数据和知识的产生、验证、存储、细化和临床解读（见图 8–5），从而能够快速、高效、准确地为患者提供诊疗服务。

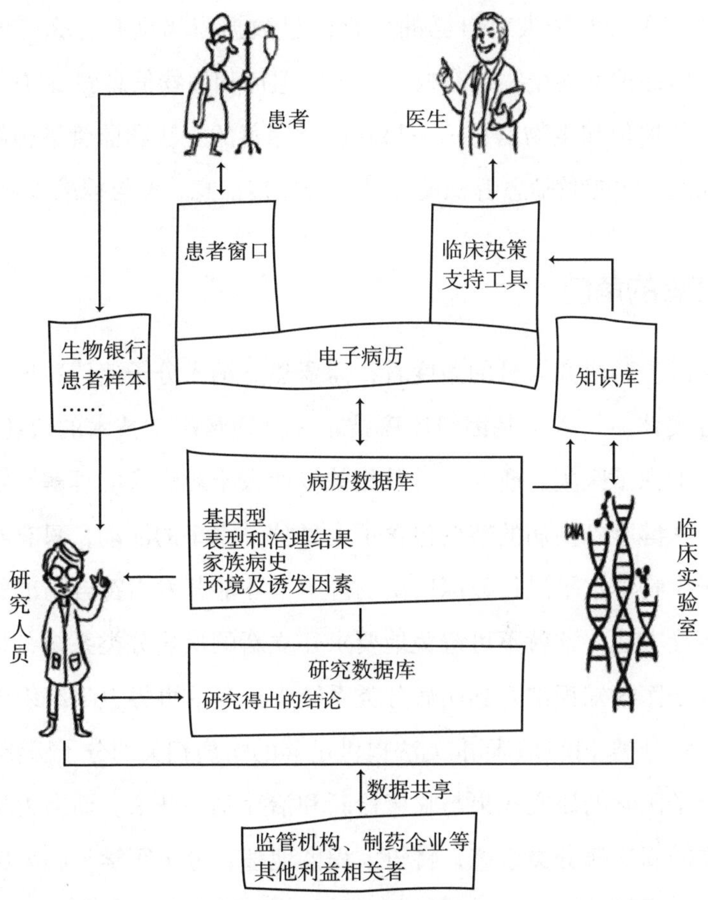

图 8–5 精准医疗生态系统示意图

资料来源：根据 Samuel J. Aronson & Heidi L. Rehm, 2015, "Building the Foundation for Genomics in Precision Medicine", *Nature*, Vol. 526, 15 October, pp. 336-342 绘制

患者的参与

从患者的角度看，要通过适当的法规和监管措施鼓励其积极参与。由于精准医疗的研究方法会引发一系列伦理学问题，如侵入性的治疗措施用于健康的风险人群是否恰当？生物信息的使用是否会加大患者

之间的不平等？个人对自己的生物信息数据应当享有什么样的隐私权，如何保护其安全？谁有权使用这些遗传和生物信息？谁有权“拥有”这些遗传和生物信息……只有通过完善的立法和监管措施解决好上述问题，才能激励患者积极提供自身遗传信息，参与精准医疗项目。

医者的角色

从医生和研究人员的角度看，需要建立纳入分子遗传数据的新的疾病分类体系。人类基因组测序技术和高通量组学技术的快速发展，极大地加深了医生、研究人员及相关专业人士对疾病的理解。业界认识到，从健康到疾病的转变包含了大量分子水平的活动，只有对疾病从分子生物学水平进行较深层次的理解，才能开发出符合精准医疗理念的治疗方法。这就不可避免地要求建立新的疾病分类系统，将新出现的分子医学知识纳入到疾病分类系统中。当前世界卫生组织建立的国际疾病分类（ICD）标准无法提供足够的疾病相关的分子医学信息，使得分子医学的研究成果与临床诊断和治疗割裂开来。而专为精准医疗建立的新疾病分类系统，将较大程度地整合分子医学与临床医学数据。此外，精准医疗还需要处理大量临床数据，并对基本的组学数据进行解释。目前，大多数临床医生尚无法对分子生物学的检测结果与疾病风险的关系做出正确解释。美国、英国等少数国家已经开展了遗传信息分析师的培训项目，专门培训临床医生如何就遗传检测结果向患者进行解释。

企业的责任

对制药企业来说，需要建立新的创新激励机制，鼓励其研发符合精准医疗要求的药物。精准医疗的治疗理念是确保适当的患者在适当的时间得到适当的治疗。这无疑会带来显著的社会效益，但同时也意味着治疗模式将变为：一种药物有可能只能提供给少量患者。这种理念挑战了传统的基于"重磅炸弹"药物的制药商业模式。由于新药研发需要大量资金，制药企业往往更倾向于开发受众范围较广的新药品种，而对于使用范围较窄、投入高且投资回报多少不确定的靶向药物开发则显动力不足。因此，需要建立有效的激励机制（包括构建基于商业与人权新关系的市场规则），鼓励制药企业开发符合精准医疗理念的靶向药物。

政府的作用

就监管机构而言，需要优化新药研究监管体系。精准医疗的有效推进，需要快速发现并开发出新一代的药物疗法。目前很多医学研究组织都不约而同地呼吁监管机构改进审查新药监管程序，认为过分冗长的审批程序是有效实现实验室向临床转化的重要阻碍。有研究表明，获批新药数量的下降，其根本原因是新药审批体系对新药安全性、有效性的认定标准存在较大不确定性和不合理性，不利于创新药物的研发。因此，科学界广泛呼吁建立更加通畅的新药监管体系，促进精准医疗的发展。新的监管流程应更加高效，并摒弃仅针对传统临床试验的监管程序，在Ⅲ期临床试验中应更注重特定患者人群的选择，才能优化程序，提高经济和临床效果。

专栏 8–7

叶剑英元帅对《美国国家癌症法案》的关注

1986 年 12 月 23 日，美国前总统尼克松在华盛顿召开的庆祝《美国国家癌症法案》签署 15 周年的纪念会上深情地回忆道：1972 年 2 月 24 日，叶剑英元帅在陪同他游览长城的途中，与他交流最多的不是中美双方刚建立的新战略关系，而是他签署《美国国家癌症法案》后，美国在癌症研究领域里所取得的新成就。尽管叶剑英元帅对尼克松讲，中国吸烟的人很多，患肺癌的人越来越多，但他还是有些迷惑，叶剑英元帅为什么那么热切地希望了解癌症诊疗前沿技术。尼克松说，直到 4 年后他第二次访华时，才明白叶剑英元帅对美国癌症研究产生浓厚兴趣的真正原因。因为，邀请他来访问的是周恩来总理，但周恩来总理已在他到访前因患癌症不幸逝世。

第 9 章　量子通信：从云端到身边

景。光之人，煦若射，下者之人也高；高者之人也下。足蔽下光，故成景于上；首蔽上光，故景成于下。在远近有端，与于光，故景库内也。

——《墨经》所记载最早的“小孔成像”实验[①]

2016 年 8 月 16 日北京时间凌晨 1 点 40 分，在酒泉卫星发射中心中国成功发射了全球首颗量子科学实验卫星“墨子号”（以下简称为“量子卫星”）。一时间各路媒体铺天盖地争相报道，在各大网站、论坛、自媒体平台等引发热烈的讨论甚至争议。真正懂得量子通信科学原理的人屈指可数，一些脑洞大开的解读诸如开启“任意门”“瞬间移动”等越发让人觉得这事很玄乎。当然，更多的一种反应是“你们说的每一个字我都认识，但是你们说的东西我一点都听不懂”。

相信不少外行跟我一样，看到“量子卫星”“量子通信”这样的词汇就“肃然起敬”。追本溯源，量子通信也的确算得上真“高冷”。接下来，让我们暂时将视线转回到 100 多年前，从头开始了解“量子通信”是怎么发生的。

---

① 中国发射的世界首颗量子通信卫星，被命名为“墨子号”，以纪念墨子记录了历史上最早的“小孔成像”实验。

“一朵乌云”引发的故事

提到“量子通信”，不得不从“量子”说起。而“量子”这一概念的提出，与经典物理学上空的“两朵乌云”中的其中一朵有关。

19世纪是经典物理学的峥嵘岁月，构建了力学、电磁学、热学、光学、声学等科学理论的大厦。到19世纪末期，物理学的发展已经相当成熟。著名物理学家开尔文在1900年送别旧世纪、展望新未来的演讲中称：“19世纪已将物理学大厦全部建成，今后物理学家的任务就是修饰、完美这座大厦了。”然而，此时在物理学的万里晴空中飘来了两朵乌云：第一朵与迈克尔逊和莫雷的实验有关，该实验证明绝对静止的空间是不存在的；第二朵与黑体辐射有关，即高温物体辐射形成的光谱分析现象。这两个无法用经典物理学解释的新发现，成为20世纪物理学革命的导火线。20世纪初，对这两朵“乌云”的研究很快引发物理学的一场大变革：从第一朵乌云中诞生了相对论，从第二朵乌云中诞生了量子论。

为了解决黑体辐射问题，马克斯·普朗克提出了“量子”的概念——“能量子”（量子）是能量的最小单位，他假设黑体辐射中的辐射能量是不连续的，只能取能量基本单位的整数倍（后来的研究表明，不但能量表现出这种不连续的分离化性质，其他物理量诸如角动量、自旋、电荷等也都表现出这种不连续的量子化现象）。在1900年12月14日的德国物理学学会会议中，普朗克第一次发表了能量量子化数值、一个分子摩尔的数值及基本电荷等重大的进展。其数值比以前更准确，提出的理论也成功解决了黑体辐射的问题，这也标志着量子论的诞生。

如果说相对论从根本上改变了人们的时空观，那么，量子论的创立则使我们认识世界的角度从宏观层面进入微观系统。

一个群星璀璨的伟大时代

量子力学[①]创建于20世纪上半叶，这是一个群星璀璨的伟大时代，也是已经载入人类史册的时代。

自 1900 年普朗克提出“量子”这一重要概念起，量子论为人类打开了新世界的大门。然而，普朗克的能量量子化观点与经典物理学中的“能量连续性原理”格格不入，最初物理学界对它的反应很是冷淡，认为普朗克公式“纯粹是一些不相关量的偶然巧合”，更不承认能量量子化观点。普朗克本人也只是把能量量子化的观点局限于电谐振子向外辐射能量和吸收能量的过程中。

对于这种研究状况，很多物理学家都如坐针毡，纷纷加入量子论的研究领域，并很快推出了重要成果。

1905 年，针对光电效应实验与经典理论的矛盾，爱因斯坦把量子概念引进光的传播过程，提出了光量子（光子）假说，并在固体比热问题上成功地运用了能量子概念，推动了量子力学的发展，他也凭借光电效应研究而获得 1921 年的诺贝尔物理学奖。

1913 年，玻尔在卢瑟福原有核原子模型的基础上运用量子化概念，建立起原子的量子理论，对氢光谱做出了合理的解释，使量子论有所进展。随后，玻尔、索末菲和其他物理学家为发展量子理论下了很大功夫。

1923 年，德布罗意提出了物质波的概念，即一切物质粒子均具备波粒二象性，量子论发展达到一个新的高度。

1925~1926 年，薛定谔基于量子性是微观体系波动性的反映这一

① 量子力学是在旧量子论的基础上发展起来的，旧量子论包括普朗克的量子假说、爱因斯坦的光量子理论和玻尔的原子理论。

认识，成功地确立了电子的波动方程，为量子理论找到了一个基本公式，并由此创建了波动力学。与此同时，海森堡于 1925 年创立了矩阵力学，并提出不确定性原理及矩阵理论。

1928 年,狄拉克完成了矩阵力学和波动力学之间的数学等价证明，对量子力学理论进行了系统的总结，并将两大理论体系——相对论和量子力学成功地结合起来，著名的狄拉克方程就是狭义相对论性的量子力学波动方程。

1947 年，兰姆移位实验，直接促使了量子电动力学的诞生。1948~1949 年，施温格、费曼和朝永振一郎用重正化概念、费曼图等发展了量子电动力学。

可以说，量子力学是普朗克、爱因斯坦、德布罗伊、玻尔、海森堡、薛定谔、狄拉克、波恩等伟大的物理学家们集体智慧的结晶。

图 9–1　1927 年第五届索尔维会议物理学家全明星照

第三排：皮卡德、亨利奥特、艾伦费斯特、赫尔岑、顿德尔、薛定谔、维夏菲尔特、泡利、海森堡、福勒、布里渊

第二排：德拜、库德森、布拉格、克莱默斯、狄拉克、康普顿、德布罗伊、波恩、玻尔

第一排：朗梅尔、普朗克、居里夫人、洛伦兹、爱因斯坦、朗之万、古耶、威尔逊、理查德森

关于“量子纠缠”的纠缠

后期致力于“统一场论”的爱因斯坦对“充满不确定性”的量子力学有所不满，因此爱因斯坦也开始质疑他本人曾经推动过的量子力学。在第五次和第六次索尔维会议中，爱因斯坦分别提出两个思想实验，试图凸显不确定性原理为何不成立。假设制备一对属于量子力学中的“纠缠态”的粒子 A 和粒子 B(“EPR 对”), 都处于一半概率左旋、一半概率右旋的量子叠加状态，并且两者的旋转方向始终相反；但在用仪器测量之前并不知道某个时刻哪个是左旋，哪个是右旋。粒子 A 和粒子 B 在空间上拉开很远的距离后，测量粒子 A，这时粒子 B 是不可能知道粒子 A 发生了变化因而发生相应变化的。

而玻尔的一个推论（量子纠缠）认为，对粒子 A 进行测量，粒子 A 会立刻由量子叠加态坍缩为确定态，表现出左旋或右旋状态的一种；而此时，距此很远的 B 粒子也会立刻坍缩成确定态。尽管两个粒子距离很远，但它们状态的改变是完全同时的，即使是光速也达不到这么快。

专栏 9–1

几个帮助理解“量子纠缠”的故事

故事一：张辽还是司马懿

三国时期，曹操令司马懿、张辽挂帅兵分两路于汉中和荆州伐蜀，诸葛亮出汉中，刘备出荆州拒敌，诸葛亮到达汉中，远远见敌方大将乃是张辽，心中暗道不好，主公怎么遇上了司马懿？诸葛亮为什么见到了张辽就知道刘备遇到的是司马懿？因为出兵的只有张辽和司马懿，如果诸葛亮遇到了司马懿，刘备就会遇到张辽，如果诸葛亮遇到了张辽，刘备就会遇到司马懿。这就是诸葛亮和刘备虽然远隔千里，却能第一时间知道刘备遇到的是谁。

故事二：鱼缸里的鱼

在一个长方体玻璃鱼缸中放入一条鱼，两台相互垂直的摄像机“观察”鱼的活动，图像直接在两台电视机上播放出来。在电视机里我们可以看到，“两”条鱼分别做着方向相反、速度相同的游动。如果其中一条鱼的状态改变了，另一条鱼的状态也立即随之改变。

故事三：薛定谔的猫

“薛定谔的猫”是由奥地利物理学家薛定谔于 1935 年提出的理想实验的名字，整个实验是这样进行的：在一个盒子里有一只猫，以及少量放射性物质。在一小时内，大约有 50% 的概率放射性物质将会衰变并释放出毒气，杀死这只猫；剩下 50% 的概率是放射性物质不会衰变，而猫将活下来。根据经典物理学，在盒子里必将发生这两个结果之一，而外部观测者只有打开盒子才能知道里面的结果。但在量子力学的怪异世界里，猫到底是死是活都必须在盒子打开后，外部观测者“测量”具体情形才能知晓。当盒子处于关闭状态，整个系统则一直保持不确定性的状态，盒中之猫处于“死—活叠加态”——猫既是死的也是活的。

资料来源：根据相关资料整理

爱因斯坦认为信息传递的速度不可能超过光速，因为这违反了相对论。1935 年，为论证量子力学的不完备性，爱因斯坦、波多尔斯基和罗森提出了 EPR 悖论（Einstein-Podolsky-Rosen paradox）。爱因斯坦指出“量子纠缠”是量子力学的致命弱点，这种“鬼魅般的超距作用”（spooky action at a distance）太荒诞了。薛定谔也认为“量子力学与相对论不相符合”，为了进一步验证量子力学的不完备性，他将量子力学应用到宏观效应中，从而构思了著名的“薛定谔猫思想实验”。1953 年，英国物理学家玻姆同样认为以玻尔为首的哥本哈根学派的诠释是不完备的，需要附加的参量来描述并提出隐变量理论。1965 年，北爱尔兰物理学家贝尔在此基础上提出贝尔不等式①，为隐变量理论提供了实验验证方法。

从 20 世纪 70 年代至今，对贝尔不等式的验证给出的大多数结果是否定的。例如，2015 年荷兰科学家 Hanson（汉森）团队的实验也表明，观测一对处于纠缠态的电子时，每当其中一个电子被观测为上旋时，另一个电子都被观测到为下旋；反之亦然。量子力学的正确性得到了一次次的验证。

即便实验对贝尔不等式结论的一次次否定，是不是就证明了爱因斯坦“量子力学的不完备性”观点是错误的呢？这仍然值得商榷。量子力学的关键思想是，对任何一个物理量 P 的本征态测量 P，粒子的状态不变，测得的是这个本征态的本征值；而对物理量 P 的非本征态 s 测量 P，会使粒子的状态突然改变。在量子力学中，测量的本质仍是个未解之谜。无论在理论上还是实践上，关于“量子纠缠”还没有达成一个共识，可以说支持派和反对派一直在“纠缠”着。

① 1965 年，贝尔提出了一个强有力的数学不等式。该定理在定域实在性的假设下，对于两个分隔的粒子同时被测量时其结果的可能关联程度建立了一个严格的限制。这一不等式，可以用实际实验测量来对比定域实在论与标准量子物理的不同预测。人们可以设计实验，测量贝尔不等式中某些要求的参数。如果测量结果符合贝尔不等式，那么就证明定域实在论是正确的，量子物理理论不完备，微观世界中的量子行为有某些我们尚且不知道的隐变量；如果测量结果不符合贝尔不等式，则量子物理理论是完备的，不能简单地用隐变量的理论来解释量子现象，定域实在论是不正确的。

现在大多数科学家站在量子力学这一边，一方面是因为实验与理论很契合（经典力学却不能）；另一方面是因为新一代的科学家接受的都是量子力学教育。普朗克曾经说过，“新的科学真理并不是由于说服它的对手取得胜利的，而是由于它的对手死光了，新的一代熟悉它的人成长起来了”。

量子通信：从理论走向实践

贝尔纳曾说：“科学与战争一直有着极其密切的联系。”如果要追溯风靡全球的信息化战争之科技源头的话，无疑是 1946 年世界第一台计算机“ENIAC”诞生所开启的电子信息科技革命。然而，信息技术在遵循“摩尔定律”飞速前行了数十年之后，制约其进一步发展的系列问题日渐凸显：电子计算机的极限运算速度是否存在？对此，近年来不断突破的量子信息技术正在开启新的机遇之门。

过去 50 多年对量子纠缠的实证，恰恰就是量子通信（Quantum Communication）的起源。量子通信是利用量子纠缠效应[①]进行信息传递的一种新型的通信方式，是量子论和信息论相结合形成的新的研究领域。广义的量子通信，根据传输的信息是经典比特或量子比特，可分为量子保密通信和量子隐形传态,前者用于量子密钥分发（Quantum Key Distribution，QKD），后者则可用于量子隐形传态和量子纠缠的分发。目前业内所说的量子通信，指的是狭义的量子通信技术，一般称为量子保密通信，即用于量子密钥分发。

---

① 中科大量子信息实验室的郭光灿院士曾举例说明量子纠缠，如在美国的女儿生下孩子那一瞬间，远在中国的母亲就变成了外祖母，即便她自己还不知道，因为母亲与女儿之间有一种纠缠关系。

量子密钥分发

量子密钥分发是利用量子纠缠的特性去实现密钥的安全分发，目前主要通过在光纤或者自由空间利用光子的偏振或者相位特性来实现，同时还需要传统互联网信道完成数据传输。发送方或接收方，通过一定的手段（如激光器）制备出两个处于纠缠态的光子（EPR 对）。将其中的一个通过光纤发送至另一方，然后双方对光子进行测量。根据量子纠缠特性，两个光子一个左旋一个右旋，这样双方就可以得到互补的二进制 0 和 1。至于哪一方得到 0、哪一方得到 1 并不影响密钥分发，因为只需要双方的密钥对应即可。在这个过程中，并没有真正地实现一方将任意信息发送给另一方，但双方得到了相互对应的密钥。另外由于是通过粒子作为载体进行传输，不可能实现超光速通信。

量子密钥分发要解决的问题，并非取代现有的通信技术，真正的目的是解决通信安全问题。量子密钥分发的安全性体现在，第三方不能获取到密钥，这主要基于两个重要原理：一是量子态不可克隆原理，不能实现量子态的完美复制（不完美是可以的），也就是前面所说的粒子传输过程中，无法完美复制它的量子态。例如，粒子 A 和粒子 B 是两个纠缠态粒子，粒子 A 一会儿左旋一会儿右旋，而粒子 B 和粒子 A 始终保持状态完全相反，无法实现让粒子 C 的运动状态保持始终和粒子 B 一样，也就是不能完美复制。二是“海森堡测不准原理”。对量子态进行测量，很有可能改变其状态。例如，观测的瞬间是左旋，可能测完就变成了右旋。基于这两个原理，在以粒子为载体的密钥传输过程中，第三方不能复制它的量子态，也不能对它进行测量。一旦进行测量，接收方收到的状态就会有很大变化，从而得知有第三方进行了测量（试图窃取）。

量子隐形传态

量子通信的另一个应用——量子隐形传态（Quantum Teleportation）是 1993 年按照量子力学设计出来的一种实验方案，即把一个粒子 A 的量子态传输给远处的另一个粒子 B，让粒子 B 变成粒子 A 最初的状态，传的是状态而不是粒子。量子隐形传态并不是瞬间传输，密码传输仍然依赖传统信道，因此传输速度不可能超光速，因此也并未推翻相对论。

1997 年，奥地利量子物理学家塞林格教授（Anton Zeilinger）带领的团队首次实现了单个光子单自由度的量子隐形传态，且在《自然》上发表了一篇题为《实验量子隐形传态》(*Experimental quantum teleportation*）的论文，该论文入选了《自然》的“百年物理学 21 篇经典论文”。2015 年，塞林格教授的学生——中国量子卫星项目首席科学家潘建伟院士所带领的研究组实现了单个光子双自由度的量子隐形传态。鉴于光子具有轨道角动量和自旋角动量两个自由度，因此可以说潘院士研究组实现了单个光子的完整意义上的量子隐形传态。

量子通信绝对安全吗?

现有的非对称加密技术 / 公钥加密技术（RSA 是常用的一种）并非不可破解，只是现有的计算机计算能力有限。随着计算机的性能不断提高，特别是未来量子计算机的研制，将有可能导致现有公钥加密被轻易解密。例如，针对整数分解的秀尔算法（Shor’s Algorithm），如果使用量子计算机的话，现有加密技术将轻而易举被突破。

但是，量子计算机与量子保密通信之间并不是矛和盾的关系。量子计算机可以依靠其基于量子位的无比强大的计算能力，通过各种算法来破解基于复杂算法的加密技术。而量子密钥分发并非基于算法，而是基于纠缠态的光量子传输。直白地说，就是量子计算机强大的计算能力在量子密钥分发面前是无用武之力的。

那么，量子通信是否就能保证绝对安全？从量子密钥分发来看，点对点之间密钥传输的安全性是可以保证的，这一点毋庸置疑。因为在传输过程中，只要第三方试图窃取信号（以光量子为载体的密钥），就表示信号被观测了，一旦被测量，其状态就确定了，但是在被观测前它的状态是不确定的（处于量子叠加态），所以只要有人碰（试图窃取、观测）了信号，发送端和接收端都会察觉，因为"碰"信号的中间人再也无法将原来那个叠加态的量子发给接收端了，接收发送双方就可以销毁或丢弃这个密钥。考虑到量子密钥永远也不可能被截获，因此，只要能接发成功一组就可以实现信息的安全传送。除非对方实行 7×24 小时干扰（试图窃取），那样的话通信确实会被破坏，但这同时也提示了该信道的不安全性。

然而，在实际的量子密钥分发系统中，光源、信道节点和接收机的不理想特性使其难以满足理论协议模型的安全性证明要求，成为可能被窃取者利用的安全漏洞，所以针对实际量子密钥分发系统进行攻防测试和安全性升级将是其运营维护面临的一个问题。另一问题是，在现有的远距离量子通信传输中，基于可信中继节点的密钥存储和转发不满足无条件安全性证明的要求，则可能成为整个系统的安全风险点。

无线通信之无能为力

量子通信技术难以应用于无线通信领域。造成这一缺憾的原因有两个方面：

首先，无论是量子密钥分发还是量子隐形传态，光子的顺利收发都是先决条件。而无线通信通常工作在微波波段，在这一波段，微波单光子的能量太低，难以检测。目前量子加密通信，若使用光纤，则一般使用以下 3 个波段：700~800 纳米（可见光），1310 纳米和 1550 纳米（红外）；若使用自由空间激光,则一般选择 770 纳米波长。然而，微波波段的波长范围为 1 米 ~1 毫米，微波的波长是量子加密使用波长（1310 纳米）的数十万倍左右。光子的能量和光子的波长成反比，因此，一个微波单光子的能量是一个红外单光子的数十万分之一，检测非常困难。

其次，在进行无线广播时，任何用户对信号的接收，都不会改变其他用户即将接收到的信号。但是，对于量子密钥分发和量子隐形传态来说，如果对多个用户进行无线广播，那么每个用户都在接收的同时破坏了量子态，改变了其他用户可能接收到的信息。量子态的不可复制性是一把双刃剑：一方面，它使得“偷听者”能够被觉察到；另一方面，也使“一对多”的无线广播变得不可行，这时每个用户对于其他用户来说都是破坏量子态的“第三方”。

量子通信产业化

量子通信在军事、国防、金融等信息安全领域有着重大的应用价值和前景，不仅可用于军事、国防等领域的国家级保密通信，还可用于涉及秘密数据和票据的电信、证券、保险、银行、工商、税务、财政以及企业云存储、数据中心等领域和部门。

那么，国内外量子通信产业化进展如何？

国外已有多个专门从事量子通信技术成果转化和商业推广的实体公司。例如美国的 MagiQ Technologies 公司和瑞士日内瓦大学成立的 ID Quantique（IDQ）公司等，都能够提供 QKD 量子通信的商用化器件、系统和解决方案。法国电信研究院成立的 SeQureNet 公司从事连续变量量子密钥分发产品的开发。

国内开展量子通信相关研究的代表性机构包括中国科学技术大学、清华大学、山西大学、南京大学、中国科学院微系统所和技术物理所等。目前，以中国科学技术大学相关研究团队为核心发起成立了科大国盾量子、安徽问天量子和山东量子等产业化实体团队，进行量子通信前沿研究成果向应用技术和商用化产品的转化。2015 年 12 月，中国科学院、中国科学技术大学和科大国盾量子等机构在北京共同发起组建了“中国量子通信产业联盟”。

大规模应用面临的挑战

虽然基于量子密钥分发的量子通信产业化目前已经取得了一定进展，但大规模的应用推广仍然面临一系列的困难和挑战。

第一，初期市场规模和用户群体有限。QKD 系统前期投入和改造要求较高，主要面向的是有高安全性要求的部分高端客户，开发其需求并且保持可持续发展和盈利能力是重大的挑战。在量子通信产业化初期，由于目标市场和用户群体有限并且分散，给市场推广、检测认证和售后服务带来了较高的门槛和投入要求。

第二，产业化供应链的建立尚需时日。QKD 系统采用的单光子源和光子探测器等核心器件与传统光学器件完全不同，其性能参数、生产水平和供货能力等问题都会对量子通信产业的发展和推广应用产生影响，新产业链的培育也需要较长的时间。

第三，技术验证与标准规范研发滞后。对于任何高新技术而言，测试认证和标准化是商用化推广的必备条件，而新型测试认证技术的开发通常是非常复杂、昂贵和耗时的，而且需要计量和标准化组织的协调与合作。目前，测评技术和标准化研究已经成为量子通信应用的一大“瓶颈”。

第四，系统应用需要基础设施资源的支持。目前难以实现 QKD 系统的量子态信号和传统强光信号的混传，所以大规模量子通信组网需要额外的光纤资源进行支持，这将限制对量子通信系统的应用。此外，量子通信无法共享传统光通信设备等基础设备，需要进行全新部署，造成前期大量软硬件升级改造的高投入要求。

量子通信研究的多国竞赛

量子通信对未来信息安全的重要影响决定了这一领域必然是大国布局和竞争的主战场之一。但在研发的重点上，中美两国各有偏重（见附录 9–1）。这既是由两国研发基础决定的，同时也在一定程度上反映出两国科研体制机制的差异。对于长期习惯于“集中力量办大事”、实行举国体制的中国而言，发射量子通信卫星似乎是必然的决策，而对于更加重视重大科研成果商业化前景、更多依靠市场化主体支撑科研重大项目的美国而言，量子计算机无疑更具吸引力。

1984 年，美国 IBM 公司科学家本内特等人提出了首个量子密钥分发协议（BB84 协议[①]），使量子通信的研究从理论走向了现实。随着量子密钥分发技术的发展和逐步成熟，世界各国试点应用呈现快速发展趋势。2003 年，美国 DARPA 资助哈佛大学建立了世界首个量子密钥分发保密通信网络。此后，欧洲、美国日本等多个国家和地区相继建成了瑞士量子、东京 QKD 和维也纳 SECOQC 等多个量子通信实验网络，演示和验证了城域组网、量子电话、基础设备保密通信等应用。2013 年，美国知名研究机构 Battelle 公布了环美量子通信骨干网络项目，计划采用瑞士 IDQ 公司设备，基于分段量子密钥分发结合安全可信节点密码中继的组网方式，为谷歌、微软、亚马逊等互联网巨头的数据中心提供具备量子安全性的通信保障服务。英国政府在 2013 年发布了为期 5 年的量子信息技术专项，投入 2.7 亿英镑用于量子通信和量子计算等方面的研究。

在空间量子研究领域，新加坡国立大学和英国斯特拉思克莱德大学组成国际科研团队，正借助成本仅约 10 万美元、重量仅约 5 公斤的立方体卫星开展量子实验，以实现"天基量子通信"。基于节约成本的考虑，加拿大科学家设想在地面制造成对的纠缠光子，然后将它们发射到不足 30 公斤重的微型卫星。意大利帕多瓦大学的科学家认为，在普通卫星上安装反射镜或其他更简单的设备就可以完成在太空开展量子科学实验的任务，2015 年该研究小组展示了光子从卫星弹回地球，仍能保持其量子态，接收错误率极低，足以用于量子密码传输。

我国量子通信研究的试点应用起步较晚，但发展迅速。2007 年，中国科学技术大学在北京实现了国内首个光纤量子电话，之后相继在

---

① 在 BB84 密钥及其加密的通信过程中，涉及三个信道：量子信道，用于发送产生密钥所需的光子；经典信道，用于密钥协商；经典信道，用于加密后的内容通信。其中第二和第三个信道可能采用相同的，也可能采用不同的。

北京、济南、芜湖和合肥等地建立了多个城域量子通信示范网、金融信息量子通信技术验证专线以及关键部门间的量子通信热线。2014年，世界第一条量子通信保密干线“京沪量子通信干线”正式启动，2015年初投入建设，计划于2016年底建成。2016年8月16日，我国成功发射了世界上首颗量子科学实验卫星“墨子号”，并于8月17日成功接收该卫星的首轨数据。

墨子号：中国暂时领跑

为什么需要量子卫星

在传统通信技术下，光纤信号的衰减可以通过放大器件进行放大后传输，只要建立好中继站，光纤网络便可以遍布全球。但是量子通信的信息载体是单个的光子，量子的不可复制性也决定了单个光子的信号是不可放大的。由于光纤固有的光子损耗，光子在光纤里传播100公里之后大约只有1‰的信号可以到达最后的接收站，所以，光量子传输难以实现更远距离的拓展，光纤量子通信达到百公里量级后就很难再突破。

光子在自由空间的损耗远低于在光纤中的损耗，因为光子在自由空间的损耗主要来自光斑的发散，大气对光子的吸收和散射远小于光纤。光子穿透整个大气层后却可以保留80%左右，再利用卫星的中转，就可以实现地面上相距数千公里甚至覆盖全球的广域量子保密通信。

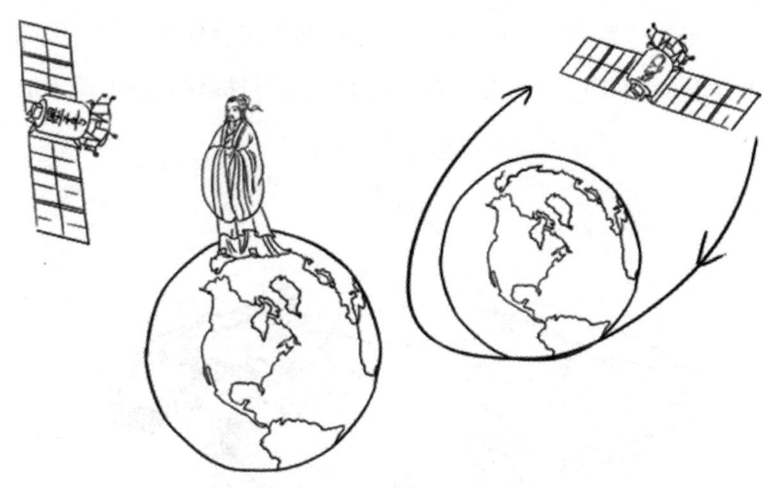

图 9–2　墨子与墨子号

“墨子号”：全球领先的量子实验平台

“墨子号”量子科学实验卫星是中国科学院空间科学先导专项首批科学实验卫星之一。卫星有效载荷包括量子纠缠源、量子纠缠发射机、量子密钥通信机及量子实验控制与处理机，共同完成纠缠光子的生成、发送、地面通信以及实验控制。该工程还包括南山、德令哈、兴隆、丽江 4 个量子通信地面站和一个空间量子隐形传态实验站（阿里量子隐形传态实验平台）在内的地面科学应用系统，与量子卫星共同构成天地一体化量子科学实验系统（见图 9–3）。

墨子号的主要科学目标：一是借助卫星平台，进行星地高速量子密钥分发实验，并在此基础上进行广域量子密钥网络实验，以此期盼在空间量子通信实用化方面取得重大突破；二是在空间尺度进行量子纠缠分发和量子隐形传态实验，开展空间尺度量子力学完备性检验的实验研究。为达到上述目标，未来两年内将开展的实验项目有：星地高速量子密钥分发的实验；广域量子通信网络实验任务；星地双向纠缠分发的实验；空间尺度量子隐形传态的实验，目标建立星地量子信道。

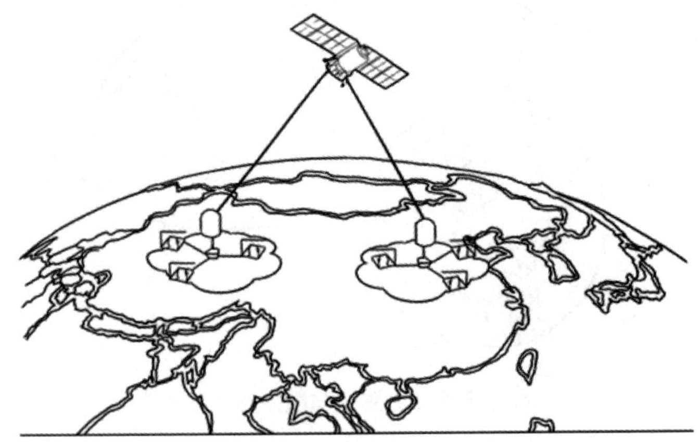

图 9–3 “量子科学实验卫星”的工作示意图

专栏 9–2

“墨子号”的星路历程

2003 年，潘建伟提出量子科学实验卫星计划。

2011 年 1 月，中科院空间科学先导专项启动量子卫星纳入其中。

2011 年 12 月，量子科学实验卫星工程启动。

2012 年 12 月，转入初样研制阶段，卫星开始成形。

2014 年 12 月，转入正样研制阶段，卫星开始成熟。

2015 年 12 月，完成星地光学对接实验，达到科学目标要求。

2016 年 2 月，完成大系统联试，协调匹配性得到验证。

2016 年 7 月，量子卫星和长征二号丁火箭从上海运往酒泉。

2016 年 8 月，完成测试星箭吊装。

2016 年 8 月 16 日，世界首颗量子科学实验卫星“墨子号”成功发射。

2016 年 8 月 17 日，成功接收“墨子号”首轨数据。

资料来源：根据相关报道资料整理

冷静看待“墨子号”升空

虽然我国信息技术仍落后于美国等国家，但是“墨子号”的成功发射意味着我国实现了在量子通信领域的突破，使中国走在量子通信研究与应用领域的世界前列。

对于量子信息研究来说，地面上的量子通信应用发展迅速，但自由空间量子通信还很落后，所以卫星在太空中实现量子通信实验是一个巨大的进步。我国的量子卫星将为全球量子通信系统提供一个试验台。借助“墨子号”卫星平台，如果能够实现星地间量子密钥分发，是对量子通信发展的重要一步，也证实我国具有新的实验技术和实验能力。毕竟量子力学在许多不同的环境和体系下被检验过多次，却从未在太空尺度验证过。如果这个相关基础问题的实验验证能首次走向太空并取得进展，那么在科学和技术的角度上，也具有重大意义。

当然，如果能进一步实现星地双向量子纠缠分发，甚至空间尺度量子隐形传态，那么此次量子卫星的发射必将为未来量子互联网的建设打下坚实的基础。虽然目前看起来实现这一目标相对困难，但科学的魅力就在于无限的可能性。退一万步讲，即便实验不能获得成功，又有什么关系呢？探索自然规律、满足人类好奇心本来就是科学精神的基本内涵之一，而正是这一内涵为解放生产力提供了不计其数的机遇。

附录 9–1

中美“量子大战”

量子信息是量子物理与信息技术相结合发展起来的新学科，主要包括量子通信和量子计算两个领域。在研发投入方面，中美两国选择了不同的主攻方向，中国重点研究量子通信，美国则主攻量子计算。

量子计算的第一回合

2015 年 12 月 9 日，NASA 与谷歌宣布，制造出了第一台真正利用量子机制运算的计算机，并称这台代号 D-WAVE2X 的计算机运算速度可以达到普通计算机的一亿倍。当然，这是夸大其词的说法，谷歌的量子计算机只是针对特定环节，做特殊算法的计算机。谷歌的退火算法可以在特定的环节、特定的应用中超过传统计算机，但并不具有普适性。在量子计算中，主要有超导和半导体两种方案。而中国选择了半导体方案。中国科学技术大学杜江峰研究组提出了一种可能具有可行性的量子计算机原理，但真正制造出运用这一原理的计算机仍遥遥无期。

量子计算的第二回合

2016 年 8 月 9 日，MIT（麻省理工学院）和 MIT 林肯实验室的研究者发表论文称向实用量子计算机迈出重要一步，该论文描述了一种新型的原型芯片，该芯片可以将离子囚禁在一个电场中，以及使用内置的光学器件将激光引导至每一个离子。2016 年 8 月 11 日，郭光灿院士带领下的中科院量子信息重点实验室成功研发了半导体量子芯片，虽然只能在低温有磁场的辅助设备中才能工作，但也是我国量子计算机研究取得的突破性进展。

量子通信领域之争

1. 美国的量子通信发展历程

1984 年，美国和加拿大最先提出 BB84 方案，标志着量子通信领域的诞生。

1992 年，美国的 Bennett 提出了 BB84 方案的简化版，称为 B92 方案，并第一次在实验上原理性演示了量子秘钥分发。

1994 年，美国国防高级研究计划局开始致力于用 3~5 年时间全面推进量子通信技术方面的研究。

1999 年，美国实现了 500 米的自由空间传输。

2003 年，美国国防部高级研究计划署领衔建设了 DARPA 量子通信技术试验网络。

2004 年，美国正式投入了世界上第一个量子密码通信网络。

2006 年，美国实现了通过普通光纤来传输采用量子密码加密技术的数据，网络传输约 10 公里。

2009 年，美国让相距一米的离子阱中的两个独立原子实现了量子纠缠和远距离量子通信。

2009 年，美国政府发布白皮书，要求各科研机构协调开展量子信息技术研究。

2010 年，美国的一个国家实验室对量子源产出的近距离红外线单个光子转换、量子局域网的密码体系以及自由空间量子密码等开展了深入研究。

2013 年，美国独立研究机构公布了环美量子通信骨干网络项目，该项计划为谷歌、微软、亚马逊等互联网巨头的数据中心之间的通信提供量子安全服务。

2015 年，NASA 计划在其总部与喷气推进实验室之间建立一个远距离光纤量子通信干线，该干线直线距离600公里，光纤皮长1000公里，拥有10个中转基站，并计划星地量子通信。

2. 中国的量子通信发展历程

1995年，中国科学院物理所在国内首次实现了基于BB84协议的量子通信演示实验（距美国提出BB84协议已经过去了11年）。

2000年，中国科学院物理所完成了全光纤QKD实验系统（量子秘钥分发）。

2001年，潘建伟入选“中科院引进国外杰出人才”，在中国科大组建了量子物理与量子信息实验室。

2003年，首次实现纠缠态纯化以及量子中继器的成功实验；首次成功地实现了自由量子态隐形传输。

2005年，中国科大的郭光灿教授团队在北京和天津之间实现了通信距离为125公里的光纤QKD通信系统实验，使我国在量子通信实用化上取得了重大突破。

2007年，潘建伟小组实现了诱骗态QKD实验，通信距离超过了100公里。

2009年，潘建伟小组又将QKD实验的通信距离扩大到了200公里。

2009年，中国科大的郭光灿小组在安徽芜湖市成立了安徽问天量子科技股份有限公司，并承建“量子政务网”。问天量子是我国首家从事量子信息技术产业化的高新技术企业。

2009年，中国科大和清华大学合作将在自由空间进行传输的QKD系统扩大到16公里。

2011年，中国科学院战略性先导科技专项之一，量子科学试验卫星启动（这个项目的提出比美国早了4年）。

2012 年，基于潘建伟小组的科研成果，世界上规模最大的 46 节点的量子通信试验网在安徽合肥市建成，标志着大容量的量子通信网络技术已经取得了关键突破。

2014 年，中国科大的研究团队将远程量子秘钥分发系统的安全距离扩大到了 200 公里，将成码率提高了 3 个数量级，并创下世界纪录。

2014 年，世界第一条量子信息保密干线——“京沪干线”量子通信工程开工建设。

2015 年 11 月，中国已经部署了一批体现国家战略意图的重大科技项目，量子通信排在第二位，仅次于航空发动机。

2016 年 8 月，首颗量子科学实验卫星发射成功。

综上所述，美国量子信息领域起步早，前瞻性强，涉及面广，基础深厚，在基础研究方面整体上领先中国。中国在量子信息领域起步晚，发展迅速，实现了“点”的突破。从量子通信技术的落地应用来看，中国的量子通信超越了美国。

资料来源：根据相关报道资料整理

第 10 章　机器人：第零定律

机器人怎么了，机器人也是人造的，造得出你，同样也毁得掉你。

——电影《机器侠》

20 世纪 40 年代，美国科幻小说家阿西莫夫提出了著名的机器人三定律（见专栏 10–1），规定了机器人研究和机器人使用的基本原则，并指导机器人学和机器人产业发展长达半个多世纪。如今，机器人的能力越来越强，应用范围越来越广，逐渐超出了三大定律能够控制的范围。2010 年，由麻省理工分离出来的机器人公司波士顿动力开始与美国陆军合作，并在之后推出了“步兵班组支援系统”，即“波士顿狗”机器人。波士顿狗与毛驴身形相似，自由灵活的四条腿适应任何地形，能够在战场上帮助步兵负重和运输弹药。2016 年，波士顿动力又推出逆天的双脚机器人 Atlas。机器人参战显然违背了阿西莫夫提出的第一定律，但确实又能够减少人类伤亡。与此同时，战场之外，在工厂、公司、农场、服务场所，机器人正在“抢饭碗”。机器人的发展已经不是简单的技术和经济问题，可能在不久的将来彻底改变人类的生产和生活。

阿西莫夫来到波士顿

阿西莫夫的感慨

阿西莫夫在 80 年前大胆畅想了未来的机器人世界，而包括波士顿动力在内的机器人公司在近几年快速发展，机器人产品不断成熟，并开启了规模化应用，人类已经看到机器人时代到来的曙光，如果阿西莫夫能够穿越至今，一定会感慨万千。

专栏 10-1

阿西莫夫的三大定律

美国机器人协会对“机器人”的定义是“一种可以反复编程和多功能的，用来搬运材料、零件、工具的操作机；或者为了执行不同任务而具有可改变的和可编程动作的专门系统”。从这一定义出发，机器人区别于普通机械的最关键特点是“可编程”，即在工程师的干预下，能够根据需求在一定范围、程度内改变动作轨迹。美国机器人协会对机器人的定义反映了欧美机器人研究和发展的规律和特点，强调机器人的实用功能，此定义基本能涵盖当前社会大众对机器人的各种理解，也被国际标准化组织（ISO）所采纳。

1967 年，日本召开第一届全国机器人学术会议，参会人员在预测机器人技术、产品和市场发展前景的基础上，给出了“机器人”更加严苛的定义。森政弘与合田周平提出机器人是“一种具有移动性、个体性、智能性、通用性、半机械半人性、自动性、奴隶性 7 个特征的柔性机器”。从这一定义出发，森政弘又提出了机器人具有自动性、智能性、个体性、半机械半人性、作业性、通用性、信息性、柔性、有限性、移动性 10 个特性。加藤一郎提出的具有 3 个条件的机器称为机器人，即“具有脑、手、脚三要素的个体；具有非接触传感器（用眼、耳接收远方信息）和接触传感器；具有平衡觉和固有觉（感觉自身状态）的传感器”。日本机器人学会对机器人的理解相对狭隘，强调其“拟人”和“智能”的特征，如果按照日本机器人学会的定义，一些被社会大众称为“机器人”的装备只能称作机器。

关于机器人的分类并没有统一的标准，比较常用的是从功能和应用范围的角度，将机器人分为工业机器人、专业服务机器人和家庭服务机器人。国内也习惯将机器人分类为工业机器人和特种机器人，前者是工业领域使用的关节机械手或多自由度机器人；后者指除工业机器人之外，用于非制造业并服务于人类的各种机器人。机器人的标准化和模块化程度不断提高，未来可能会出现统一的机器人平台，届时机器人的分类界限将越来越模糊直至被打破。

机器人的定义虽然有差别，但作为界定机器人发展方向以及人与机器人之间关系的基本准则，阿西莫夫提出的机器人三大定律却并未过时。

第一定律：机器人不得伤害人类个体，或者目睹人类个体将遭受危险而袖手旁观。

第二定律：机器人必须服从人给予它的命令，当该命令与第零定律或者第一定律冲突时例外。

第三定律：机器人在不违反第零、第一、第二定律的情况下要尽可能保护自己的生存。

机器人编年体

虽然早在 18 世纪工业革命初期就出现了机器人的雏形，但直到 20 世纪 50 年代末全球第一台真正意义上的机器人（可对动作进行编程）才出现。1958 年，被誉为“工业机器人之父”的美国科学家约瑟夫·英格伯格创建了全球第一家机器人公司 Unimation（取义于 Universal Automation，万能自动化），并参与设计了第一台用于压榨的五轴液压机器人，其装配的磁鼓能够记忆 180 个工作步骤。同年，另一家机器人公司 AMF 也在美国成立，并开始研制用于物料运输的机器人。Unimation 和 AMF 公司的成立具有划时代的意义，1958 年也被视为机器人元年。从 1958 年至今，根据机器人的控制方式和能力大小，机器人发展可以划分为 3 个时代（见表 10–1 和图 10–1）。

表 10–1 机器人编年体

年份	国家	人物 / 公司	事　件
1770	奥地利	沃尔夫冈·冯·肯佩伦	让一名人类棋手藏在里面操作机器。由于藏在里面的棋手都是高手，因此傀儡赢了大部分棋局
1770	美国		发明报时鸟，以齿轮带动翅膀和头部运动
1921	捷克	KaralCapak	在戏剧《洛桑万能机器人公司》中使用“robot”一词，是捷克语 Robota（劳役、苦工）和波兰语 Robotnik（工人）的组合
1939	美国	西屋电气公司	展出家用机器人 Elektro，可以行走，会说 77 个单词
1942	美国	阿西莫夫	在科幻小说中提出“机器人三定律”
1948		诺伯特维纳	出版《控制论——关于在动物和机器中控制和通讯的科学》，阐述了机器中的通信和控制机能与人的神经、感觉机能的共同规律，率先提出以计算机为核心的自动化工厂

续表

年份	国家	人物 / 公司	事　件
1954		马文・明斯基	在达特茅斯会议上，提出了他对智能机器的看法：智能机器“能够创建周围环境的抽象模型，如果遇到问题，能够从抽象模型中寻找解决方法”。这个定义影响了此后 30 年智能机器人的研究方向
1956	美国		制造出世界上第一台可编程的机器人，能按照不同的程序从事不同的工作，因此具有通用性和灵活性
1958	美国	约瑟夫・英格伯格和 Unimation	制造出第一台工业机器人，成立了世界上第一家机器人制造工厂——Unimation 公司。由于英格伯格对工业机器人的研发和宣传，他也被称为“工业机器人之父”
1962	美国	AMF 和 Unimation	生产出 VERSTRAN（意思是万能搬运），与 Unimation 公司生产的 Unimate 一样成为真正商业化的工业机器人，并出口到世界各国，掀起了全世界对机器人和机器人研究的热潮
1964	美国	MIT	推出了世界上第一个带有视觉传感器，能识别并定位积木的机器人系统。在这之前，触觉、压力传感器已经在机器人上得以应用
1965		约翰・霍普金斯大学	应用物理实验室研制出 Beast 机器人。Beast 已经能通过声呐系统、光电管等装置，根据环境校正自己的位置
20 世纪 60 年代	美国、英国	麻省理工学院、斯坦福大学、爱丁堡大学	陆续成立了机器人实验室，美国兴起研究第二代带传感器、“有感觉”的机器人，并向人工智能进发
1968	美国	斯坦福研究所	公布研发成功的机器人 Shakey。带有视觉传感器，能根据人的指令发现并抓取积木，不过控制它的计算机（是个庞然大物，足有一个房间那么大）。Shakey 可以算是世界第一台智能机器人，拉开了第三代机器人研发的序幕

续表

年份	国家	人物 / 公司	事　件
1969	日本	早稻田大学	加藤一郎实验室研发出第一台以双脚走路的机器人。加藤一郎长期致力于研究仿人机器人，被誉为“仿人机器人之父”
1973	美国	Cincinnati Milacron	世界上第一次机器人和小型计算机携手合作，就诞生了美国 Cincinnati Milacron 公司的机器人 T3
1978	美国	Unimation	推出通用工业机器人 PUMA，标志着工业机器人技术已经成熟
1984	美国	英格伯格	推出机器人 Helpmate，能在医院里为病人送饭、送药、送邮件
1998	丹麦	乐高	推出 Mind-storms 套件，让机器人制造变得跟搭积木一样，相对简单又能任意拼装，使机器人开始走入个人世界
1999	日本	索尼	推出犬型机器人爱宝（AIBO），当即销售一空，使娱乐机器人成为机器人迈进普通家庭的途径之一
2002	美国	iRobt	推出了吸尘器机器人 Roomba，能避开障碍，自动设计行进路线，还能在电量不足时，进行自动充电。Roomba 是目前世界上销量最大、最商业化的家用机器人
2005	日本	本田	推出双足机器人 ASIMO，随后陆续推出五代机器人，是目前最先进的双足人形机器人之一
2006	美国	微软	推出 Microsoft Robotics Studio，机器人模块化、平台统一化的趋势越来越明显，比尔·盖茨预言，家用机器人很快将席卷全球
2010	日本	石黑浩	推出高度仿真人形机器人 Geminoid F，会做出眨眼、微笑、皱眉等 65 种不同面部表情，但需要由人类远程操作
2010	美国	波士顿动力	开发出四足机器人 Big Dog，随后陆续推出 Spot、Cheetah、Atlas，是全球行走机器人的领先者

续表

年份	国家	人物 / 公司	事　件
2012	日本	索尼	开发出人形机器人 QRIO，是全球第一台能依靠双足跑步的机器人
2012	美国	亚马逊	收购 Kiva Systems 公司机器人项目，在智能仓库，Kiva 机器人会扫描地上条码前进，能根据无线指令的订单将货物所在的货架从仓库搬运至员工处理区，是人类工作效率的 3 倍以上，且准确率极高

资料来源：作者整理

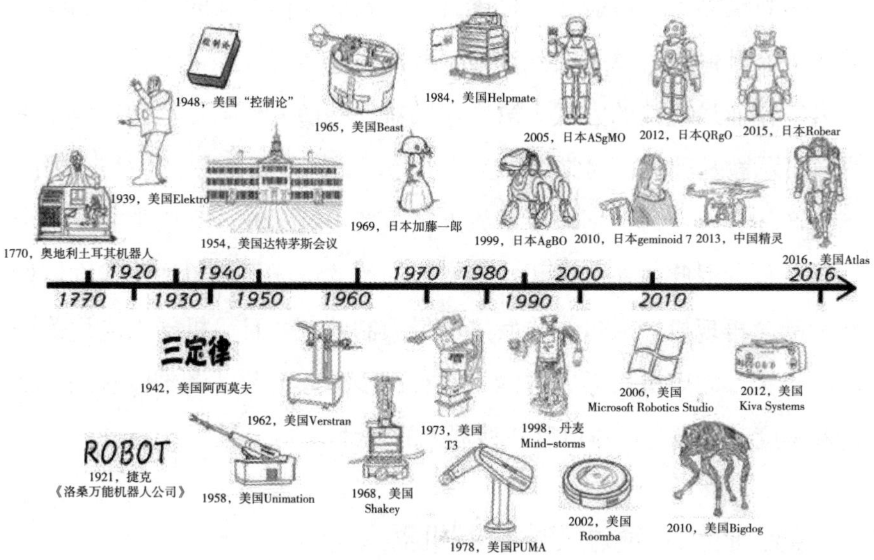

图 10-1　机器人编年图

第一时代：手把手教机器人干活

受制于当时的计算机，第一代机器人大多采用示教系统再现技术（T/P，teaching/playback）。示教的过程是由最有经验的操作者预先进行动作演示，机器人示教系统能够记忆有关作业程序、位置和其他相关信息，然后按照再现指令，逐条解读，在一定精度范围内重复被示教的过程，从而完成工作任务。示教的过程可以是直接进行，即示教人员使用插入机器人手臂的示教操作杆手把手教机器人完成各种动作；也可以通过示教盒进行间接示教，即操作示教人员通过操控示教盒来完成机器人运动轨迹。通常情况下，直接示教适合于动作较复杂的机器人，例如焊接、喷涂机器人，间接示教则适合于动作简单的机器人，例如搬运、抬举机器人。

示教机器人不仅能够将最优秀、最熟练操作人员的经验复制给机器人，而且保障了每一次操作的一致性，是当前大多数工业机器人替代人工作业最直接的方式。第一代机器人的最大缺陷是其操作建立在操作者示教基础上，因此其适应性很低，往往只能完成一个特定动作，当生产任务改变时，则需要示教人员重新进行示教，且通常需要一个调试过程。因此，在市场和技术变化加速的情况下，柔性化程度偏低成为示教再现机器人进一步发展的最大制约。并且，机器人应用范围不断扩大，需要机器人完成的工作有很多是人类劳动者难以达到的精度和强度，人类已经难以胜任机器人的老师。

第二时代：通过程序控制机器人

随着信息技术的快速发展，机器人发展进入通过计算机程序编程控制的阶段。通过计算机软件，设计人员和工程师将模型和参数输入机器人，机器人根据既定程序完成各种复杂动作。相较于上一代机器人采用模拟的示教信息，通过计算机程序编程控制的机器人取得了显著的进步。

- 数字信息更加准确，机器人的动作能够达到微米甚至更小数量级，这使得机器人在电子信息、生物医药等需要微加工的行业大显身手，也提高了装备、汽车、零部件等行业的精加工程度。

➢ 数字信息更容易传递，使得工程师能够远程完成多个机器人的调试。

➢ 数字信息更容易修正，示教机器人动作的修正往往需要示教人员重复整个动作，而被程序控制的机器人只需要修改特定参数就能够实现修正和改进。

➢ 数控系统人机界面得到统一，可视化程度提高，对机器人的操作更加简便。

➢ 在输入模型和参数之后，计算机能够通过算法优化以最经济的轨迹满足需求，这大大提高了机器人的工作效率。

虽然与上一代机器人相比，可编程机器人不需要人类老师手把手传授技艺，其技术更精确、更柔性化、更高效，但仍然离不开人类的帮助，机器人的动作由人类工程师预先设定，当生产任务变化或过程中出现故障时，还需要工程师或现场工作人员进行调整。在“自动化”工厂车间中，工作人员确实少了，但每台机器上黄灯和红灯亮起（通常情况下，每台机器有红、黄、绿三个指示灯，绿色代表正常，黄色代表故障，红色代表严重故障）时，仍表示机器人正在向人类求助。信息技术的更新使得机器人在这一发展阶段走出工厂，进入服务领域和家庭，服务机器人面临的环境更加复杂，经常出现一些故障，因此，真正得到较好应用效果的是远程遥控的机器人（例如扫雷机器人），由人类操作员帮助机器人进行环境判断和设计动作。

第三时代：与人工智能的邂逅

人工智能的成熟与机器人的结合成为新一代机器人的最重要特

征。区别于上一代机器人，具备人工智能的机器人取得了很大进步。

首先，人工智能能够帮助机器人处理非规则、非连续性的信息，从而使机器人能够胜任更加复杂和烦琐的工作。例如，新一代工业机器人能够根据传送带上的中间产品和物料配件情况来调整工作内容，在一个工位上可以同时完成多个步骤甚至多个产品的加工制造，而在这之前必须由人类或者其他机器人将产品和物料提前摆放整齐。服务机器人需要处理的非常规、非连续信息更多，人工智能的应用大大提高了其使用体验，教育机器人、康复机器人、引导机器人配备语音和图像识别功能，能够直接识别用户需求，而不再需要使用者通过键盘、鼠标或触摸屏向机器人下达指令。

其次，机器人开始具备学习能力。无论是逻辑思考还是模糊判断，机器人学习在近年来都取得了惊人的发展成就，这不仅仅得益于计算机硬件技术超越摩尔定律的发展，同时也与物联网、大数据、神经网络的出现和成熟有关。在人工智能的支持下，工业机器人能够通过自我“学习”完成更复杂和多样的工作，使得真正意义上的无人工厂和大规模定制成为可能；家庭服务机器人在“上岗”一段时间之后逐渐熟悉主人作息时间和生活习惯，在房间没人的时候打扫卫生和洗衣，并提供美味可口的饭菜。

最后，机器人集成传感器和物联网，实现了对外部信息的实时反馈。这种反馈能力一方面表现为针对需求信息的自我调整，例如能够实时根据订单制订新的生产任务；另一方面也体现在对外界环境变化的实时反馈上，例如机器人遇到障碍物和阻拦时能够及时调整动作轨迹，这个技术已经广泛应用于新一代搬运机器人，并且也是人机协作和机器人进入普通家庭的基础。

虚拟机器人的“小时代”

虚拟机器人是一种特殊的机器人。由于不需要实体外形，设计人员可以摆脱物理构造的局限性，着力关注人机交互体验的提升。1997年，微软将滑铁卢大学计算机系研发的“大眼回形针”嵌入到最新版本的 Office 软件中，为用户提供向导、提示和信息服务。操作者惊奇地发现，一个大眼睛的回形针安静待在屏幕一角，当用户需要帮助时则会弹出窗口，更令人不可思议的是，这个小助手能够根据用户的操作自动进行相关提示。从 1997~2007 年，微软的 Office 助手帮助全球数以十亿计的用户认识、了解并接受可视化办公软件，它不仅使微软 Office 成为全球信息化办公标准平台的重要推动，同样也在计算机商业化应用历史中占有一席之地。2007 年，微软决定在最新版本的 Office2007 中移除 Office 助手，并表示今后不会在任何系列里再出现。

20 世纪 90 年代中期之后，发源于日本的电子宠物和数码宝贝得到全球年轻人的青睐，在之后盛行的养成类电子游戏中，人机交互的体验又向前迈进一大步。从 2000 年以后，数字合成技术、显示技术、CG 技术以及近几年快速发展的 VR 和 AR 为虚拟机器人的发展提供更好的技术支撑。2007 年，日本音乐软件制作公司 Cryptonfuturemedia 以 Yamaha 的 Vocaloid 系列语音合成程序为基础，开发了风靡全球的虚拟偶像——初音未来。现在，初音未来已经发展成一个大家族，不仅有自己的社交网站账号、粉丝组织，甚至被应用于全息投影技术在全球举行巡回演唱会，初音未来的数字化声音和影像合成技术也被广泛应用于实体机器人的人机交互中。

专栏 10–2

梦想照进现实

机器人可能是与科学幻想联系最密切的新科技产品，无论是机器人词语（robot）的创造，还是机器人研究遵循的“机器人三定律”都源于科幻小说家笔下，这反映了人类对机器人的美好愿望，同时会有机器人大量出现后扰乱人类生活的担忧。

回顾 100 余年对机器人的科学梦想，有一些梦想已经成为现实并走进人类的工作和生活，也有一些梦想还处于试验和研发阶段，但对未来美好和大胆的想象一直在指引和激励着科学家的创新、创造。从某种意义上讲，基于需求和技术发展轨迹的科学梦想刺激了科学家的研究工作，机器人总是朝着人们期望的方向发展。

年 份	科幻作品	年 代	现实中的机器人
1963	 钢铁侠 Larry Lieber漫画 《悬疑故事》	21世纪初	 动力外骨骼
1952	 阿童木 手冢治虫漫画 《铁臂阿童木》	21世纪初	 人形机器人
1984	 7800 华纳电影 《终结者》	20世纪 90年代	 战斗机器人
1987	 机器猫 藤子不二雄漫画 《哆啦A梦》	20世纪 90年代	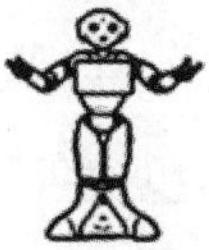 情感机器人
1977	 R2-D2 卢卡斯电影 《星球大战》	20世纪 80年代	 维修机器人
1975	 安德鲁·阿西莫夫 小说《机器管家》	21世纪初	 家庭机器人
1950	 桑尼·阿西莫夫 小说《我，机器人》	21世纪	 智能机器人

图 10–2　科幻作品与现实中机器人的演进历程

机器人哪家强

机器人生产是一个复杂的过程，涉及的学科众多，对整个工业体系的完整性和技术能力有较高的要求。因此，机器人也经常被视为一个国家工业竞争力和工业技术水平的标杆。目前，只有为数不多的几个制造业强国能够规模化制造具有国际竞争力的机器人产品。

机器人学

20 世纪 60 年代，机器人开始进入大量生产和实际应用阶段，机器人相关技术、工艺和理念逐渐成熟，机器人学应运而生，成为一门专门学科。如图 10–3 所示，机器人学由理论基础和应用技术两大层次构成，机器人学基础包含运动学、动力学等物理理论，运动控制、力控制等机械理论，以及程序设计、智能推理等软件理论。在基础理论之下，机器人学包含各种应用性学科，包括机器人结构、传感与感知、操作与接口和机器人理论等。

要生产机器人，不仅需要扎实的基础学科，还必须具备与机器人应用相关的各种工程化、产业化能力。同时，由于机器人学是一门交叉性学科，单个科研机构或企业都难以在学科涉及的所有层面保持领先，因此，机器人主机生产企业往往具备极强的产品架构设计能力和技术集成能力，能够控制机器人产业链并利用各种资源，同时还要具有很强的市场开拓能力。

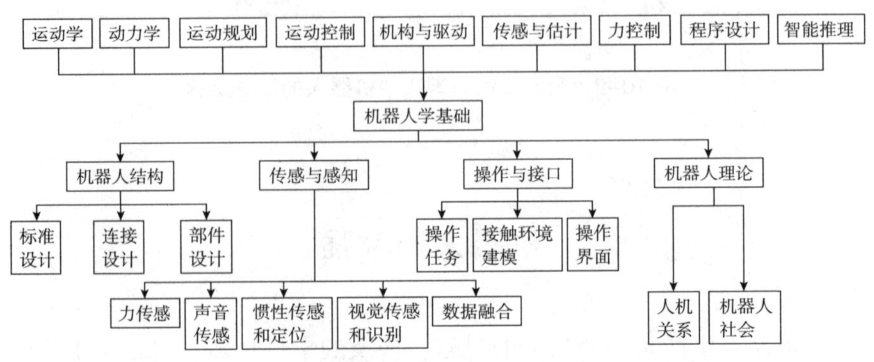

图 10–3　机器人的知识体系

谁掌握机器人技术

机器人最早被应用于工业生产，服务机器人技术基本来自工业机器人，因此从工业机器人技术的全球布局情况可以基本反映机器人技术的全球布局（见表 10–2）。

目前，日本是工业机器人第一大专利来源国，其次是中国、美国、德国和韩国。日本、德国、韩国的机器人技术创新都将美国作为除本国以外最重要的专利申请国，说明美国在全球机器人产业格局中占有重要地位。中国的专利申请量仅次于日本，远超过德国和韩国，同时中国也是仅次于日本的第二大专利申请目标国，反映了我国机器人技术正在缩小与发达国家的差距，中国作为全球最重要的制造大国和人口规模最大国家也是机器人最重要的市场，主要技术来源国为了获得在中国的专利保护开始将核心技术向中国转移。但是，我国的专利申请有 90% 以上是国内申请，在其他国家申请的专利仍十分有限，这说明了国内工业机器人研发机构和企业虽然已经具备通过专利布局保护自主知识产权的意识，但是值得（或能够）在国外申请专利的技术寥寥无几，我国在机器人核心技术方面还须多下功夫。

表 10–2　截至 2013 年机器人全球专利技术目标国 / 来源国统计

（单位：项）

来源国 目标国	日本	中国	美国	德国	韩国	合计
日本	31506	11	563	302	59	32441
中国	558	9276	118	84	29	10065
美国	2727	61	5204	649	217	8858
德国	1412	68	1237	2569	124	5410
韩国	845	7	198	92	3382	4524
合计	37048	9423	7320	3696	3811	

资料来源：转引自《产业专利分析报告（第 19 册）——工业机器人》

从具体的申请人看，安川是拥有工业机器人专利最多的公司，专利申请量排名前 10 位的企业全部来自日本，鸿海是唯一进入前 25 位的中国企业（但来自中国台湾）。从申请人的行业看，安川、发那科是专利拥有量最多的专业机器人企业，汽车、装备、电子信息企业同样是工业机器人技术研发的重要力量（见图 10–4）。

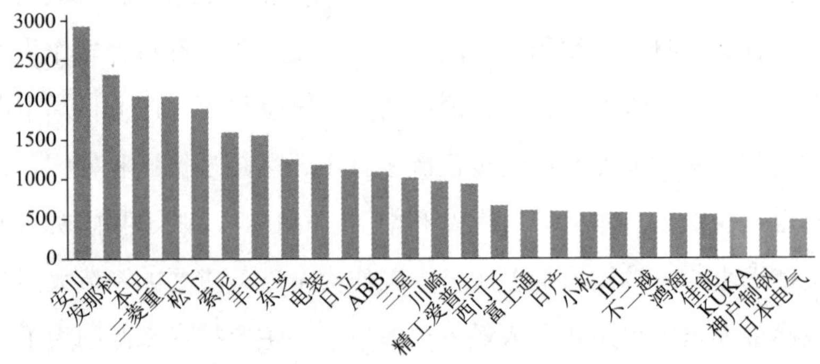

图 10–4　截至 2013 年工业机器人全球专利申请人情况

资料来源：转引自《产业专利分析报告（第 19 册）——工业机器人》

在机器人几大关键技术领域中，除涂装轨迹规划外，最大的专利来源国均是日本，其在谐波减速器、RV 减速器、电焊钳、焊缝跟踪的专利拥有量均超过全球总量的一半，并且，所有的关键技术领域，拥有专利最多的企业全部来自日本（见表 10–3）。

从以上指标的分析结果来看，就专利分布反映的全球机器人技术分工的基本情况而言，日本在工业机器人技术上处于绝对领先的地位，且基本都在国内申请，日本企业掌握了绝大多数工业机器人的核心专利；美国仍然是重要的工业机器人市场和研发地；中国技术追赶加速，市场增长最快，已经成为全球机器人第二大专利来源国和目标国，但专利的层次较低，对核心技术的掌控仍十分有限；专业机器人公司与汽车、装备、电子企业是机器人技术研发的主要力量。

表 10–3　工业机器人关键技术领域专利来源国结构

关键技术	来源国结构	拥有专利最多的企业
谐波减速器	日本：69% 中国：11% 美国：8%	谐波传动系统公司（日本）
RV 减速器	日本：88% 中国：10% 法国：1%	博特耐斯特（日本）
电焊钳	日本占有绝对优势	日产汽车（日本）
3D 视觉控制	日本：37% 美国：31% 中国：8% 韩国：6% 德国：5%	发那科（日本）
焊缝跟踪	日本：超过 70%	日立（日本）
涂装轨迹规划	中国：32%① 日本：31%① 德国：21%① 美国：16%①	东机工（日本）

资料来源：《产业专利分析报告（第 19 册）——工业机器人》

注：①仅计算了中、日、德、美四个国家。

谁在生产机器人

工业机器人：四大家族

工业机器人面对的是专业企业用户，对产品性能、稳定性、可靠性要求高，同时，伺服系统、运动控制系统、减速机等核心零部件的技术壁垒也非常高，高昂的生产成本和技术垄断阻挡了大多数试图进入的新企业，从全球范围看，工业机器人的市场集中度非常高。

日本和欧洲是工业机器人的主要产地，瑞士ABB、德国库卡（KUKA）和日本发那科（FANUC）、安川（YASKAWA）四家企业是工业机器人的主要供货商，占据全球工业机器人市场一半的份额，在高端工业机器人市场的占有率则更高，被称作工业机器人“四大家族”（见表10-4）。

表10-4 工业机器人四大企业

	ABB	库卡（KUKA）	安川（YASKAWA）	发那科（FANUC）
发展时间	1974年研发全球首台全电力驱动工业机器人	1973年研发全球首台电机驱动六轴机器人	1974年研发首台工业机器人	1977年开发日本首太全电气式工业机器人
核心竞争力	运动控制系统	汽车产业集成	数控系统	伺服系统和运动控制
产品优势	控制力好，整体性能强	开源系统平台、轻量化、响应速度快	高精度、双臂多轴	轻量化、标准化、操作简单
工业机器人业务范围	工业机器人、软件产品、机器人应用集成、机器人控制器、应用设备和附件、机器人系统服务	工业机器人、控制系统、软件、机器人系统集成	工业机器人、伺服电机、变频系统、机器人系统集成	工业机器人、人工智能、机器人网络、机器人系统集成
公司市值（2016）	415亿美元	35亿美元	35亿美元	235亿美元
全球市场占有率	10%	20%	15%	15%

资料来源：作者整理

四大企业中，德国KUKA的全球市场占有率最高，日本的安川和发那科次之。除了上述四大企业，日本的那智不二越（NACHI）、川崎（Kawasaki）、爱普生（DensoEpson），瑞士的史陶比尔（Staubli），意大利的柯马（COMAU）也是全球重要的工业机器人供应商。此外，在一些专业领域和细分行业，欧洲、日本和美国还有一大批中小型机器人企业。随着我国制造业转型升级步伐的加快，对工业机器人的需求增加，从 2013 年开始成为全球最大新增工业机器人市场，这大大刺激了国内机器人产业的发展，带动了沈阳新松、广州数控、上海新时达等国内机器人主机企业在近几年实现高速发展。

服务机器人：百花齐放

服务机器人种类繁多，IFR（International Federation of Roboitcs，国际机器人联合会）根据服务机器人的用途，将服务机器人分为专业服务机器人和个人服务机器人两大类、细分为 19 个中类和 59 个小类。由于服务机器人产业化和商业化应用的时间较短，且每一类服务机器人的技术需求、面对的用户市场存在巨大差别，服务机器人制造不像工业机器人那样集中于为数不多的几家大企业，因此每一个类型服务机器人都有若干或者众多企业和品牌。

根据 IFR 会员数据显示，目前全球有超过 300 家规模较大的服务机器人生产企业，主要分布在北美、欧洲和亚洲，其中有 15% 的公司成立不足 5 年。从全球服务机器人市场看，美国、德国、日本、韩国、法国、英国、瑞典等国企业的技术水平领先，市场占有率高，这些企业不仅具有集成相关技术和产业化能力，同时也对服务机器人服务的对象——商业公司和个人需求有深刻理解（见表 10–5）。

表 10–5　服务机器人分类及主要供应商

大类	小类	代表品牌（企业）的专业服务机器人
专业服务机器人		
户外机器人	农业机器人	Amazonen-Werke（德国）, BA Systèmes（法国）, Harvest Automation（美国）, InMach（德国）, Adept Mobile Robots（美国）, NREC（美国）, Vision Robotics Corporation（美国）, Yanmar Agricultural Equipment（日本）
	挤奶机器人	DeLaval（瑞典）, Fullwood（英国）, GEA Farm Technologies（德国）, Insentec（荷兰）, Lely（荷兰）, Lely（德国）, Milka-Ware（澳大利亚）, SAC（丹麦）
	林业机器人	Deere（美国）, Komatsu（日本）
	矿山机器人	Atlas-Copco（美国）, Caterpillar（美国）, Komatsu（日本）, Modular Mining Systems（美国）
	空间机器人	EADS Space（荷兰）, Hoerner&Sulger（德国）, ISE（加拿大）, Israel Aerospace Industries（以色列）, Jet Propulsion Laboratory（美国）, and MacDonald Dettwiler Space（加拿大）
专业清洁机器人	地面清洁机器人	Cyberworks（加拿大）, Hitachi Kiden Kogyo（日本）, InMach（德国）, Nilf isk-Advance（丹麦）, Panasonic Electric Works（日本）
	墙面清洁机器人	Cybernetix（法国）, Robosoft（法国）, Wany Robotics（法国）
	管道清洁机器人	Bric Engineering（加拿大）, RedZone Robotics（美国）, Urakami Research & Development（日本）, and Weda（瑞典）
	舱体清洁机器人	Bric Engineering（加拿大）, Cybernétix（法国）, RedZone Robotics（美国）, StarkmaticOy（芬兰）, Urakami Research & Development（日本）, and Weda（瑞典）

续表

大类	小类	代表品牌（企业）的专业服务机器人
检修和维护机器人	工厂检修机器人	Inuktun Services（加拿大）, Manu Systems（德国）, MetraLabs（德国）, Mobile Robots（美国）, Robosoft（法国）, Telerob（德国）
	管道检修机器人	Berkeley Springs Instruments（美国）, Drones Networking（瑞典）, Engineering Systems（加拿大）, Everest VIT（美国）, Hoyarobot（韩国）, Inspector Systems（德国）, Inuktun Services（加拿大）, OCRobotics（英国）, Omnitech Robotics（美国）, ProKasroMechatronik（德国）, RedZone Robotics（美国）, Slex Robotics（美国）
	核检修机器人	Berkeley Springs Instruments（美国）, Cybernétix（法国）, Drones Networking（瑞典）, Everest VIT（美国）, HiBot（日本）, Hydro-Quebec（加拿大）, Inspector Systems（德国）, IntelligeNDT（德国）, Inuktun Services（加拿大）, MoviRobotics（西班牙）, OCRobotics（英国）, RedZone Robotics（美国）, Robosof t（法国）
建筑和拆除机器人	核拆除和分解机器人	BA Systèmes（法国）, Brokk（瑞典）, Cybernétix（法国）, OCrobotics（英国）,Robosoft（法国）, RU Robots（英国）
	建筑机器人	BA Systèmes（法国）, Fujita Corporation（日本）, Inuktun Services（加拿大）, Manu Systems（德国）, Robosoft（法国）
	工程和土木机器人	Fujita Corporation（日本）, Hazama（日本）, TASEI Corp.（日本）
	道路建设机器人	Fujita Corporation（日本）, Hazama（日本）, TASEI Corp.（日本）, ULC（美国）
	物流机器人	Amazon-kiva（美国）
	邮政机器人	Aethon（美国）, Böwe Bell（美国）, Care Fusion（former Pyxis）（美国）, Gecko Systems（美国）, Genova Robot（意大利）, Adept Mobile Robots（美国）, Swisslog（瑞士）
	工厂物流机器人	BA Systèmes（法国）, BlueBotics（瑞士）, DJ Products（美国）, Euromaint（瑞典）, Gottwald Port Technology（德国）, Neobotix（德国）, InMach（德国）, KIVA（美国）, Adept Mobile Robots（美国）, Robosoft（法国）, SAMIC Tech（韩国）, SEEGRID（美国）, Soft Design（瑞典）
	户外搬运机器人	ACFR（澳大利亚）, Götting und Fox（德国）and Gottwald Port Technology（德国）

续表

大类	小类	代表品牌（企业）的专业服务机器人
医疗机器人	诊断机器人	EndoControl（法国）, Hansen Medical（美国）, KUKA（德国）, Medtronic（德国）, MetraLabs（德国）, Robosoft（法国）
	辅助治疗机器人	Accuray（美国）, BA Systèmes（法国）, Curexo（former Integrated Surgical）（美国）, Elekta（瑞典）, EndoControl（法国）, FreeHand Surgical（英国）, Intuitive Surgical（美国）, KUKA（德国）, Titan Medical（加拿大）,Da Vinci（美国）
	康复机器人	Focal Meditech（荷兰）, KDM（韩国）, MRISAR（美国）, RU Robots（英国）
救援和安全机器人	救援机器人	CDL Systems（加拿大）, Cybernétix（法国）, Drones Networking（瑞典）, Engineering Services（加拿大）, Gecko Systems（美国）, Hyundai Rotem（韩国）, InRobTech（以色列）, Inuktun Services（加拿大）, Kentree（爱尔兰）, MRISAR（美国）, Omnitech Robotics（加拿大）, RTB Group（德国）, SOGHO Security Services（日本）, Telerob（德国）, WM Robots（美国）
	安保机器人	Airrobot（德国）, Autonomous Solutions（美国）, Berkeley Springs Instruments（美国）, Engineering Services（加拿大）, General Dynamics Robotic(美国), Hoyarobot（韩国）, IdMind（葡萄牙）, Inuktun Services（加拿大）, Adept Mobile Robots（former ActivMedia）（美国）, MoviRobotics（西班牙）, OCRobotics（英国）, Robosoft（法国）, Rotundus（瑞典）, RTB Group（Robowatch）（德国）, SECOM（日本）, SOHGO Security Services（日本）, Tmsuk Corp.（日本）
	其他安防机器人	CRASAR（美国）,T52 Enryu（日本）,C-ELROB（欧盟）

续表

大类	小类	代表品牌（企业）的专业服务机器人
军用机器人	排雷机器人	Cybernétix（法国）, DRB Fateq.（韩国）, Hyundai Rotem（韩国）, InRobTech（以色列）, MineWolf（瑞士）, QinetiQ（英国）, Rheinmetall（德国）, Robosoft（法国）, RTB Group（德国）, WM Robots（美国）
	无人机	Aerovironment（美国）, BAE systems（英国）, CDL Systems（加拿大）, Insitu（美国）, Israel Aerospace Industries（以色列）, Mavionics（德国）, MicroDrones（德国）, QuinetiQ（美国）, RTB Group（Robowatch）（德国）, Schiebel（奥地利）
	无人车	BA Systèmes（法国）, Base Ten Systems（德国）, Clearpath-Robtics Inc.（加拿大）, Hyundai Rotem（韩国）, InRob Tech（以色列）, iRobot（美国）, QuinetiQ（美国）, Robosoft（法国）, Rotundus（瑞典）
水下机器人	水下机器人	Atlas Maridan（丹麦）, Bluefin（美国）, Cybernétix（法国）, Deep Ocean（美国）, Hydroid（美国）, Hydronalix（美国）, Independent Robotics Inc. IRI（加拿大）, Inuktun Services（加拿大）, iRobot（美国）, ISE（加拿大）, Neuro Robotics（英国）, Oceaneering（美国）, Perry Slingsby（英国）, Production Technology（美国）, Schilling Robotics（former Alstom Schilling）（美国）, SMD（Hydrovision）（英国）
通用移动平台	通用移动平台机器人	AAI（加拿大）, Andro Tec（Germany）, Anybots（美国）, Arrick Robotics（美国）, BRIC Engineering Systems（加拿大）, Dasa Robot（Korea）, Engineering Services（加拿大）, GCtronic（瑞士）, Gecko Systems（美国）, Neobotix（德国）, Hyundai Rotem（韩国）, InMach（德国）, Intelligent Robotics Corp（加拿大）, Kawada Industries（日本）, Mekatronix（美国）, Adept Mobile Robots（美国）, Ocrobotics（英国）, Omnitech Robotics（美国）, Robosoft（法国）, Robotnik（西班牙）, Rotundus（瑞典）, SEEGRID（美国）, The Robot Factory（美国）, White Box Robotics（美国）, Zagros Robotics（美国）
外骨骼	动力外骨骼	Focal Meditech（荷兰）, KDM（韩国）, MRISAR（美国）, RU Robots（英国）

续表

大类	小类	代表品牌（企业）的专业服务机器人
社交和娱乐机器人	酒店机器人	McDonald's（美国），Fine-Techno（韩国）
	引导机器人	Adept Mobile Robots（former ActivMedia）（美国），BlueBotics（瑞士），ED Corporation（韩国），iXs Research Corp（日本），MRISAR（美国），Pal Robotics（西班牙），Robotech（韩国）
	营销	Adept Mobile Robots（美国），IdMind（葡萄牙），Pal Robotics（西班牙），Robopec（法国），Robosoft（法国），Robotech（韩国），Robot Friends（韩国），The Robot Factory（美国）
	自平衡车	Dynamic Structures（加拿大），RoboCoaster（英国），Kuka（德国），SNOX（比利时）
家庭机器人	家政机器人	Anybots（美国），ATR（瑞士），BlueBotics（韩国），ED Corp.（韩国），Fraunhofer IPA（德国），Hanool Kids（韩国），ISIrobotics（韩国），KIST（韩国），MRISAR（美国），Robosoft（法国），Robotech（韩国）
	吸尘和扫地机器人	iRobot（美国），Alfred Kärcher（德国），EG Robot（韩国），Evolution Robotics（美国），Hanool Robotics（韩国），iRobot（美国），LG Electronics（韩国），Manu Systems（德国），Microrobot（韩国），Neato Robotics（美国），Panasonic Electric（日本），Shadow Robot（英国），Siemens（德国），The Eureka Comp（美国），Vision Robotics Corp（美国），Wany Robotics（法国），Yujin Robotics（韩国）
	除草机器人	LawnBotts series from Zucchetti Centro Sistemi（意大利），a family of RoboMow® from Friendly Robotics（now F Robotics Acquisitions）（以色列），the AutoMowerTM from Husqvarna（瑞典），and the Indego from Bosch（德国）. Other producers include: BELROBOTICS（比利时），InMach（德国），Precise Path（美国），VIKING（奥地利）
	泳池清洁机器人	iRobot（美国），Manu Systems（德国），WedaPoolcleaner（瑞典）

续表

大类	小类	代表品牌（企业）的专业服务机器人
娱乐机器人	玩具机器人	ANTY Foundation（比利时）, Business Design Laboratory（日本）, Dasa Robot（韩国）, ePawn（法国）, Evolution Robotics（美国）, GCtronic（瑞士）, Hanool Kids（韩国）, Hoyarobot（韩国）, Isan Solution（韩国）, iXs Research Corp.（日本）, KUKA（德国）, Lego（丹麦）, Lego Mindstorms（美国）, Lynxmotion（美国）, Manu Systems（德国）, Microrobot（韩国）, Minirobot（韩国）, Probotics America（USA）, Robo3（韩国）, Robobuilder（韩国）, Robot Friends（美国）, Robotis（韩国）, Sony Europe（比利时）, Tmsuk Corp.（日本）, Tribotix（澳大利亚）, Ugobe（美国）, Vstone Corp（日本）, Wowwee（中国香港）, Yujin Robotics（韩国）
	多媒体机器人	Yujin（韩国）, Isan Solution（韩国）, Pal Robotics（西班牙）, Mitsubishi heavy Industries（日本）, NEC（日本）, Robotech（韩国）, Producers of animatronics and actoids include Kokoro（日本）, Edge Innovations（美国）, SES Sarcos Entertainment Systems（美国）
	教育机器人	Aldebaran Robotics（法国）, BlueBotics（瑞士）, Cybernétix（法国）, Didel（瑞士）, Festo Didactic（德国）, Gctronic（意大利）, GCtronic（瑞士）, Neobotix（德国）, Hanool Kids（韩国）, Hanool Robotics（韩国）, Hoyarobot（韩国）, IdMind（葡萄牙）, Intelitek（美国）, Isan Solution（韩国）, Kaimax（韩国）, K-Team（瑞士）, Lego Mindstorms（美国）, Lynxmotion（美国）, Manu Systems（德国）, Merlin Robotics（英国）, MetraLabs（德国）, Microrobot（韩国）, Minirobot（韩国）, Mitsubishi（日本）, MoviRobotics（西班牙）, MRISAR（美国）, NEC Corp.（日本）, Neuronics（瑞士）, Parallax（美国）, Probotics America（美国）, Questech（美国）, Rainbow Company（韩国）, Robix（美国）, Robobuilder（韩国）, Robopec（法国）, Roborobo（韩国）, Robosof t（法国）, Robotis（韩国）, Robot Friends（韩国）, Rogue Robotics（加拿大）, The Robot Factory（美国）, Wakefi eld Robotics（加拿大）, Wany Robotics（法国）, Yujin Robotics（韩国）, Zagros Robotics（美国）, ZMP（日本）
助老和助残机器人	轮椅机器人	Deka Research（美国）, Neuronics（瑞士）, Rehabilitation Technologies（澳大利亚）, Robot Friends（韩国）
	个人助理机器人	Focal Meditech（荷兰）, KDM（韩国）, Robot Friends（韩国）, Vision Robotics Corp（美国）
	个人交通机器人	Robosoft（法国）, Serpentine（瑞士）
监护机器人	监护机器人	ED Corp（韩国）, Gecko Systems（美国）, Giraff Technologies（瑞典）, Microrobot（韩国）, Robosoft（法国）, Wany Robotics（法国）

资料来源：根据 IFR 资料整理

机器人去哪儿了

在新科技革命和产业变革的浪潮下，全球制造业进入数字化、智能化的转型升级阶段，老龄化社会比预期提前到来、人类对生活品质要求不断提高，这些变化对刺激了机器人市场的快速发展，机器人产业也成为金融危机之后最早恢复且高速增长的行业，“机器代人”正以超出预想的步伐进入制造和服务环节，对资本与劳动的关系产生了日益突出的影响。

工业机器人

2014 年，全球工业机器人销售量达到 22.93 万台，汽车、化工、橡胶和塑料、食品等产业新增工业机器人增长最明显。金融危机之后，全球工业机器人销售量复合增长率接近 20%，从全球范围看属于高增长行业（见图 10–5）。分地区看，中国的工业机器人销量占到全球市场的 20%，中国、日本、美国、韩国和德国约占到了全球市场的 70%。

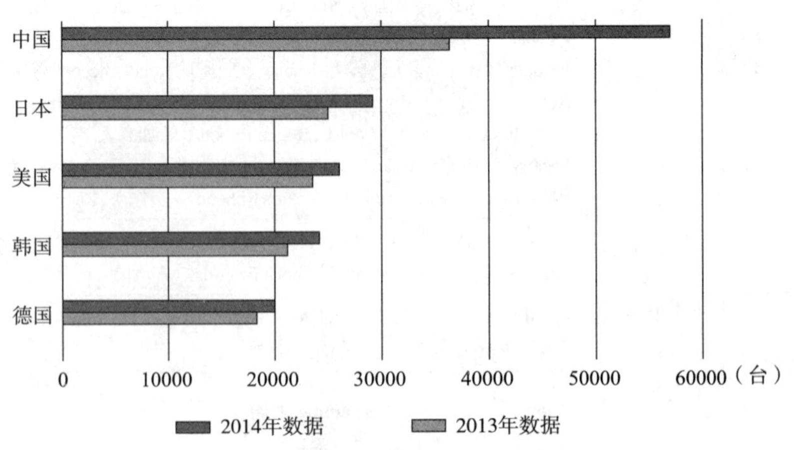

图 10–5　全球工业机器人增长情况

近几年中国的工业机器人市场年增速超过 40%，并在 2013 年成为全球最大的工业机器人市场。国内机器人企业约占到新增工业机器人市场的 30%，并且这一比重不断增加。绝大多数处于高增长阶段的发展中国家的工业机器人都远远未达到世界平均水平，与发达国家的工业机器人相比仍有很大差距，这些国家汽车等产业的发展和转型升级将创造巨大的工业机器人市场。从表 10–6 可以看出，中国大陆的制造业机器人密度仅为世界平均水平的一半，与韩国、日本等制造业强国的差距巨大，中国制造业的转型升级将是未来若干年全球工业机器人市场增长最重要的推动力。

表 10–6　主要国家或地区工业机器人密度

国家或地区	工业机器人密度（套 / 万人）	国家或地区	工业机器人密度（套 / 万人）
韩国	437	芬兰	122
日本	323	奥地利	141
德国	282	加拿大	116
瑞典	174	英国	93
比利时	169	中国大陆	36
丹麦	166	中国台湾	142
美国	152	欧洲	82
西班牙	141	美洲	73
法国	125	亚洲	51
芬兰	122	世界	62

资料来源：IFR

注：仅针对制造业部门。

从工业机器人的应用领域分布来看，汽车产业占到新增工业机器人装机的 43%，是当前工业机器人最大的应用市场；电器和电子产业新增工业机器人是第二大工业机器人应用市场，占全部工业机器人市场的 21%（见图 10–6）。

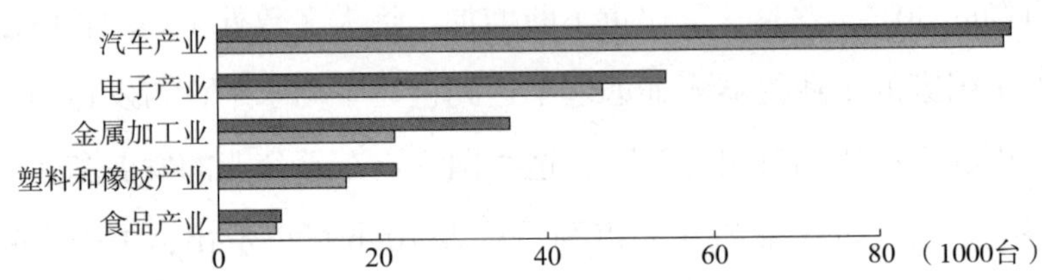

图 10–6　全球工业机器人的主要应用领域

各个国家推动的制造业转型升级战略是工业机器人市场增长的主要推动力，人机协作、标准化和傻瓜化、可移动化、柔性化、智能化的新一代工业机器人将越来越多地出现在市场中。根据 IFR 的预测，到 2018 年，全球工业机器人装机存量将达到 230 万台，亚洲工业机器人装机存量将达到 140 万台（见图 10–7）。

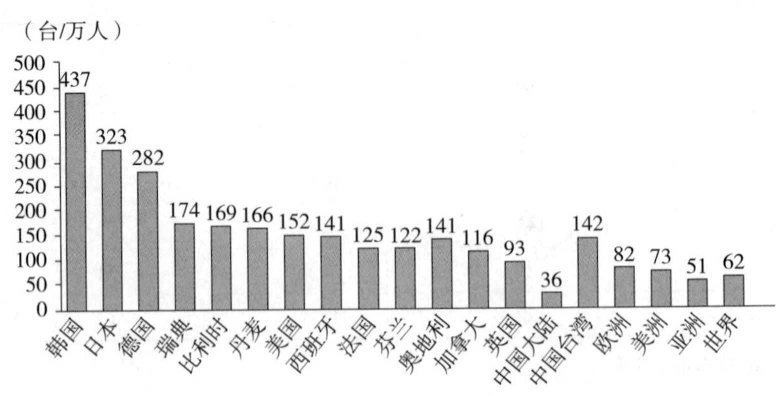

图 10–7　全球范围内机器人市场估值

资料来源：IFR World Roboties 2015

服务机器人

按照当前的增速并考虑到市场增长加速，到 2018 年，将有 3500 万个服务机器人活跃于全球。家用服务机器人将超过 2500 万台，其中，吸尘和扫地机器人、除草机器人、娱乐机器人、助老和助残机器人增长的速度最快；未来 3 年新增的专业服务机器人数量将有可能超过之前安装的专业服务机器人总和，物流机器人将保持近 30% 的年增长率。

机器人还是血汗工厂？

技术的进步总会在一段时期、一定范围内使人们产生恐慌情绪。少数思想超前的人探索机器人与人之间的伦理哲学等深奥问题，墨守成规的人不愿意改变，更多人最担心的则是害怕失去原有的工作。一些学者甚至认为，薪资水平的不断提高促进了机器人产业的繁荣，而机器代替人的快速发展再次验证了市场经济是资本的盛宴，在劳动与资本的对决中，劳动者又一次败下阵来。

实体部门特别是制造业的现实为上述判断提供了支撑。2015 年，全球最大代工企业鸿海富士康宣布将在未来缩减员工，大力建设“关灯工厂”，实施“机器换人”。随后，富士康昆山基地的员工数量从 11 万人缩减至 5 万人，机器人似乎真的开始“吃掉”人类的工作岗位。实际上，在人们担忧机器人抢饭碗的同时，对血汗工厂的谴责也从未停止过。人们享受工业社会带来的各种舒适和便利，却又不停地指责发展中国家制造工厂对工人权益的各种侵犯。

是让机器人替代人，还是继续维持血汗工厂，貌似是一个两难的选择。但其实并不难，因为选择的一方根本不成立，机器人过去不曾、现在没有、今后也不会造成人们的失业问题。

无论是发达国家还是发展中国家，其失业率都并未因为机器人的广泛使用而增加，而不断扬言要大规模采用机器人的劳动密集型制造业，其真正目的是满足产业升级的需要。

回顾一下近 30 余年全球就业情况的变化，各个国家的失业率主要受经济周期的影响，这在爆发国际金融危机时尤为明显（见图 10–8）。例如，美国经济在 2008 年和 2009 年均出现负增长，而 2009 年和 2010 年的失业率是自 1991 年以来最高的时期；德国在发达国家中实体经济部门所占比重较大，在金融危机之后其失业率并没有上升，但 2004~2006 年失业率则超过 10%，在很大程度上是由 2002~2003 年的经济低速增长造成的；日本 1991 年以来失业率有两次超过 5%（2001~2003 年和 2009~2010 年），均是在两次经济负增长（1998~1999 年和 2008~2009 年）之后；韩国在 1998 年和 1999 年失业率均超过 6%，这主要也是受到 1997 年爆发的亚洲金融危机的影响。

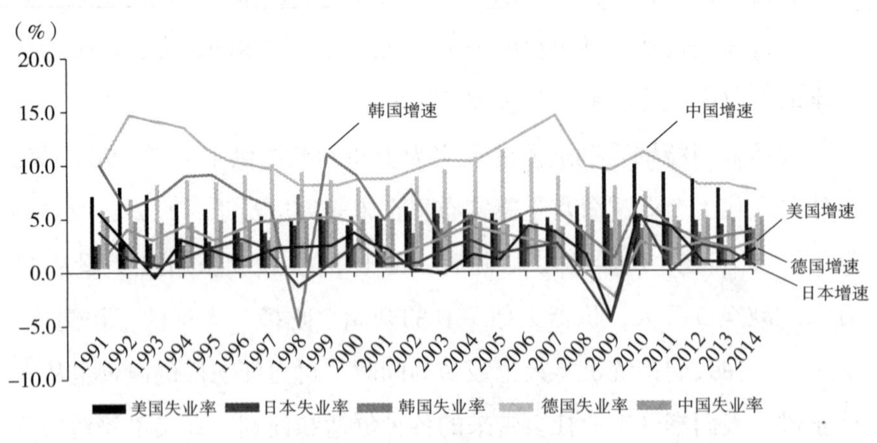

图 10–8　1991~2014 年主要国家失业率与经济增速

与经济周期对失业率的影响相比，至今机器人的出现并未对就业数量产生显著的负面影响。2000~2012 年，美国、德国、韩国、中国、巴西五个国家机器人的装机数量均翻倍（主要指工业机器人和专业服务机器人），而除美国之外其他四国失业率都有所下降，也就是说，机器人的采用和普及在绝大多数国家（包括发达国家和发展中国家）并没有引起失业率的增加。相反，机器人的采用和普及是和失业率下降同步的（见表 10–7）。

表 10–7　2000~2011 年主要国家人口就业与机器人装机情况

	2000~2011 年人口变化（%）	11 年间就业人口变化		失业率（%）			制造业就业人数(百万人）			工业产值增速（%）			制造业万人机器人装机量（台）		
		百万人	增幅（%）	2000	2008	2011	2000	2008	2011	2000	2008	2011	2000	2008	2011
巴西	+16.5	27	45	13	6.8	5.3	7.7	9.7	10.2	5.7	4.9	0.3	<1	5	7
中国	+6.3	60	18	4.2	4.3	4.1	25	34	37	11.0	13.4	13.9	<1	10	21
德国	—	2.1	5	6.9	7.2	6.0	6.2	6.1	6.0	6.6	5.2	8	146	236	261
日本	—	–2.0	–3	4.7	4.0	4.2	11.8	10.3	9.1	5.8	1.3	–3.5	337	344	339
韩国	+4.2	3.2	15	4.4	3.4	3.4	3.6	3.5	3.6	8.5	5.1	3.8	107	221	347
美国	+12	6.0	4	4.0	5.8	8.9	16.4	13.4	11.7	5.6	–1.7	4.1	52	96	135

资料来源：IMF 和 IFR

需要强调的是，虽然机器人的采用和普及不会对就业市场造成严重冲击，但确实在潜移默化地改变就业结构、就业方式。归纳起来，机器人与人类岗位存在三种关系：一是替代劳动者岗位；二是填补劳动者无法胜任的岗位；三是创造新的工作岗位。在这三种关系中，真正对人类劳动岗位有威胁的只有第一种，在机器人与人类劳动岗位的第二种和第三种关系上，机器人的使用并没有威胁到人类劳动岗位，反而是如果没有机器人（或其他机械装备），原本可以由人类劳动者胜任的部分岗位也会消失（见表 10–8）。

表 10–8　机器人对就业岗位的影响

机器人的影响	影响方式	关键因素	影响行业
替代岗位	减少工作岗位	机器成本；工资水平；产品和服务价格	食品、电子、包装、环卫
填补岗位	增加工作岗位	加工精度、硬度、洁净度，生产环境和条件	汽车、精密制造、食品、化工、铸造、检修
创造岗位	增加工作岗位	关联产业，上下游产业	机器人研发、机器人制造、机器人维护服务

资料来源：作者整理

机器人替代的人类岗位是有限的

对于机器人在哪些产业、哪些环节替代人类劳动这个问题，经济学、管理学和很多自然科学学科的学者都对其进行了研究。一种观点认为，如果将动作分解为操作量和操作复杂性，那么机器人更适合于操作较复杂且操作量较大的领域；操作较简单且操作量较大的领域适合专用机器；操作复杂的领域更适合人类劳动者。当然，企业在选择雇佣工人还是采购机器人时还要考虑投资成本，虽然机器人的初期投资较大，但工作时的变动成本较低；而人类劳动者需要持续的工资支出。因此，资金充足，且雇佣工人工资较高的企业倾向于购买安装机器人，资金相对紧缺，且雇佣劳动者工资较低的企业倾向于雇佣人类劳动者（见图 10–9）。

可以看到，机器是否替代人与劳动力的供给变化密切相关。据联合国预测，与 2000 年相比，到 2020 年，欧洲国家和韩国的人口基本保持不变，日本出现负增长，中国的增幅约为 2%，美国的增幅约为 8%，南美国家的增幅约为 15%。总体上看，全球人口增长速度将放缓。大多数发达国家和部分发展中国家将在未来 10~20 年内进入老龄化社会，届时劳动力短缺将成为制造业发展必须面对的严峻问题。学校教育水平的提高改变了发展中国家劳动力的技能结构，更多的工人愿意选择技能要求更高且工资水平更高的岗位就业。随着劳动力供给数量的下降，以及非熟练和非技能劳动者比重的降低，机器人将在未来更多的岗位替代人类劳动者。

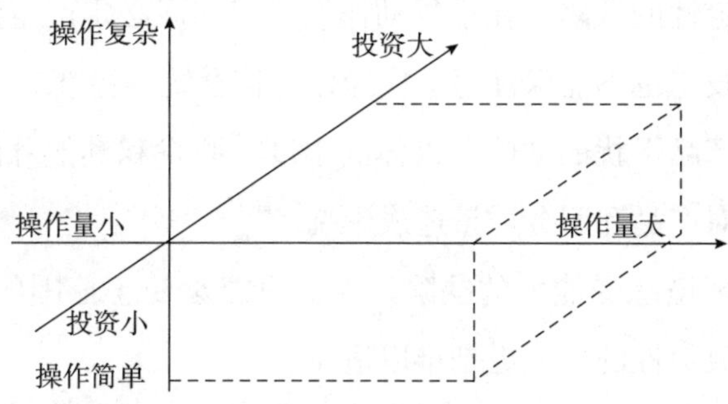

图 10–9　机器人具有相对优势的领域

对于服务机器人而言，特别是非专业的家庭机器人，其功能只是减少人类的劳动强度和工作量，目前还没有对人类岗位产生替代威胁。国内外一些由机器人提供服务的酒吧、餐厅、银行等其他服务场所，主要也是为了提供一种全新的顾客体验，并不是出于成本或效率的考虑。

机器人填补人类不愿干、不能干、干不好的岗位

有一些人觉得自己的岗位正在受到机器人的威胁，实际上，在很多行业和场所，机器人的使用不仅没有减少人类的就业岗位，反而是

人类岗位存在的前提。机器人只是填补了人类劳动者无法胜任的工作岗位，使得整个制造或服务过程能够完成，产品和服务满足市场需求，从而人类劳动者可以胜任的岗位才可以存在，这是目前机器人对人类岗位最主要的影响。

人类在改造自然的最初阶段不存在必须由机器人或其他机械装备才能完成的事情。但是随着工业产品和服务越来越复杂、精细，人类能力的缺陷就表现出来。

➢ 力量的缺陷。最强壮的大力士也只能举起 400 公斤的重物。

➢ 稳定性的缺陷。在重复动作一段时间后必定产生疲劳，即便是最优秀的技工也不能保证每一次操作都符合统一标准。

➢ 对产品干扰的缺陷。人体的温度、脱发和其他分泌物必定在一定程度上对产品和服务质量造成影响。

➢ 对环境忍受能力的缺陷。人类只能承受小范围的温度、湿度，对有毒、放射性的环境更是难以适应。

如表 10–9 所示，机器人成功地弥补了人类劳动者上述四个方面的缺陷，使很多行业能够实现高效率和大规模的生产，不仅满足了对产品和服务质量的需求，还创造了大量的就业岗位。

表 10–9　机器人对人类劳动者缺陷的弥补

缺陷	替代方式	应用领域
力量	一些工作对力量要求高，由人承担此类工作效率低，且容易造成人身伤害和损坏产品部件	汽车、装备、铸造需要搬运或定位大型工件，这都需要机器人或专用机械来完成
稳定	一些工作对精度要求高，超出了人视力和动作的极限，由人承担此类工作无法满足达到必要产品质量的要求	大型集成电路的生产，汽车、装备的焊接、喷涂等

续表

缺陷	替代方式	应用领域
干扰	一些工作对温度、湿度和清洁度有极高的要求，由人承担此类工作容易改变生产环境，影响产品质量	生物医药和光电子产业的某些车间要尽量减少工人数量
环境	一些工作的操作环境对人体具有伤害，由人承担此类工作容易患疾病，甚至违反劳动保护法律	化工生产的一些有毒环节，汽车的喷漆等都需要由机器人来完成

资料来源：作者整理

目前，全球汽车产业劳动岗位中有 10%~15% 依赖于机器人，这相当于 110 万 ~160 万的就业岗位，在 2008~2011 的三年里，因为采用更多更先进的机器人而增加了 12 万~24 万个就业岗位。电子产业中也有 5%~10% 的工作岗位依赖于工业机器人，由于机器人的使用，全球电子产业在 2008~2011 年三年一共增加了 5 万~10 万个工作岗位（见表 10–10）。

服务机器人使用范围则更广，虽然缺少权威的统计，但在检修、医疗、康复等领域，我们看到机器人已经在协助完成一些人类劳动者难以完成的工作和任务。例如，狭小管道内的巡查机器人能够准确发现出现故障或存在隐患的部位并及时对其进行修复，而在机器人出现之前，此类工作需要烦琐地探伤，维修则更加麻烦；在一些康复医院，“外骨骼”机器人帮助术后病人进行康复性训练，与人类护工比较，机器人没有情绪，不知疲劳，并且能够按照医生设定的程序让病人定时定量地完成训练任务，更加有利于病人的康复；在家庭生活中，辛劳一天的上班族下班后愿意充分休息，家庭主妇也想从事更具创造性的家政劳动，家庭服务机器人则可以帮助他们完成清洁和整理工作。从某种意义上讲，这些机器人是在完成人类劳动者难以胜任的工作和不愿意干的工作。

表 10–10 全球及中国制造业部分产业依靠机器人的岗位情况

产业	劳动岗位（个）	依靠工业机器人的岗位比重	依靠工业机器人的岗位数量（个）
全球			
电子	1600 万~2000 万	5%~10%	80 万~210 万
汽车	1120 万~1190 万	10%~15%	110 万~160 万
食品饮料	1600 万~2200 万	<1%	5 万~6 万
铸造	200 万~400 万	<1%	10 万
化工	2000 万~4000 万	<1%	10 万
中国			
电子	770 万	3%~6%	25 万~45 万
汽车	290 万	4%~10%	11.6 万~29 万
食品饮料	310 万	≤ 1%	1 万~2 万
铸造	90 万	0.5%	0.35 万~0.4 万
化工	860 万	≤ 1%	0.55 万~1.1 万

资料来源：IFR

注：由于日本电子产业依靠工业机器人的岗位数量大幅下降，从而使得中国增加的岗位超过全球增加岗位数量。

机器人创造新的就业岗位

除了填补在传统制造业部门人类无法胜任的工作，机器人产业的发展本身也创造了新的工作岗位。目前，全球机器人制造业有超过 30 万职员，随着需求的不断增长，所有的机器人企业都在近几年建设新的生产线和生产基地，机器人产业就业人数的年增长率超过 10%，是金融危机之后就业岗位增长较快的新兴产业之一。除机器人制造，其上游的零部件生产，下游的销售业也创造了大量就业岗位。机器人在使用过程中，需要进行调试、维护、保养和升级，如果按照平均 10 台专业机器人就需要一名工程师计算，目前全球有近 200 万正在使用的工业机器人和专业服务机器人就需要约 20 万的工程师队伍。家庭使用服务机器人虽然对维护的要求较低，但由于使用者并非专业人士且数量巨大，同样需要庞大的售后工程师队伍给予支持。如果加上上、下游行业的就业，整个机器人产业链至少创造了 60 万~70 万个工作岗位，并且大多数为高收入岗位，非常有助于高技能水平劳动者就业。

当然，也必须认识到，机器人的出现并不能惠及每一名劳动者。机器人创造的岗位，与淘汰的岗位在专业、技能水平上并不等同，因此被机器人替代岗位的工人并不一定能够胜任新出现的工作岗位。在第一次工业革命和第二次工业革命期间，制度和管理进步与技术进步同步，甚至领先于技术进步，因此，企业家总能够创造出新的岗位以满足就业需求。但信息技术出现之后，技术变革不仅快速而且普遍，计算机如同一台万能机器一样提高了所有行业的生产效率。相比较而言，制度和管理的进步相对缓慢，教育速度更是跟不上技术的变化，从而使得某些低技术、低技能的劳动者面临失业风险，这种情况在教育水平相对较低，低技能劳动者比重较大的发展中国家更为突出。

棘手的问题：机器人伦理

虽然不必过分担忧机器人带来的失业问题，但机器人伦理问题不再是纸上谈兵，而是实实在在面临和需要解决的问题，这不仅牵涉到机器人的使用安全，对机器人技术、产品、市场有利于全人类的方向发展也至关重要。

从伦理的角度看，对“机器人是什么？”的理解有四种观点：

第一种观点，认为机器人就是机器，不存在技术之外的任何事情。

第二种观点，认为机器人需要与人类进行沟通，因此需要伦理框架。

第三种观点，认为机器人是人工道德行为体，可能行善也可能行恶。

第四种观点，认为机器人是进化中的新物种，应当具有合法的权益。

以前，第一种观点和第二种观点占上风，但当具有情感和学习能力的智能机器人，特别是拟人机器人的出现，使第三种观点和第四种观点逐渐成为主流。对于第三种观点，解决方案貌似很简单，只需要将“善良”的本性赋予机器人即可。然而，暂且不管是不是所有的机器人制造者都能遵循这一原则，人类世界的“善”与“恶”本身就难以区分。

2016 年，美国布鲁金森学会的无人驾驶汽车研讨会上，科学家与哲学家就在危机时刻应该保护谁展开了激烈争论。在出现危险情况时，自动驾驶机器人必须在保护车内人员还是车外人员、保护合法人员还是违法人员、保护成年人还是儿童、保护少数人还是多数人之间做出选择，计算机能够在 1/100 秒甚至更短的时间内做出判断并给出相应的操作，但判断的依据则需要人类预先设定。

阿西莫夫提出的机器人三大定律支撑了机器人研究近 70 年，但随着机器人的能力越来越强大，三大定律经常出现悖论。例如，美国一方面在全球广泛布局攻击型无人机——捕食者，用以搜捕恐怖分子，包括捕食者在内的军事机器人显然违背了阿西莫夫提出的第一定律。

但从另一方面看，正是有了这些机器人，才大大减少了人类在战争中的伤亡，同时保证了世界的和平。

因此，在阿西莫夫的三大定律之上发展了机器人第零定律，即机器人必须保护人类的整体利益不受伤害，其他三条定律都是在这一定律前提下才能成立。但问题是怎样才算“保护人类整体利益”？况且，如何保证所有机器人的设计者都遵循三大定律 + 第零定律，也是一个难题。

第四种观点引起了对如何看待机器人、如何保护和尊重机器人的讨论。人工智能的发展和类人机器人的出现在一段时间内会对人类情感和伦理道德造成冲击，科幻电影和小说描绘的关于机器人权益和准则问题会在不久的将来出现。幸运的是，人类已经认识到这个问题并对其做出积极应对：剑桥大学在 2015 年成立了专门研究人工智能和机器人伦理问题的机构；日本、韩国也已经开始了相关法律的研究工作，不仅规范机器人的研发和使用，还提出机器人权益保护的问题。

不久的将来

关于机器人的未来，美国预言家库兹韦尔称智能机器人发展即将进入爆发的“奇点”，到 2045 年机器人的智力水平将超过人类；麻省理工学院的埃里克教授称未来 10 年人类将经历“第二次机器革命”，机器人会扮演更加重要的角色。虽然人们对机器人的发展存在一些顾虑，但大多数人对机器人的未来持乐观态度，对“机器人时代”的到来充满了期待。

更聪明

人工智能，传感，信息存储、传输和处理技术的快速发展，推动了机器人进入新一轮快速突破和应用的周期，并逐渐呈现出技术革命的态势，机器人也成为新科技革命和产业变革的标志和名片，而智能化是新一代机器人的核心特征。

具备人工智能和装配传感器的机器人能够自动关联大数据并分析结果，理解用户需求、识别环境变化，从而减少对工人、现场工程师和服务对象的依赖。未来的无人工厂能够根据订单要求自动化规划生产工艺和流程，并实现自我纠错，在无人参与的情况下完成生产；家庭服务机器人能够根据具体情况自动进行清扫、调节灯光、启动家用电器、开启安防装置等。与此同时，高速网络和云存储使得机器人成为互联网的终端和结点：工业机器人将组成更大的生产系统，多台机器人协同完成一套生产并解决方案成为可能；服务机器人能够通过网络实现远程监控和操作，多台机器人之间的协作能够提供流程更多、操作更复杂的服务。例如，由意法半导体公司和意大利理工学院联合研发的人形机器人 iCub 能够利用传感器收集外界线索而自我探索未知世界，已经进入家庭的扫地机器人 Roomba 则可以自动绘制地图和避让障碍物。

聪明的机器人将创造更加美好和富有挑战的未来。过去，机器主要替代人类体力劳动，而现在，机器人将越来越多地在脑力劳动领域协助人类工作，人类则可以从事更富有乐趣和创造性的工作。当然，机器人的普及必定对低端工作岗位产生冲击，人类在享受机器人带来便利的同时也面临人力资本结构重大调整的挑战。

更灵活

机器人在力量方面早已远远超过人类，但就灵活性而言，机器要实现人类最简单的几个动作还需要付出巨大的努力。现代仿生学始于 20 世纪 60 年代，让机器能够像人一样直立行走和具备像人一样灵活的双手成为几代科学家奋斗的目标。

日本本田公司自 2005 年起，已推出了 5 个代次、12 个系列的直立行走机器人 Asimo，最初一代只能静态直立，而最新一代已经可以小跑了。由 Asimo 衍生的平衡车和下肢支撑系统已经在商业、医疗康复和特殊工作保护等领域得到应用。2016 年，谷歌旗下波士顿动力公司发布类人机器人 Atlas，该机器人使用液压系统替代重达 80 公斤的传统电机驱动，并在灵活性上做的和电机一样出色。当受到外界刺激（例如冲撞），Atlas 能够通过快速移动、选择新的落脚点来实现平衡，即便被撞倒在地也能够自己重新站起来。在 Atlas 之前，波士顿动力公司推出的 Cheetah“豹”四足机器人在实验室的跑步速度超过 45 公里 / 小时，是目前依靠“脚”移动速度最快的机器人。

除了对人类腿脚的仿生，对人手的仿生也取得突破性进展。几千年来人类文明都是围绕符合人手操作习惯发展的，机器人要真正融入人类社会，实现与人类的协作也必须拥有和人手一样的机械手。2016 年，西雅图华盛顿大学（UW）开发了一款最精细且运动最准确的拟人仿生手，该机器手使用了高强度的 spectra 韧带系统和由 10 个 Dynamixel 伺服系统组成的肌肉组织，电缆布线也高度模拟人手的腕隧道，通过事先编程可以模拟人手的各种动作。

更亲近

传统的工业机械和机器人在工作时对人类来说是极其危险的，全世界每年都有数以万计的工人因为操作失误而致死致残，机器在减轻人类劳动强度的同时也存在巨大安全隐患。因此，在使用大型机器人的工厂、矿山和其他场所，都会制定最严格的操作规程，机器人手臂能够触及的范围则使用围栏隔离，以防止粗心的工人进入。

现在，机器人“冷酷”的形象开始发生变化，实现人机协作是工业机器人的发展趋势。工业机器人设计理念发生转变，传感、识别技术更加成熟，工人和机器人由串联的分工向同步协作发展，能够和人一同工作的机器人成为各大机器人厂商研发的重点。ABB 在 2014 年推出了能够真正实现人机协作的概念工业机器人 YUMI，它不仅能够满足电子消费品行业对柔性和灵活制造的需求，而且拥有软性材料包裹的配备力传感技术的“双臂”，保障了在同一工位上人类同事的安全和舒适。

人对机器的操作和控制将更加简单和方便。在过去，无论是工业机器人还是服务机器人都需要经过严格的调试才能够上岗，这需要非常有经验的工程师花费大量时间和精力去完成。工业机器人和专业服务机器人的操作也很复杂，需要经过专门培训；家用服务机器人也需要阅读复杂的说明书才能使用。未来，人机交互将更多的使用人类语言，机器人通过视觉、听觉接收人的指令，即便是需要工程师的参与，也只需要通过物联网技术实现远程支援。

人形机器人和拟人化人机交互界面将在感情上改变人对机器人的认识，提高人使用机器人的欲望。无论是本田的 Asimo，还是意法半导体的 iCub、软银的 Pepper，很多服务机器人都采用拟人的设计，改变机器人冷冰冰的感觉，提高人与机器人进行交流和合作的意愿。在工业领域，意大利 Retink 公司推出的概念工业机器人 Baxter 拥有能显示人脸的显示屏，不仅能够像人类一样用两只手臂进行工作，还能够与人类同事进行语言和表情的交流。当然，真正大规模商业化生产的机器人没有必要也不能完全和人一样，拟人程度过高可能造成人类的厌恶和恐惧，因此，大多数拟人机器人只是在某些特定部位做到高度仿生，其仍然保持机器人作为机器的一些关键识别，例如四方的脑袋、巨大的摄像头眼球等。

专栏 10–3

恐怖谷

1969 年，日本机器人专家森昌弘提出著名的“恐怖谷”理论。森昌弘指出，机器人与人类相像程度提高有助于增进人类对机器人的好感。但如果两者的相像程度超过 95%，那么机器人与人类哪怕存在一点细微差别都会对人类使用者产生极大刺激，这种刺激轻则对机器人产生反感，重则产生恶心、恐惧。如果在一个横轴代表与人的相像程度，纵轴代表好感度的坐标图上，会出现一个深谷，即“恐怖谷”。“恐怖谷”理论是机器人设计需要遵循的基本原则之一。也正因如此，设计人员都尽量避免“机器人”外表太过人格化，以求避免跌入“恐怖谷”。

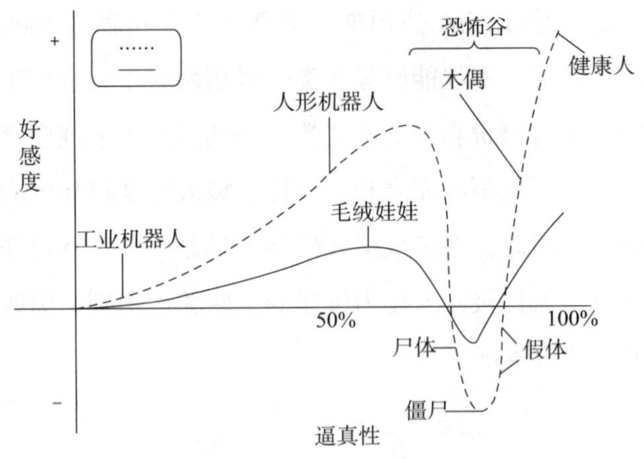

图 10–10 “恐怖谷”理论

更便宜

到目前为止，无论是对企业还是个人，机器人都属于“奢侈品”。对于发展中国家而言，由于在关键环节和核心领域存在技术差距，要制造出具有竞争力的机器人则需要支付巨额的专利使用费。例如，中国国产工业机器人成本结构中，采购减速器和伺服系统的费用占到机器人售价的近 2/3，而采购费中专利授权的费用比重非常高。

随着新材料技术、计算技术和制造技术的不断发展，以及市场快速增长推动规模经济的实现，机器人生产成本出现快速下降。在工业领域，机器人性价比不断提高。机器人初期投资相对于传统专用设备的价格差不断缩小，虽然在功率和速度上与传统装备存在差距，但机器人在精细化、柔性化、智能化和信息化方面具有显著的优势，因此在个性化程度较高、工艺和流程烦琐的产品制造中替代传统专用设备可以获得更高的经济效益，这是工业机器人装机量在近年来快速增长的重要原因。需求的增长又刺激了机器人产业的发展，使得规模经济和范围经济得到更好的发挥，一些小型工业机器人的价格已经下降到 1 万元人民币以内，这大大刺激了资金相对不足的中小企业购买。商业和服务机器人的价格也在近几年大幅下降。例如，扫地机器人 Roomba 的售价已经降至 5000 元人民币以下，而在几年前它的售价超过 2 万元人民币；乐高出品的新一代教育机器人 v3 比上一代 NXT 有更强大的运算能力、支持更多的传感器，但价格却不到后者的 2/3。

更多面

由于受技术和成本的限制，目前机器人主要应用于工业领域的搬运、焊接、喷涂和商业领域的巡检、运输、安保。随着技术进步和成本下降，未来机器人的应用领域将不断扩展，工业机器人应用将由汽车、冶金、电子信息等产业向纺织、服装、食品等产业扩散，并在更多的生产环节替代人力和传统机械；服务机器人则会出现在更多的商业场所和家庭中，能够同时完成多项服务任务和家政劳动的机器人也将在不久出现。

标准化、模块化的设计和物联网技术增强了机器人的柔性化程度，使得机器人能够实现个性化定制，进而满足经常变化的用户需求。工业机器人操作杆能够安装更多的模块化组件，且具备“即连即用”的特点，这使得机器人和多个机器人组成的系统能够重新组合以满足新的生产要求。机器人也不再固定在某个位置上，可以改变工作岗位，这进一步增强了机器人的柔性。微软早在 2006 年就推出了 Microsoft Robotics Studio，旨在实现家用和服务机器人模块化和平台统一化，使模块化和平台化成为机器人研发的重要方向。

让我们展望未来，再过 10~20 年，人类社会将有幸经历机器人真正走进生产和生活，改变我们一贯的学习、工作、休闲习惯，进而对社会关系、经济规律产生重大的影响，冲击传统的世界观、价值观和伦理道德。机器人在给人类带来极大便利的同时，人类也不可避免地迎来新的挑战：一旦繁重的体力和脑力劳动岗位被机器人替代，我们则必须创造更多新的教育专业和更具创造性的工作岗位；机器人的数量越来越多、能力越来越强，如何安全、合理和科学地使用机器人，公平地提高人类整体福祉，是在技术之外，需要经济学家、社会学家和哲学家深入思考和合作攻关的问题。自工业革命以来，人类社会已经经历若干次革命性技术进步的冲击，却无一不最终从中受益。同样，我们有理由相信，机器人时代的到来是科技创新的结果，机器人由人类创造，机器人时代的命运必然由人类自己掌握。

第 11 章　改造我们的现实：VR/AR/MR 及其产业化进展

我常常想，如果让我住在一棵枯树干里，除了抬头看看天上的流云之外无事可干，久而久之，我也会习惯的。我会等待着鸟儿飞过和白云相会……

——［法］加缪《局外人》

天上掉下 3 个“R”

当绝大部分观众还在通过电视、网络观看 2016 年里约夏季奥运会的开幕式转播时，拥有三星 VR 头盔的用户便可在家中获得亲临现场的体验，而闭幕式上 AR 技术则被用于更精准地传递 2020 年东京奥运会的理念和构想。这不由得让体育迷们浮想联翩：4 年后的东京，人们将会看到怎样的奥运会？观众能否随心所欲地将自己投放到任何一个比赛场馆，感受震撼的现场气氛？甚至通过虚拟现实技术和增强现实技术的叠加，实现与奥运选手同场竞技的梦想？

将这一梦想一步步照进现实的技术载体正是能够使人与虚拟世界之间开展交互的标志性三类技术，即 VR、AR、MR（以下简称“3R”。）。近年来，“3R”点爆科技界的同时，正以更大的步伐、更快的速度走进市场。其带来的诱人体验模式不仅让那些游戏玩家们急于品新尝鲜，而且越来越多普通消费者对未来“3R”的应用也充满着期待。

这种期待显然植根于人类深层次的认知需求。自古以来，对于现实世界的观察和感知，人类从未满足于视觉之所及、听力之所达、肢体之所触。日新月异的科学技术使人类一直致力于发明并持续升级利用各种媒介，以延展视觉、听觉、触觉甚至嗅觉、味觉。这种尝试背后的动因有两点：一是突破先天禀赋的局限。很多时候，人们都会认为感官束缚了自己的头脑，而活跃在无限想象之中的那些“超能力”最初只能通过语言文字表达和传播。二是改造我们身处或必须面对的现实，因为现实很难使充满智慧的人类真正感到“满意”，而且多数情况下，这种满意程度与现实是否“美好”并无直接关系。

也许，人们耻于承认对来自虚拟世界体验的想象有时候是邪恶的，沉湎于摘下“恶之花”的感官和精神刺激而未对他人造成实质性伤害甚至不会见异于公众道德，让不少人心驰神往。故而，当用户在 VR 技术引领下进入卡夫卡《变形记》所描绘的，从一只被捕鼠夹夹住的老鼠身上爬过的令人作呕、惊世骇俗的场景时，自然会更加深切地领悟到詹姆森在《后现代主义与文化理论》中提出的观点：视角的问题绝不仅仅是一个艺术形式的问题，视角的本身就是一种意识形态。① 实际上，视角一直是媒体产业特别是游戏产品中的核心问题，3R 带来的参与感及其革命性的表达方式解放了人们的视角，为弗洛伊德的认同概念（identif ication）提供了崭新的技术载体。

回溯历史，从文字、印刷术，到广播、电视，再到互联网，人类不但借助工具拓展感知世界的能力，而且随着市场机制和资本主义制度的确立与完善，使支撑这些媒介的软硬件日趋丰富，并逐步发展为

① 严锋 . 越界的时代［N］. 第九区 .2016-07-26。

现代产业体系中的重要角色——内容产业，也将人类的认知带入了越界时代。

然而，从书籍、图片、广播、电视、互联网上阅读、聆听、观看他人的人生，欣赏别处的风景，穿越时间空间，接收各式各样的信息，毕竟是一种间接体验。受众对于这些传统媒介能够呈现的内容和形式，势必会逐渐失去新鲜感，觉得不够刺激。实际上，通过营造虚拟世界或者优化现实世界的场景，获得身临其境的感受，即使不是人类对媒介功能的终极追求，至少也为其树立了更高的目标。近年来，计算机、信息技术和传感器等要件的深度发展推动了新一代体验式媒介（见图 11–1）走向成熟，从而使得这一目标开始具备实现的技术可能性。我们可以看到，虽然其技术研发演进的历史并不长，但最近两三年间，VR、AR、MR 却展现出市场需求扩张、产业化提速的总体态势，一时间备受各类资本的追捧，成为广泛吸睛的话题性“热词”和风投市场的新宠。

VR——Virtual Reality①，中文称为虚拟现实，是运用计算机仿真系统生成多源信息融合的交互式三维动态实景以及动作仿真，删除使用户产生身临其境体验的技术。该技术通过调动用户视觉、听觉、触觉和嗅觉等感官，使其沉浸在计算机生成的虚拟环境之中，从而创造全新的人机交互体验形式。

AR——Augmented Reality，即增强现实，通过运动相机或可穿戴显示装置的实时连续标定，将三维虚拟对象稳定一致地投影到用户视觉中，以丰富拓展现实呈现的内容，达到“实中有虚”的效果。

---

① Virtual Reality 早年译作临境或灵境。与 VR 相关的概念包括“人工现实”（Artificial Reality）、“遥在”（Telepresence）、“虚拟环境”（Virtual Environment）、“赛博空间”（Cyber space）等，这一系列概念具有一定技术的关联性，都是基于计算机仿真技术、多媒体技术、互联网技术等计算机信息技术上，实现人机交互以及对虚拟环境的模拟或体验。

MR——Mixed Reality，所谓混合现实，兼具增强现实和增强虚拟的技术特征，是指合并现实与虚拟世界而产生的新的可视化环境。在这种新的可视化环境里，物理和数字对象共生共存，并能够实时互动。

更形象地讲，VR 犹如梦游，AR 好比见“鬼”，MR 则是与“鬼”共舞。

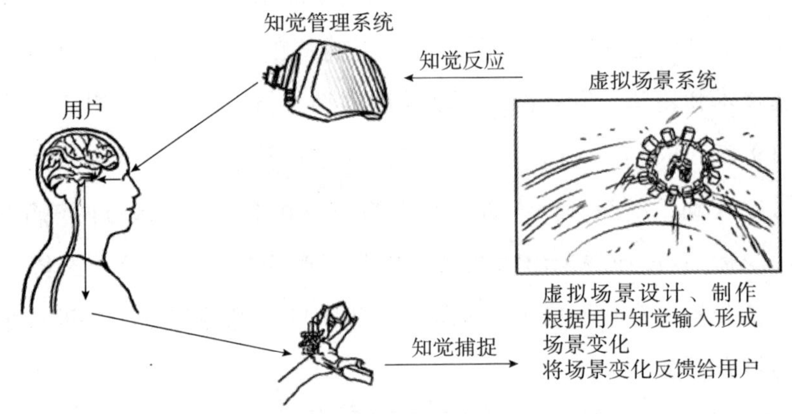

图 11–1　VR 技术的基本原理及其呈现系统

一般认为，在技术层面“3R”是相通的，甚至将这 3 个 R 认定为是梯度演进的，而在产业化和投资方面，也有可能遵循这一不断升级的次序。如果说“3R”的技术基础相通，但这 3 种技术在支撑硬件和其带给消费者的体验模式存在差别（见图 11–2）。

➢ VR——“虚假”。用户需要佩戴特制 VR 眼镜等产品才能够看到场景、人物、画面等，全部都是虚拟的。

➢ AR——“假真”。在通过光学 +3D 重构的场景之中，将“假”的存在带入“真”的画面，这种效果可以靠裸眼实现。

➢ MR——“真真假假、虚虚实实”。由于 MR 是 VR 和 AR 混合构建的场景，因此 MR 是一种混搭的体验。

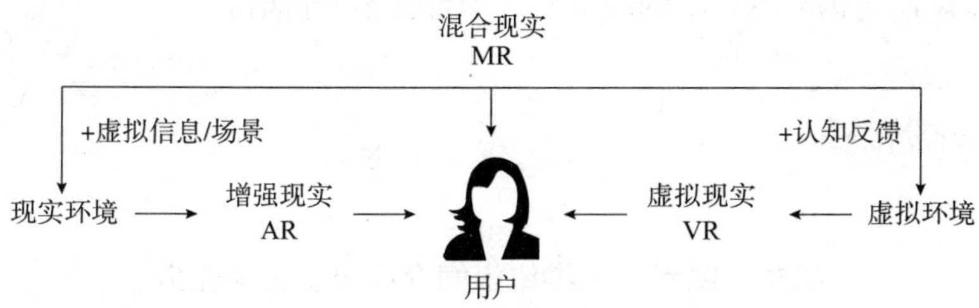

图 11–2　VR、AR、MR 的技术关联

“3R”为人类打开了一扇全新的认知大门，跨过时空，完成穿越。21 世纪，空前活跃的主体性，其重要的使命之一就是“改造我们的现实”，不管这种改造是真实的还是虚幻的，不管是暂时的还是永久的，亦不管这种改造的结果是积极的还是消极的。长远来看，当更多类型的体验转变为具有购买力的消费需求时，“3R”的市场潜力无疑是巨大的。凯文 · 凯利甚至认为 MR 必将成为人类的终极媒介（见专栏 11–1）。

然而，关于现有技术路径及其提供的软硬件产品能否支撑市场潜力的释放，进而对内容产业甚至人类感知世界的方式带来革命性的影响，学术界、产业界均有不少争议。不可否认，现阶段“3R”产业生态系统尚不成熟，一些技术专家认为头盔等产品具有明显的过渡性质，资本市场的过度反应正在吹大行业泡沫，而经济学家则注意到了行业技术路线、组织结构、竞争规范、领军企业的市场势力以及产业政策的落脚点同样存在诸多不确定因素。在这种情况下，紧随需求变化涌现出的一批行业研究成果，甚至政府出台的一些引导行业发展政策的措施，也大多雾里看花，难免阶段性的特点和局限。目前，从产业经济学的角度，厘清主导技术及其产业化演进的范式显然并非易事，但有关“3R”产业链构成以及市场主体行为的预判性分析，对投资决策和政策制定仍具有突出的现实意义和重要参考价值。

专栏 11–1

凯文·凯利：人类终极媒介和史上最大企业

《失控》的作者、这个时代最具影响力的“思想行者”之一凯文·凯利，在 2016 年 5 月号的《连线》上撰文，为人们解读 VR 到 MR 的巨大市场潜力及其对人类媒介演进的影响。他预言：“混合现实比虚拟现实更为强大，将成为人类终极媒介。”持这种观点的还有神奇跳跃技术公司的创始人罗尼·阿博维茨。

凯文·凯利在体验了神奇跳跃公司的一款 MR 眼镜之后作出了上述判断，而过去一年多以来，各大媒体和技术企业的 Boss 们如凯文·凯利一样，一个个前往这一公司的商务花园亲身体验了其充分彰显未来主义的混合现实技术，并开始相信，虽然 MR 很难实现，但在许多方面，它的确更为强大。

实际上，整个“3R”行业已经是潮流涌动。所有此前活跃在互联网领域的主流企业——脸书、谷歌、苹果、亚马逊、微软、索尼、三星都已成立专门的团队研究这一系列技术和产品，而且几乎所有团队每天都在扩招。目前仅脸书一家企业就超过 400 人在深入研究 VR。

凯文·凯利还强调，对于困扰“3R”技术的成本问题，智能手机的出现将扮演该行业“救星”的角色。智能手机犹如脱缰野马般推动了小型高清屏幕的质量改进和成本下降，必将促使 VR 更快普及。

当然，凯文·凯利也指出：虽然不会是马上，但在 15 年内，我们的大部分共享和娱乐时间将在一定程度上触及虚拟。生成这些共享虚拟体验的系统将成为最伟大的事业。随着这个庞大体系蓬勃发展，全球技术产业——芯片设计者、消费装置制造商、通信企业、零部件制造商、内容工作室、软件开发人员——将努力满足其需求。这将会使得只有少数企业能够最终掌控 VR 等领域，因为在网络世界，成功向来是会自我强化的。虚拟社会越大就越有吸引力，而越有吸引力就会越来越大。从这一层面来看，这些人工现实的赢家将成为史上最大企业，以任何标准衡量都将超过今天的最大企业。

资料来源：根据《连线》2016 年 5 月号文章《超视》整理改写

体验为王：技术演进与应用领域

技术演进与产品升级

考察广播、电视、互联网的发展历程可以发现，现代媒介从 Idea 萌发到主导技术成型再到实现产品和服务普及，其产业化周期相对比较短。除了第二次工业革命以来科学技术产业化周期普遍缩短的一般规律的作用之外，媒介技术产业化具有自身的鲜明特征。一方面，从需求角度来看，这类技术及其产品和服务非常贴近市场，潜在需求更容易被释放；另一方面，从供给角度来看，媒介技术创新及产业化所需的投资特别是基础设施更新换代往往会产生显著的规模效应，从而助推产业链生成和市场扩张。以“3R”为代表的新一代媒介技术[①]历

① 应该说，仅将“3R”定位于能够延展人类认知能力的媒介，在技术层面可能不够准确。一直以来，技术专家更倾向于赋予这类技术以计算平台的角色，即便以近期 VR 技术的发展状况看难当此任，但业内尚未失去对 AR 这方面作用的期待。

史同样不长，其需求和供给两侧能否延续新媒介产业化的特征仍有待观察。

尽管科学家和工程师早在20世纪20年代就已经模拟出驾驶、航海、飞行等特定场景，但“3R”技术的兴起却始于20世纪60年代。1960年，Moton Heiligt（蒙顿·海利特）提交了VR设备专利申请，并于1962年构造出首套VR设备（多感知仿虚拟现实系统）。1965年，Sutherland发表了论文《终极的显示》，初步构建了虚拟现实的基本思想和技术逻辑。次年，Sutherland（萨瑟兰德）和Spoull（施保）等人着手开发第一代头盔式显示器（Head Mounted Display，HMD），并逐步尝试能够反馈模拟力和触觉的集成装置，这可以视为VR设备的初始形态。1973年，Krueger（克鲁格）首次提出了Artificial Reality（人工现实）的概念，为“3R”技术进一步发展搭建了方向性平台。然而，总体来看，20世纪70年代，围绕着改造优化现实环境的“R”技术并未取得实质性进展。进入80年代，随着计算机技术特别是仿真技术不断完善，使VR技术研发趋于活跃，并在90年代为工业设计、军事仿真训练、交互体验等多个应用领域提供了专用性较强的软硬件产品，但这些产品与普通消费者的需求相去甚远。究其原因，主要是由于电子和光学技术存在较大瓶颈，普遍有建模工作量大、模拟成本高、与现实世界匹配程度不够以及可信度低等诸多问题，在相当长时间内未能实现突破。直至2013年，才由各大IT厂商相继推出沉浸感强、面向终端消费市场的VR设备和产品。这期间，从Web3D技术到最新的“感觉反馈/思维控制/真三维全息”技术，技术和硬件的不断完善，为“3R”产业搭建了更为坚实、可持续的市场平台（见图11–3）。

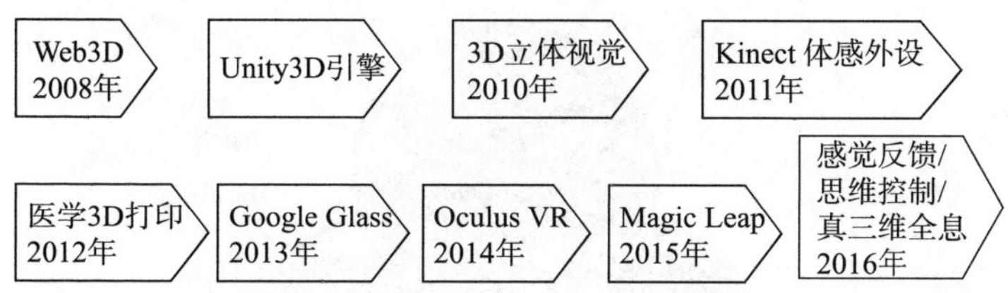

图 11–3　虚拟现实热点技术和产品的演进

资料来源：根据“虚拟现实热点技术流行路线图”绘制，http://www.sfw.cn/xinwen/480106.html

“3I”决定“3R”的发展前景

业内专家认为，VR 核心功能的不可替代性决定了其巨大的市场需求潜力。其核心功能分别为想象力、交互性和沉浸感，即 3I（Imagination，Interaction，Immersion）。作为虚拟现实技术的基本特征，早在 1994 年就已由 Burdea（布尔代亚）和 Coiffe（科伊菲）年归纳出来（见图 11–4）。

➢ 想象力——Imagination。它既表现在技术的主体，也反映在技术的客体。不仅要汇集设计者的想象力，而且还要调动体验者的想象力，共同拓宽人类认知范围，构想不存在的境像。

➢ 交互性——Interaction。这是 VR 技术的灵魂，即用户实时对虚拟世界的模拟对象做出操作和反馈。VR 的交互方式独特。虚拟现实中使用的手势识别、动作捕捉等技术，是自电脑的鼠标键盘、智能手机的多点触控后，交互方式的又一次革命。

➢ 沉浸感——Immersion。这是 VR 技术的终极目标。不论在生理和心理的层面上，用户真实体验到作为主角存在于模拟环境中的感受。

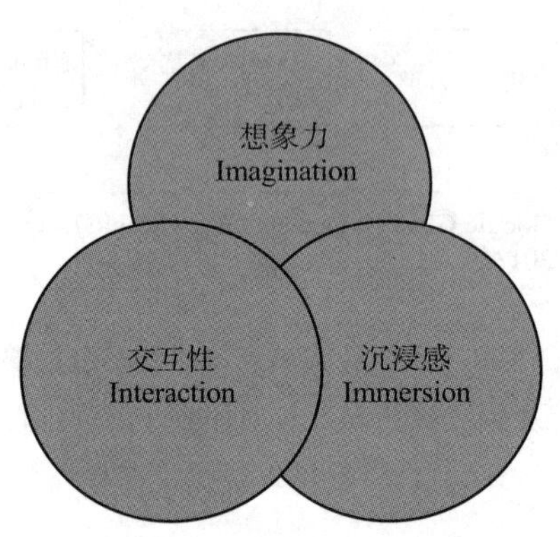

图 11–4　VR 的基本特征和核心功能

一些业内专家指出，除了“3I”之外，VR 另一个鲜明的技术特征就是：晕（Vertigo）！而 Vertigo 的“V”是 Virtual 的“V”的直接结果。这是由于现有 VR 头盔等主要硬件设备和产品目的在于提供视觉沉浸，却无法做到在生理上获得感知。这种封闭环境下再造的“假视觉”有别于开放条件下的晕船和晕车，在 VR 头盔完全切断了带来的前庭与视觉之间联系的情况下，现阶段的 VR 体验是“没有最晕，只有更晕”，这也决定了其产品使用时长的局限性。理论上，VR“晕”的问题除了依靠自身技术不断改善之外，将虚拟体验置于开放环境之中应该是彻底解决眩晕问题的方向之一，这自然会导入 AR、MR 的发展。

虽然“3I”最初是针对 VR 提出的，但也基本适用于“3R”。其中，想象力更多地体现在内容开发上，而交互性和沉浸感的获得则要依赖硬件设备的开发与完善，最终需要系统集成才能实现“3R”的功能，进而满足消费者多层次交互的需求。实际上，这 3 个 I 在技术优化和产品升级过程中，并不一定能够做到齐头并进。而从消费类电子产品的功能演变来看，目前 VR 和 AR 一方面能够部分解决消费者零散时间的利用问题，另一方面又在一定程度上弥补了平板产品娱乐性不足的问题，并可能成为智能手机的补充性产品（见图 11–5）。在未来“3R”市场上，各个企业虽然术业有专攻，拼市场可能各有优势，但一旦行业发展趋于成熟，技术总成能力将左右产品的综合性能和性价比，这也是一向擅长赶超的中国企业最容易实现突破的竞争利器。

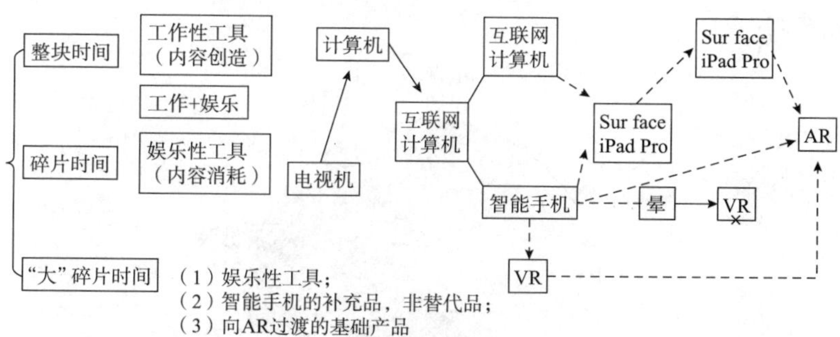

图 11–5　消费类电子产品升级：基于用户时间的碎片化利用的视角

关键应用领域

“3R”的技术机理决定其在制造、军事、文化等领域具有一定的需求。现阶段首先发力的是 VR，相应市场已进入启动阶段，未来 3~5 年将形成规模化的市场投放。同时，VR 技术正加快向相关产业延伸，围绕着 VR 技术和产品的产业生态系统不断完善。AR 则呈现跟进态势，总体来看，其应用的潜力更大。至于 MR，由于技术难度大，目前尚处在试验开发阶段。

就 VR 的应用而言，凭借极强的沉浸性，使用者可以获得身临其境的感受。这两点使其在一些领域有着无可比拟的优势。其中，游戏产业是 VR 可以“大施拳脚”的主要领域，起码在产业发展的相当长的时期内，游戏要在市场拓展中唱主角。作为互动性最强的行业之一，游戏通过由单纯的视觉感官升级到视觉、听觉、嗅觉以及触觉等多感官联动，可大大增强用户的角色带入感。加之体感操作等游戏操作方式的创新，颠覆了消费者体验方式，从而直接推动了VR游戏市场需求。据高盛预测，到2025年，游戏及娱乐传输等领域的市场规模仍会占据VR/AR主要应用领域的半壁江山，这一格局短期内不会发生改变（见图11–6）。

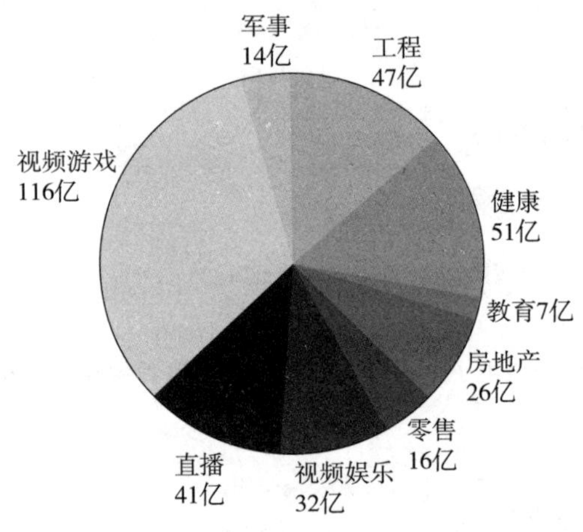

图11–6　VR/AR主要应用领域在2025年的市场规模预测

资料来源：高盛

除游戏之外，影视制作、教育、医疗、产品开发、工程设计、城市规划以及军事等领域对VR设备和产品的需求也将不断扩大。如在高端制造领域，波音公司采用VR技术使制造波音777设计错误的修改量较以往减少了90%，研发周期缩短了50%，成本降低了60%。又如最新开发的HTCVive绘图功能使汽车设计师、服装设计师和动画创作者如虎添翼，直接缩短了样品到成品的开发试制周期。在航空航天领域，利用VR模拟太空环境，显著提升了宇航员的训练效率。需要强调的是，军事领域是“3R”技术最早开发也是最值得关注的应用方向之一。早在20世纪90年代，美军就已经开始在军事仿真训练中应用虚拟现实技术，在军事模拟沙盘、室内射击训练、战斗机模拟训练等方面，模拟真实的现场环境，提升士兵的实战能力。为此，美国国防部高度重视虚拟现实技术的开发完善，并将其列入 21 世纪保障美国军事领先地位的七大关键技术之一。可以预见，“3R”技术将逐步改造甚至重塑诸多对感官和互动要求较高的领域，形成交叉覆盖多行业的新兴市场，甚至将对人类的情感交流模式产生重大影响（见专栏 11–2）。

专栏 11–2

“孤独”的日本年轻人：恋爱虚拟化？

第一届日本成人 VR 展仅仅过去两个月，第二届展览又开幕了。之所以如此紧锣密鼓地布展，是因为青年男女挤爆了第一届展览的场地，展览开场 15 分钟便被政府紧急叫停。

当科技及其商业化进展日益满足多重需求，加之受经济长期低迷的影响，如今的日本青年没有最“宅”，只有更“宅”，日本正在经历一个年轻人不断拒绝恋爱、排斥婚育的时代。2015 年日本一家婚恋公司的调查结果显示，20 岁以上的受访对象之中有 74.3% 是单身，其中 20~30 岁的单身人群中有 40% 的人根本不想谈恋爱，因为恋爱真的“很麻烦”，这些年轻人更愿意把时间花在自己的兴趣爱好上。

年轻人越来越宅虽然使日本政府自 20 世纪 90 年代以来为挽回出生率、应对少子化社会付出的努力打了水漂，致使日本已成为联合国人口统计对象中儿童比例最低的国家，但是却进一步刺激了日本这个游戏王国的消费者对新兴游戏产品——VR/AR 的需求。

这种情势甚至影响到日剧的题材。近年来，日本电影电视剧不同程度地出现了“去爱情化”的现象。当韩剧仍旧铺天盖地地充斥着家长里短和狗血爱情时，日本荧屏和银幕早已开始发生转向，思考职场和人生、关注市井小民生活在大都市中的孤独感等选题主导了日本的影视创作，剧情中即使设计男女情感的桥段，也多是发乎“友”止于“恋”的小暧昧。

爱情，一向被视为最美好的情感，当然也是最复杂的情感之一。而且人类能够自由追求和表达爱情的历史也并不长。可日本年轻人却渐失恋爱结婚生子的兴趣，他们哪里来的底气？他们又怎样度过人生最珍贵的青春时光？

深入分析不难发现，大多数日本年轻人并非不需要情感世界，而是日益发达的科技以及高度商业化的日本社会，特别是不断细分的成人消费市场为其提供了有别于传统路径的多元化选择，VR/AR 更是创造了全新的升级体验。如果想谈情说爱，宅男 / 女甚至可以在游戏机上“包养”一个虚拟女 / 男友。就拿虚拟女友来说，从高冷知性到呆萌萝莉，各种身材、各种性格的虚拟女友任由用户挑选，她们颜值高，性情好，能够从一而终，百依百顺，兼具妈妈的暖心和女友的浪漫，哪像现实生活中的女友——脾气捉摸不定，还得花钱费心讨好。没空、没耐心处理恋爱中需要面对的复杂问题，想想就头疼。其实，早在 2009 年就已经有一日本男子与一名叫姐崎宁宁的女性结为夫妇，而姐崎宁宁不过是任天堂电玩游戏 LovePlus 里的虚拟人物。如今，只享受虚拟互动且无须承担责任，花点儿钱便搞定一切，成为日本年轻人越来越普遍的情感心态。

实际上，自 20 世纪 80 年代任天堂打造出使人沉迷的电子娱乐世界以来，科技和互联网共同孕育了日本的初代“宅神”。由于 O2O 在日本远不如中国发达，日本人足不出户解决各种生活问题还是有难度的。所以，“不出门”并非“日本宅”的精髓，个体感和孤独感才是其实质所在。一个人生活，不仅物质和情感上不会感到空虚，反而找到了个体独立和个人发展的方向，还能逃避爱情和家庭赋予的责任。于是，日本社会形成了一个循环：科技发展造就了宅文化和阿宅们，而随着“宅群体”不断壮大，科技和互联网便生出更多满足阿宅需求的产品和服务，结果是“宅着”的生活越发无可挑剔，包括日本家庭主妇在内的更多人乐于脱离传统观念，阿宅的市场由此日益扩张。也正是因为有这么多人整天宅着，胡思乱想，日本才会诞生诸如“吹面筷子”“自动往面粉中添加芝士粉装置”“溜手机机器人”之类令人脑洞大开的怪异发明。

可以说，VR/AR 的出现无疑强化了这一循环，不仅使日本年轻人摆脱传统文化，而且展现出人类与科技之间关系的另一面。

资料来源：根据 https://www.huxiu.com/article/162618.html 等相关报告整理改写

头盔和精灵：全球市场的“小”爆点

VR：领军企业激战头盔市场

从主导产品的市场活跃程度来看，需求扩张首先表现在 VR 设备热销，尤其是头戴式显示器出货量呈爆炸式增长，行业发展演绎出“硬件先行”的一幕剧情。成立于 2012 年的 Oculus 原本就是一家科技独角兽，2013 年 6 月完成 1600 万美元的 A 轮融资，紧接着首批 OculusRift 打入市场，半年后该公司又募得 7500 万美元的 B 轮融资，而将这家企业真正推到市场潮头是2014年7月脸书斥资20亿美元完成了对其收购，此举也拉开了各大巨头VR硬件比拼的大幕，很快形成了以HTCVive、OculusRift、PS VR、Gear VR四大巨头对决的格局。

以脸书的OculusRift为例，2016年1月7日，OculusRift消费者版开启全球预售，仅14分钟全球库存全部售罄。据瑞士信贷预测，2016年OculusRift头盔销量将达500万套，这对一个消费类的创新产品而言是相当惊人的数字，反映出VR产品高涨的市场热度。总体来看，VR行业发展是一场“持久战”，众多咨询机构对头盔等VR主打产品的近期市场及其增长态势均给出了比较乐观的预测（见表11–1）。

表11–1 主要机构对VR头戴式设备市场规模及其增长态势的预测

预测机构	时间结点	市场规模	主要判断
Trend Force	2020年	3800万部	预计2016年市场规模可达1400万部，年均增长600万部
ABI Research	2020年	4300万部，其中VR眼镜2100万件	年复合增长率106%
Kzer WorldsWide	2020年	3880万部	—
Gartner	2018年	2500万部	—
BI Intelligence	2020年	28亿美元	年复合增长率超过100%

资料来源：作者整理

应该说，技术特征决定了VR行业的发展规律。从20世纪90年代重达两三公斤的头盔，到现在500克以下，VR头戴显示设备已经实现小巧轻便化，且主流产品实际体验的沉浸效果已逐步达到消费者能够认可的水准，画质、眩晕感等问题大为改观。同时，2016年几款新产品预售情况反映出VR另一种消费取向，即现阶段高端产品更受市场追捧。如售价高达 799 美元的 HTCVive 于 2016 年 2 月开启预售后 10 分钟内，便售出了逾 1.5 万套。目前，市场上的主打产品及其生产商主要包括：Oculus Rift（VR 头盔）、HTC（VR 头盔）、三星（手机 VR 头盔）、微软 HoloLens（AR 头盔）、索尼 Morpheus（VR 头盔）、蚁视（VR 头盔）、深圳 3Glasses（VR 头盔和一体机）、乐相大朋（一体机）、乐视（手机 VR 头盔）。部分硬件设备的性能与特点见图 11-7。

使用方式	手机+眼镜	PCI游戏机+头盔	一体机
使用场景	适合观看短视频，使用场景相对灵活	适合比较复杂的使用场景，通常在室内	使用场景非常灵活
产品特点	通常配合手机使用，沉浸感不足、播放内容受限，播放体验取决于手机： 三星Gear（性能最优） Google Cardboard 暴风魔镜等	计算速度快可支持复杂计算；沉浸感较好： Oculus CV Sony Play Station VR HTC Vive	因为是一体化专门开发和设计，更容易提升性能、形成交互，更加有趣、有黏性： 灵镜小黑、SimLens（国产）

图 11-7　主要头戴式产品的性能与特点

AR：半路杀出一个小精灵

正当国内外 VR 领军企业的头盔大战正酣时，业内专家也看好 VR 市场、而预言 AR 技术成熟尚待时日之际，2016 年 7 月 26 日，老牌游戏帝国任天党悄悄放出了一个名叫“宝可梦”（Pokemon）的精灵，并很快创下了巅峰时吸引 4500 万玩家的惊人业绩。这个精灵好比一个使者，向市场宣示了业内资深大佬决战“3R”领地的信心。此举不仅搅动了行业走势，也在一定程度上打乱了投资者的布局，给那些跟风玩头盔的菜鸟企业上足了“眼药”。原因在于，相比于 VR，AR 技术和产品的用户体验感更舒适，但对开发方包括计算能力、传感器、网络等方面的技术能力要求更高，投资门槛也被认为要远高于

VR。实际上，在任天堂出手之前，AR 游戏产品并非一片空白，以乐高互动玩具、Skylanders Battlecast（《小龙斯派罗：卡牌对战》）卡牌游戏为代表的 AR 应用累计下载量超过 2.88 亿，但这些产品却没能改变 AR 与投资者和市场之间的距离感。正是基于投入大、风险高的判断，业内专家和投资者认为 AR 这条河深浅莫测，真正的风口尚未到来。

这种判断至少持续到了 2016 年上半年，直到任天堂携小精灵翩然而至在全球引发了万人捕捉的热潮。过去 5 年以来，科技公司 PTC 旗下的 Vuforia 一直在 AR 开发领域扮演着“华山派”的角色，先后有超过 3 万个 AR 应用从 Vuforia 诞生，另有 3.7 万个应用尚在开发之中，这一平台上一度聚集着 25 万名 AR 开发者。然而，事实证明，在为 AR 行业带来市场爆点方面，数十万开发者的研究也抵不过一只小精灵的道行。

不难发现，其实任天堂的这款游戏设计十分讨巧，而且这种曲线救国的道路只有教主级的游戏企业才能玩转。业内公认《精灵宝可梦：GO》并未采取高新技术，只是在手机上略施小计，便突破了技术集成、电池续航时间等困住多少开发机构的技术难题，以及成本高、体验感差等投资者的顾虑，这种旧瓶装新酒的做法成就了任天堂四两拨千斤的市场战略。

实事求是地讲，这只小精灵象征性意义大于其市场效应。作为一款“现象级”的产品，任天堂的突破在于引导 AR 开发者和投资者进行更加多样化的产品研发尝试。从产业发展规律来看，《精灵宝可梦：GO》的成功具有很大的偶然性，但对其开发企业而言，却有一定的必然性，因为在现有技术水平之下，只有任天堂这类企业才敢于且有能力把这只小精灵带进市场，其他公司基本没有复制这种模式及成功的可能性。同时，个别产品形成的市场轰动也并不意味着 AR 技术从根本上扭转了在整体成熟度上滞后于 VR 的局面。任天堂是投资者学习的目标，但起码在现阶段不是理想的模仿对象。相比之下，微软的 HoloLens 或者 MagicLeap 可能是更扎实的选择。要想真正点燃未来 AR 市场，还需要踏踏实实攻克诸多技术难题，拿出能够被更广泛用户接纳的产品。

产品的过渡性与市场的不确定性

之所以将头盔和《精灵宝可梦：GO》分别视为 VR 和 AR 市场的“小”爆点，原因在于这两类产品皆具有自身的局限性，难以真正支撑起未来的市场潜力。

总体来看，近期行业巨头不断地推出新技术、新产品的同时，与硬件设备和产品配套的 VR 软件及其应用也日益丰富，有效刺激了消费需求。然而，虽然头盔点燃了 VR 需求，且需求潜力巨大，但未来行业发展仍存在不确定性。实际上，目前主导硬件产品无论从产品性能还是性价比来看，远远不足以成为一个传统意义上的成熟行业。一些专家甚至认为当下流行的主导硬件产品与当年的 BP 机无异，只不过是昙花一现的产品。如果企业过于专注这类具有过渡性质的技术和产品，难免真会在这一棵树上“吊死”。

另一个相当现实的问题是在产品快速迭代推动下，市场结构开始形成一定级差，脸书、HTC、索尼、三星占据高额高端市场，国内企业处于“跟班”状态，但在技术关键点尚需进一步突破之际，头盔等硬件领域的同质化竞争已初现端倪，对这一新兴市场的发展带来负面影响。一旦投资风潮过后，VR 企业需要直面技术升级、市场推广、行业标准、资源整合等一系列更为棘手的问题，技术、市场、政策法规等方面对 VR 企业存续能力的真正考验尚未完全显现。从产业链的特征及其演进规律来看，更高参数 VR 产品推出的周期必将日益缩短，并且随着技术进步，硬件设备品质不断提升，成本和价格走低，将进一步推动 VR 普及。一旦进入产品生命周期的成熟阶段，VR 全球价值链上终端产品加工制造环节的进入门槛便会逐步降低，低成本企业有望获得更多的市场机会，但届时竞争加剧也将使这些环节的附加值率和盈利水平持续下降。

对于 AR 而言，《精灵宝可梦：GO》激起的市场热度及其可持续性同样颇受质疑（见专栏 11–3）。在专业人士眼中，游戏本身甚至算不上一款真正意义上的 AR 游戏，因为产品根本没有使用计算机视觉技术将虚拟物体投射到现实世界之中。因此，AR 技术成熟和市场化进程仍旧任重道远。目前，售价 3000 美元的微软 HoloLens 全息眼镜着实难当此任，而 Osterhaut Design Group 公司和 Meta 公司推出的价格高达 2700 美元和 667 美元的 AR 眼镜也是形态笨重、资质平庸。《精灵宝可梦：GO》在产业化的特定阶段，发挥的引导和激励作用值得肯定，Intel 推出的集 AR、VR 于一体的融合现实头显 Project Alloy 等设备和关键硬件的成熟，发挥的激励作用也可谓立竿见影。一旦相关硬件技术成熟了，AR 才会由点及面地改变人们的生活，不断创造出更炫酷的体验。

专栏 11–3

《精灵实可梦：GO》引发事故不断，很快被玩腻？

截至 2016 年 8 月，《精灵宝可梦：GO》日本服务器上线已经一个月有余，游戏火爆的同时，很快出现了诸多负面报道。令人始料未及的是这款游戏引起的事故频频发生，而这种情况在高度重视消费安全的发达国家实属罕见。近日日本媒体就这一问题进行了一项调查，调查结果表明，事故发生之多着实惊人。2016 年 8 月 23 日，日本警察厅发布的一组数据显示，在《精灵宝可梦:GO》上线一个月的时间内，因用户开车或骑自行车过程中玩《精灵宝可梦：GO》而发生的交通事故多达 79 件，而被举报违反交通规则的行为则高达 1140 件，这令一向以守规矩著称的日本人大跌眼镜。

其中，在日本 9 个都道府县中，发生了 22 起人员伤亡事故，57 件财产损失事故。更为不幸的是，有日本玩家因驾车时玩《精灵宝可梦：GO》造成一死一伤。为此，日本警察厅希望市民玩《精灵宝可梦：GO》的时候，不要过度沉溺于游戏，以避免受到伤害。由此另一个值得关注的问题是《精灵宝可梦：GO》在各国上架后都掀起了一波捉精灵的热潮，但业内普遍质疑这种热度到底能持续多久，是昙花一现还是成为 AR 产品的压舱石？

实际上，在日本虽然还能在路上看到不少拿着手机捕捉小精灵的人，但越来越多的玩家表示随着游戏等级提升，强化也变得更加困难。受暑期天气影响，也有玩家称太热完全不想出口捉精灵，从捕捉到孵化要走那么长的路，而且去了道馆也赢不了，最开始的小精灵太弱了，总是嘟嘟很无聊。

根据 niconico 的一项调查，进入 2016 年 8 月，日本已经有一些大学生玩家表示对《精灵宝可梦：GO》厌烦了。此次调查显示，总共有 352 名大学生玩家参与，其中 159 人（45.2%）表示已经玩腻了，另外 193 人（54.8%）则表示还有兴趣继续玩。对于在日本上架仅 1 周多的《精灵宝可梦：GO》来说，玩家的喜新厌旧似乎来得太快。

事实是《精灵宝可梦：GO》的活跃玩家的确已经大量减少，到

2016 年 8 月底，有超过 1200 万用户不再玩《精灵宝可梦：GO》。而来自 ArsTechnica 的数据显示，游戏顶峰时日均用户 4500 万的《精灵宝可梦：GO》在上架不到 1 个月的时间内，日均用户已骤降至 3000 万。面对玩家快速消退的追捧热情，任天堂随后会做出怎样的调整尚待观察。对于尚未开放又拥有庞大用户群的中国市场，在退出流行之前，何时上架也是问题。可以想象一下，在人口密集的中国大中城市中，年轻人在街上捉精灵该是多么不靠谱的事情，这也就难怪任天堂没有第一时间同步开放中国市场了。

图 11-8 《精灵宝可梦：GO》游戏

资料来源：作者根据相关报道整理

长袖善舞："3R" 产业生态圈中资本的身影

尚待火力全开，激活产业链

就其技术特征及组织架构而言，VR/AR 产业链与 PC、智能手机的全球价值链具有相似之处。上游皆为零部件生产商，中游以各种设备、软硬件的生产制造商为主，而价值链下游则集中了一批系统集成、内容、平台企业。现阶段，VR 价值链的部分环节与 PC、智能手机的价值链及市场有了重合和叠加。可以说，智能手机产业急剧扩张大大降低了零部件的成本，为 VR 市场潜力的释放提供了强有力的支撑。正因为 VR 产业发展路径及其全球价值链架构与计算机和智能手机产业相类似，故而极有可能重走此类产业的发展道路，而内容提供商、行业巨头及资本市场的定位和分工则使 VR 领域在较短时间内搭建起了较为完善的产业链，建立了更为活跃的产业生态体系（见图 11–9）。

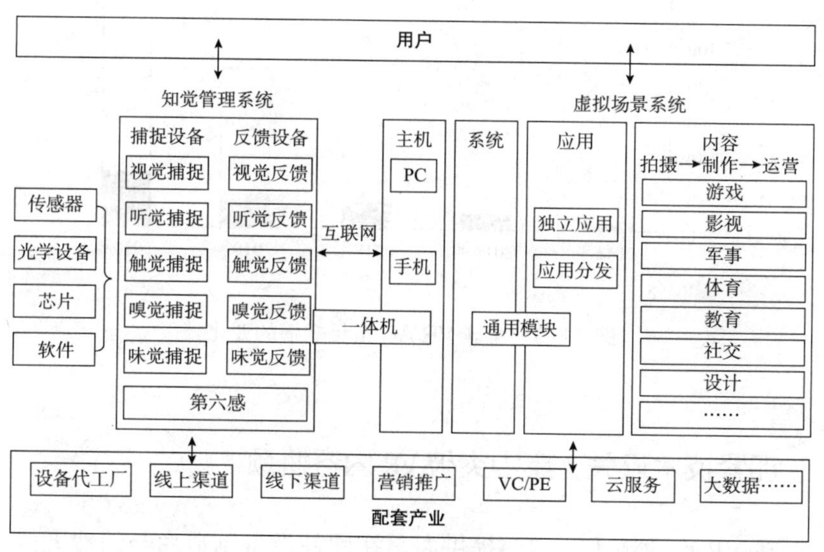

图 11–9　VR/AR 产业链与产业生态系统

目前，在产业链上，急需“杀手级”的内容产品给本已火爆的硬件领域添柴增温，从而使市场的供给与需求两端能够同时发力。如果供需实现有效对接，则市场潜力的释放指日可待。据高盛预测，到 2025 年，VR 市场规模有望达到 800 亿美元。在产业发展的理想状态下，甚至可达 1820 亿美元，德勤的预测则为 2018 年实现 1500 亿美元的市场规模。相比之下，AR 市场的成长性更为突出，在 2018 年之后将超过 VR 的规模，而且鉴于 AR 更广泛的应用以及更好的体验感，二者的差距会持续拉大（见图 11-10）。

为加快激活产业链，技术和资本不断加深“勾兑”。现阶段技术是王道，一旦技术成熟、价格回归理性之后，行业发展态势必将开启内容至上的模式。

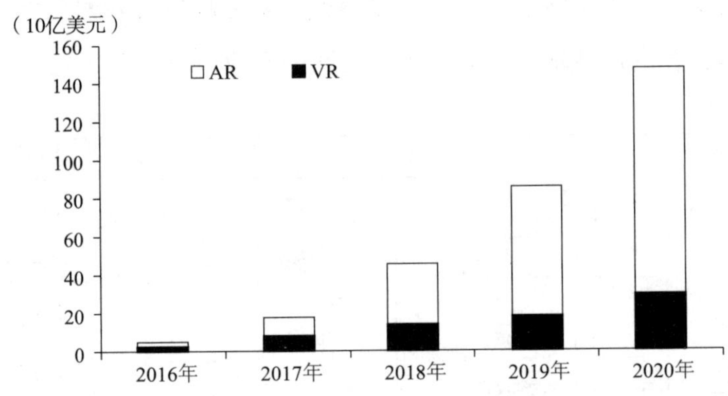

图 11-9　全球 VR/AR 市场规模的变化

加紧技术攻关，集中突破 VR 内容瓶颈

在 VR 产业链上，内容提供商是在硬件设备制造商与消费者体验之间架起桥梁的关键角色。只有不断丰富配套内容，才能使 VR 真正产业化。由于 VR 内容制作不同于传统游戏产品，较大的不确定性导致许多大公司暂时处于观望状态，这使得中小型创业团队获得了更多机会，成为该领域的内容提供主体，并在 VR 产业体系中占据一席之地。目前，VR 内容制作仍面临拍摄、剪辑及后期制作、成片格式、算法等诸多技术问题。为破解这些难题和制约因素，领军企业加快技术攻关，相继推出了新产品或解决方案。如 GoPro、三星、LG 等多家厂商推出 360 度全景相机；Unity、Unreal Engine 等引擎公司宣布对 VR

游戏开发者免费开放源代码；Oculus 在收购游戏引擎公司 RakNet 后同样做到了这一点。同时，硬件厂商积极组织 VR 游戏设计大赛，产业体系外围的一些视频网站也与厂商合作，举办 VR 视频比赛，为拓展内容打通渠道。

领军企业掌控产业链

现阶段 VR 产业链主要分布着三类技术背景的企业，分别“出身于”互联网、智能手机和传统游戏领域。领军企业包括脸书、谷歌、苹果、三星、HTC、索尼等。从投资领域来看，科技巨头们在硬件、软件开发、内容提供等环节均已有所布局。这些领军企业快速、纵深的投入促使这一新兴领域的竞争持续升温，行业技术和资本门槛正在逐步筑起。总体来看，行业巨头对 VR 全球市场的控制是其产业链延展战略的结果。其中最典型的是脸书和谷歌。近年来，随着新硬件时代的到来，借助资本市场和持续积累的市场影响力，美国传统互联网企业纷纷加快将主营业务由软件领域向硬件领域渗透。如今，脸书正在演化为一家 AI 企业，收购 Oculus 不仅是其成为成功进军 VR 产业的翘板，还进一步拓展了企业盈利点，也为脸书全面布局实体进军打出了一张好牌。而另一家同样意图“软硬通吃”的传统互联网企业——谷歌，则在无人驾驶汽车、VR 等智能硬件领域逐渐根深叶茂。如前所述，“主力企业”在 VR 等领域的密集动作，凯文·凯利等“大佬”已经给予了充分的关注，并认为只有少数企业会主导 VR 及相关领域。从这一角度来看，VR 产业发展现状及其产业链的基本架构再次印证了发达国家领军型企业能站在技术创新和战略布局的潮头，拥有持续引领产业升级的综合实力。

资本市场催化或将“史上最大企业”

也许不少人对凯文·凯利关于“3R”领域将出现史上最大企业的预判不以为然，但资本却早早地从这一新兴技术中嗅出了“钱”的味道。实际上，“VR 将成为下一代平台”的观点快速成为投资领域的共识。VR 广阔的市场前景不仅吸引了脸 书、Alphabet（谷歌）、苹果、三星、HTC、索尼等 IT 巨头以及动视暴雪（ATVI）、迪士尼（DIS）等影视传媒巨头公司在 VR 领域大量投入，而且也引发了全球风险投资的持续关注，推动 VR 成为近期资本市场的投资热点。2014 年以来，VR 产业投融资大幅攀升。其中，脸书斥资 20 亿美元收购 Oculus，传递出 IT 界已认识到 VR 产业或将成为下一次科技革命风潮的信号，此举也点燃了资本市场对 VR 产业的热情。据 Digi-Capital 统计，2015 年全球投资者对 VR 领域的投资总额接近 7 亿美元，实现了连续 6 个季度增长。其中，仅 2015 年第四季度就吸引了 2.5 亿美元的投资，为 2014 年的 6 倍。2016 年 1~2 月，全球与 VR 相关投资总金额更是达到了 11 亿美元，超过了 2015 年全年的总和。而前文提及的神奇跳跃公司的融资规模尤其令人叹为观止，到 2016 年初，这家公司已经完成了史上最大规模的 C 轮融资，融资规模高达 7.935 亿美元，截至 2016 年 5 月，投资者已为其注入了 14 亿美元的资金。

需要强调的是，VR 这类新兴产业不可能延续传统产业的扩张模式，其产业链上的微观主体自行业发展初期就得到了资本市场的强力支撑，各类风投和私募基金直接参与了产业生态圈的构建。在外部资金推动下，VR 行业正加快形成开放、协整的分工体系。一方面，大规模优质资本的介入必将有效推动 VR 技术更快成熟，内容更快丰富，从而促进整个产业快速发展，强化资本投入与价值链整合的正向互动；另一方面，也有一种声音在担忧资本市场的热捧有可能吹大 VR 产业发展的泡沫。经历短暂的繁荣之后，VR 领域的风口将收缩，资本市场“爆炒”以及投机者快进快出势必会留下“后遗症”，直接影响 VR 企业在该领域精耕细作的耐心以及政府决策者对行业发展的客观判断，不利于这一新兴高科技产业的健康、可持续发展。

中国企业：又一场风花雪月的事？

无论从产业基础、技术偏好还是从目前国内的战略氛围来看，VR/AR 这类轻资产、有故事的领域都很适合中国资本“玩”，也相对比较容易被中国企业玩转。果不其然，国际 IT 巨头在 VR 市场开疆扩土的同时，中国企业也争相进军 VR 产业。据 iMedia Research（艾媒咨询）估测，2015 年中国 VR 产业市场总规模为 15.4 亿元，预计 2016 年将达到 56.6 亿元，2020 年市场总规模将超过 550 亿元。不同机构对中国 VR 市场规模的预判虽有差别，但同样唱出乐观的主基调。

艾瑞咨询：到 2020 年，国内 VR/AR 用户将达到 2500 万，设备出货量 920 万台，仅 VR 硬件产品市场规模就将超过 64 亿元，占全球市场的 36.8%。

易观智库：到 2017 年，国内 VR 产业链和生态体系基本成型，硬件产品市场容量达到 20 亿元，到 2020 年，行业年复合增长率为 200%。

艾媒咨询：到 2020 年形成 550 亿元的市场规模，年复合增长率达到 77%。

然而，近期国内企业推出的 PC 端 VR 设备，其境遇与游戏主机相似，市场推广受到很大限制。与之形成反差的是随着智能手机普及率的提高，我国移动 VR 潜在用户基数增大，移动 VR 整体市场潜力及发展空间巨大。据 eMarket 统计，2016 年中国智能手机用户保有量将超 6 亿人。只要有 1% 的智能手机用户选择花费数百元使用移动 VR，也会产生数百万计的用户。面对广阔的市场前景，国内智能手机及 PC 厂商已经开始拓展这一领域的业务，新兴企业也不甘落后。与国外巨头主攻软硬件技术的策略不同，国内企业更偏好在商业模式上下功夫，随着腾讯、阿里巴巴等商业模式高手高调进入 VR/AR 领域（见图 11–11），中国企业在这一新兴领域有可能又要下一盘有别于国外四大巨头的大棋，一时间虽然胜负难料，但令人眼花缭乱的套路同样也是吸引资本参与和公众眼球的必杀技。

图 11–11　国内企业在 VR 领域的布局

在 VR 硬件方面，国内 VR 元器件技术领先，但终端设备水平有待提高

目前，国内芯片、显示屏及体感传感器等 VR 元器件已具备与国外一流厂商竞争的实力，是技术差距相对较小的领域。其中，在芯

片方面，代表产品为全志科技开发的 28nm8 核 CPU ；在显示屏方面，京东方的生产线处于世界领先水平；而在体感传感器领域，诺亦腾有望发展为全球最大的动作捕捉传感器供应商之一。加快自主研发的同时，国内 VR 企业还与海外知名厂商进行合作，采取联合开发、业务承包、产品代工等方式，以期迅速融入 VR 产业生态圈。总体来看，国内企业与国外相比差距较大的领域是终端产品。国内头戴式 VR 显示器产业虽已初具规模，新产品也相继面市，如 2014 年联想与 Vuzix 合作推出了一款集娱乐、通信、定位导航等功能并可下载使用多种不同功能软件于一体的智能眼镜；如暴风科技推出了暴风魔镜，凭借低廉的价格销量已破百万台。但与国外“赚足眼球”的新产品相比，国内 VR 终端在用户体验、技术含量、产品质量等方面仍存在不足之处，能够打开市场、迅速积累口碑的国产产品明显偏少。

VR 软件内容方面，国内网络视频和游戏企业已开始发力

游戏产业一直是我国文化创意产业的薄弱环节。随着国内 VR 游戏开发平台的架构初步成型，参与 VR 游戏开发的工作室越来越多，未来有望弥补这一短板。目前 VR 已成为国内视频网站平台战略的重要突破口。如爱奇艺于 2015 年 7 月推出 VR 试用平台；优酷土豆也于同年 8 月宣布在原有视频内容上添加 VR 板块。另外，VR 教育在国内崭露头角，已有一些高等院校以及教育培训机构建立了 VR 教育实验中心，主攻 VR 技术在教育中的应用。这些探索和尝试不仅有助于教育开辟新的模式，而且将为中国 VR 产业未来发展提供技术和人才支撑。

国内 VR 企业总体上处于战略跟随状态，尚不具备引领行业发展的竞争力

VR 作为新兴产业，尽管整体来看起步不算晚，但相比行业巨头，国内不少 VR 企业进入这一领域带有一定的盲目性，技术和资本实力普遍较弱，加之风投支撑力有限，导致目前国内 VR 企业总体上仍处于技术和市场跟随状态，分布在 VR 全球产业体系的外围或低端环节。特别是在内容提供方面，中国企业的市场占有率明显低于美、英、日等国家（见图 11–12）。随着技术和市场的逐步成熟，行业进入门槛逐步降低，不排除国内企业延续跟随型发展路径的可能性，甚至在部分 VR 产品和服务领域上演价格战，重蹈红海厮杀的覆辙。

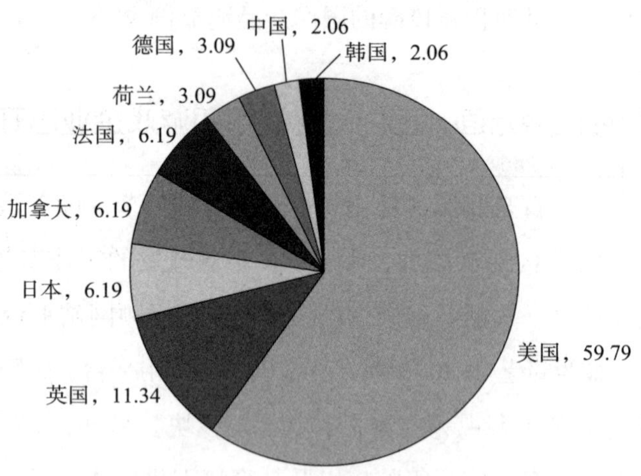

图 11–12　全球 VR 内容市场份额（%）

政府的手该往哪里伸

当前，虽然国内企业纷纷跟风进入 VR 产业，资本市场热度不减，但与占据“3R”产业链核心环节、引领行业发展方向的行业巨头相比，国内“3R”企业在综合能力方面尚有不少差距。同时，国家及相关部门对“3R”等新领域技术特征、市场走势、产业组织、竞争格局、适用法规的研究不够深入，产业政策、技术标准、贸易规则和内容审核制度系统性缺位，未来行业发展缺乏科学的规划支撑。其中，最大的政策制定和行业管理的盲点是技术、产品和内容标准。除了头戴设备、手柄、外协设备等涉及厂商众多，难以统一规范之外，内容提供商的审核管理因涉及意识形态、文化等问题而成为更为严峻的挑战。需要注意的是，在行业发展初期，政府的手又出现了想要“乱伸”的迹象，或者起码在没有看清楚“3R”产业政策出发点和落脚点的情况下，有些政策出台缺乏充分的论证。例如，出于对资本市场助推行业过快扩张、有可能损害投资者利益的考虑，2016 年 5 月，证监会发文叫停了上市公司对互联网金融、影视、游戏、VR 产业的跨界定增。此举在一定程度上有助于引导 VR 等新兴产业挤出泡沫，降低盲目跟风炒作的“虚火”，缓解估值及投资风险，但归根结底，政府对“3R”产业的引导必须建立在科学系统的政策评估之上。实际上，资本市场对国内“3R”项目的估值固然缺少明确的标准，但“用脚投票”的市场机制恰恰是 VR 等新兴产业发展所需的高效动力。

应该看到，“3R”是技术、资本、人才高度密集型的新型高科技产业，不仅符合消费升级的方向以及供给侧结构性改革的政策目标，而且也是推动“中国智造”转型、培养国际竞争新优势的重要切入点。为此，应加紧研究，提前谋划，为“3R”产业发展营造包容开放的创新氛围和宽松有序的政策环境。

培育产业竞争新优势。实施开放式创新，加强知识产权保护，对“3R”软硬件发展实行“两手抓”，引导有实力的企业集成技术能力、市场需求、产业聚集等硬件条件以及基于中国优秀历史文化的内容软实力，着力培养成以技术、品牌、服务、质量、文化为核心的产业竞争优势。

打造全球领导型企业。一方面，鼓励国内有实力的 PC、智能手机等硬件设备企业加快智能制造转型，不断延展产业链，开发体验感强、内容精彩、性价比高、具有市场接续性的 VR 设备和产品，吸引培养中国 VR 产品的固定消费群，逐步打造领导型的中国 VR 企业；另一方面，积极引导创业型、创新型 VR 内容提供商走“专精特新”的发展模式，做大产业外围，塑造配套完善、分工合理、共融共生的 VR 产业生态体系。

不断优化政策环境。充分借鉴吸收发达国家经验，构建完善涵盖科技开发、主体培育、技术标准、内容监管、市场规范、税收扶持、贸易规则、融资风投、人才培养等政策体系，加快形成创新驱动、投资活跃、竞争规范、市场有序、人才充实的 VR 产业良性发展局面。

加强产业和市场的系统研究。尽快组织有关机构对 VR 这一新兴产业开展系统研究，全面深入分析全球及国内 VR 行业技术特征、市场潜力、融资模式、竞争态势以及组织结构演进，密切追踪主要发达国家与 VR 有关的产业政策、技术标准、贸易规则等政策法规的进展，为主导未来 VR 产业国际标准和贸易规则的制定、掌控产业发展制度性话语权提供必要的支撑。

后　记

出于浓厚的研究兴趣，而非单纯的任务导向，本书的作者们经过系统性的跟踪学习和数轮富有成效的讨论，共同完成了这部书稿。其中，杨丹辉关注VR/AR/MR的产业化进展、李晓华承担无人驾驶汽车研究、李鹏飞探讨精准医疗、邓洲提供了人工智能和机器人两章的研究成果、赵剑波专注于脑科学、张艳芳主攻大数据和量子通信、渠慎宁开展了区块链和物联网的研究、金殿臣和李媛对石墨烯领域进行了跟踪分析。杨雅娜参与资料收集和文字处理工作、李丹提供了资料支持。书稿完成后，研究组安排了专题讨论会，充分评议各章内容，对书稿架构做出微调。在此基础上，由杨丹辉负责全书统稿，补充了题记、部分章节的引言、专栏和结语等内容，并撰写"前言"，赵剑波撰写了《自序》本书的文责由作者自负。

有别于以往的课题工作机制和成果产出方式，本书的研究和写作过程相对自主和开放。当然，即便作者有较强的独立性，仍离不开很多人的支持和付出。首先感谢中国工程院院士、中国社会科学院学部委员李京文老师。李院士年事已高，工作繁忙，仍持续关注科技创新的新趋势。他应我们之请，欣然为本书作序，这是对我们团队最好的肯定和鼓励；本书得到了中国社会科学院工业经济研究所黄群慧所长、史丹书记、崔民选副所长、李海舰副所长的积极回应和高度认可，他们鼓励作者立足国家智库定位，发挥在产业经济学和管理学领域长期积累的优势，不断开拓前沿研究领域，形成新的研究专长；由杨丹辉作为首席研究员的中国社科院创新工程项目“中国工业绿色发展研究”，以及由李晓华担当首席研究员的中国社科院创新工程项目“新工业革命条件下的产业布局发展趋势研究”为团队的分工协作提供了科研资源支持；我们在本书编撰中首次尝试通过网络平台寻求专业资源的支持,以提升书稿的品质。这应该也算是一次“+互联网”的创新，在此感谢湖北美术学院的汪卿、万莹莹、肖雪容协助完成插图设计绘制；特别感谢中信出版集团的吴素萍主编和乔卫兵副总编，以及孟凡玲副主任和寇艺明编辑，本书的顺利出版在很大程度上仰仗他们专业化、负责任的工作态度，丰富的专业经验和开阔的视野，他们为提升本书的社会影响力所贡献的智慧格外宝贵。

需要强调的是，本书作者的专业领域都是经济学或管理学，并在各自的学术研究和政策咨询工作中，已经确立了以经济学或管理学的理论和逻辑观察、评论新生事物的视角。故此，本书似乎理应将“新技术”作为指引，投射到对新产业、新市场、新商业模式未来走向的分析判断，才能使研究框架和内容扎实落地。事实上，作为一项具有一定开创性的工作，加之科技和产业变革尚存在诸多不确定性，本书难免挂一漏万，但可以肯定的是，每一位作者都努力遵循着上述路径展开研究，协力完成了这一集体成果。

然而，当我代表这个始终愿意探求未知、接纳新知识的开放式团队为书稿写下结语之时，却明显偏离了专业背景和集体互动的模式，交出了一份带有鲜明个人印迹的后记。在这里，希望得到同事们的谅解，因为一直以来，我都期待有机会能够与更多朋友分享关于科学之于人生的影响和意义。在此之前，由于长期画地为牢，这些与专业似不相关的个人感悟很难找到充分传递的途径。

近来，读者们应该都有过这样的经历：自己的微信朋友圈不时会被各种所谓的“黑科技”刷屏，那些令人目眩神迷的前沿成果总能引爆朋友圈，同时也是本书以及今后我们将持续关注的焦点。实事求是地讲，面对潮水般一波又一波奔涌而来的新科技，感觉既振奋又恐慌。一方面，“振奋”在于一向自诩“爱科学”的我，为人类不断挑战认知极限、持之以恒求索未知世界所蕴含和迸发出的巨大能量而无比自豪。作为一个普通学者，哪怕只能战战兢兢走到日益宽广深邃的科学海洋的岸边，也很是受用被那些清爽浪花打湿的体验，因为我坚信现代产业体系及其动力机制完全有条件吸纳这些新科技中的大部分成果，在不久的将来将其转化为现实生产力，进而推动产业变革，并惠及更多人的生产和生活，而这正是工业革命以来人类经济发展和社会进步的主基调。另一方面，我也会恐慌。最担忧的是自己跟不上人类创新的步伐，被碾压于科技前进的滚滚车轮之下。更令人惊心的是，落伍、被淘汰不仅会传导到专业领域，而且即便一小步的退化也会辐射至生活的方方面面，使自己逐渐丧失以科学知识为支撑对社会现象和人性发展做出理性思辨和客观审视的能力。

其实，当海量新知识喷薄而出，特别是以碎片化的形态要求接纳之时，人们或多或少都会慌乱。软弱的人会因此闭上眼睛，堵住耳朵，很快这些人的畏难和抗拒异化为对立，并将自己投进蒙昧的黑暗深渊。从这一角度来看，因科学技术而撕裂的人群，多数情况下是一部分成员选择逃避学习，并一再采用排斥异己的方式强化自我选择的结果。毕竟学习新知识、新技能所要迎接的挑战，从来都不是什么轻松的事情。特别是在现代知识体系下，虽然跨越自然科学与社会科学之间的鸿沟更具必要性，但知识结构对接的难度却明显增大。即便如此，也应该认识到，如今社会科学领域的学者如果不具备科学精神、没有掌握一定的科技常识和数据工具，其研究工作很可能沦为盲人摸象；而自然科学家和工程师若无人文情怀和正确的历史观、缺乏基本审美，则同样容易误入“科学迷航”，偏离创新的根本动力和方向。对于中国学者而言,跨学科的知识融合尤为困难,同时也更加紧迫。原因在于，撇开中国传统文化与现代科学体系之间少有兼容性的先天劣势，为应对高考而“文理分科”的实用性教育导向使很多人在中学时代就已经画出了学习的界河，被贴上“标签”的文艺青年或理工男（女）也因此过早地失去了同步探索无尽宇宙与无尽人心的兴致和条件，进而为公众理性弱化甚至缺失埋下了伏笔。

读到此处，读者们定能发现和理解我参与此书写作是有私心的。是想借此契机,给自己来一次“学科混沌”(Chaos of Disciplines)①。的确，我需要借助一个平台找到方向，督导、迫使自己进行具有一定系统性的学习和跟进,不断拓展知识边界。循着英国科学家尤因（Alfred Ewing）曾经规划出的路径：“科学的定义就是不断拓宽人类知识的边界，每拓宽一个边界就照亮一个领域，使人类从黑暗中走出来。”尽己所能地尝试建立起更加包容开放、可持续叠加的知识体系。本书写作恰恰为我提供了这样的契机，使我能够凝神静气地在科海中拾贝，虽然劳心费力但却也乐此不疲地完成辨识、打磨、拼接，并将其有条不紊地装饰在自己的专业领地。

当然，受制于个人能力和知识储备的限制，很难真正理解、全面掌握各种新知识新信息。不得不承认，隔行如隔山。在这个阶段，

① 这里笔者仅是不太严谨地借用了美国社会学家阿伯特（Andrew D. Abbott）提出的“学术混沌”这一概念，以描述推动知识有机融合的愿望。作为著名的知识社会学家，阿伯特所关注的学术组织和其他学术性社会结构及其开创的知识变迁新内生模型，对本书的研究亦有启发。

对于本书中涉及的一些物理、数学、计算机、生物、医学、材料等学科的知识，作者不免管窥蠡测，纵知其然，难知其所以然，但我深知唯有不断地学习，才有可能拥有仰望辽远科学星空时捕捉到最璀璨光芒的锦心慧眼，同时赋予自己战胜惰性克服大大小小困难的力量。

诚然，科学从来不是万能的，科学家也不总是能够担当真理的代言人。在浩瀚宇宙和漫长历史的时空架构之下，真理同样具有相对性，而且没有想象力支撑的知识从来都是死知识。甘地就曾将“没有人性的科学”归入毁灭人类的七大因素之一。在一些人看来，《人类简史》一书中赫拉利分析人类因种植小麦而坠入“奢侈生活的陷阱”的逻辑在某种程度上同样适用于解读现代科技的影响：即使科技能够解放思想和体力，也难以解放时间。纵然如此，我却不愿做勒德分子（Luddite），并坚持将追求真理甚至不吝付出命血的意愿及其传承视为人类最值得炫耀的精神财富。“为有涓涓归大海，何惜寒水逝秋江”，无论这世界多么纷乱庞杂，个人又如何渺小，我仍庆幸身处这个“最好 + 最坏”的时代。

我们中的很多人少年时都有过科学家的梦想，这其实是发自人类与生俱来的好奇心和挑战自我的天性。但这一梦想以及梦想所激发的骄傲，对于大多数人而言无疑是欺罔而短暂的。总体来看，梦想最初如何被点燃又如何悄然熄灭，其中的过程并不一定令每个人感到挫败和沮丧。接受由资质平凡的普罗大众与“文曲星下凡”的翘楚天才所组成的人世间，既是成长的代价，也是成熟的标志。实际上，我自己的科学家梦同样早已成为明日黄花，地质勘探队员、面料设计师、哲学家、戏剧导演甚至厨师，走马灯地占据了青年时期我对未来的设想。然而，在度过了大半生之际特别是为本书写作再度尝试走近新科技的过程中，终于没有一丝“痛”，反倒满怀欣悦地领悟：科学的梦想从未自我心中隐退，它化身为科学精神和理想主义的炽焰，虽时而无妄但却始终高涨，以或明或暗的光亮，为追寻自由奔放之生命照耀任人讽谤、坚守如初的勇气和希望。

杨丹辉闲笔

2016年9月于北京